本书为国家社科基金一般项目"深度贫困地区脱贫攻坚中的引领型市场体制研究"（18BSH053）最终成果

青藏高原产业发展中的适应与转换研究

李雪萍 著

中国社会科学出版社

图书在版编目（CIP）数据

青藏高原产业发展中的适应与转换研究／李雪萍著 . —北京：中国社会科学出版社，2023.5

ISBN 978-7-5227-1536-0

Ⅰ.①青… Ⅱ.①李… Ⅲ.①青藏高原—区域经济发展—产业发展—研究 Ⅳ.①F127.75

中国国家版本馆 CIP 数据核字（2023）第 057868 号

出 版 人	赵剑英	
责任编辑	孙　萍	
责任校对	季　静	
责任印制	王　超	
出　　版	中国社会科学出版社	
社　　址	北京鼓楼西大街甲 158 号	
邮　　编	100720	
网　　址	http://www.csspw.cn	
发 行 部	010-84083685	
门 市 部	010-84029450	
经　　销	新华书店及其他书店	
印　　刷	北京君升印刷有限公司	
装　　订	廊坊市广阳区广增装订厂	
版　　次	2023 年 5 月第 1 版	
印　　次	2023 年 5 月第 1 次印刷	
开　　本	710×1000　1/16	
印　　张	17.75	
插　　页	2	
字　　数	282 千字	
定　　价	96.00 元	

凡购买中国社会科学出版社图书,如有质量问题请与本社营销中心联系调换
电话：010-84083683
版权所有　侵权必究

前　言

青藏高原是世界"第三极"，自然环境严酷，其产业发展有着不同于其他地区的特殊性。青藏高原有自身的区域特质，即自然生态、社会文化、经济等诸多方面形成并维持其独特的性质和品格。在区域特质形塑下，其他地区广泛使用的产业扶贫方式难以奏效，需另辟蹊径。关于青藏高原产业发展系统性的研究成果非常有限。本书将文献阅读、理论梳理与社会事实相结合，以理论分析阐释为重点，以案例分析为基础，研究了青藏高原产业发展是怎样演变的及其背后的深层逻辑（适应性）。

本书在产业根植性的基础上，研究青藏高原不同产业形态的适应性变迁。本书核心思想是：产业发展是自然环境、社会文化、市场相互作用的演进过程，在历史发展过程中，形塑产业发展的要素地理环境、社会文化两个维度增长为地理环境、社会文化、市场环境和政府引领四个维度；青藏高原产业变迁由渐变的农牧互补转变为急变的净土健康产业，净土健康产业发展的进路是"点—极—面"；在政府引领下，产业发展是走向"三高区间"的适应与变革，净土健康产业"在适应中变革"集中体现为"绿色为底色"的发展，更进一步建构产业发展"集体性"的社会基础，农文旅一体化地适应市场。总之，"以生态保护为底色、以市场为导向，农文旅一体化"的产业发展，是青藏高原深刻的经济变革，也是农牧民的劳动革命。

在青藏高原产业发展的历程中，不同时期所要适应的环境有差异。几千年长期的自然经济、地理环境和社会文化形塑了青藏高原农牧互补产业形态。1980年起，市场经济在青藏高原逐步发展，但是农业（特别是粮食生产）直到2000年之前都很少受到市场因素的影响。21世纪以来，市场经济不断渗透到青藏高原，市场影响不断增大。此时，影响青藏高原产业发展的主要因素是地理环境、社会文化、市场交换。2013年国家实施精准扶贫以来，政府引领的产业扶贫空前地改变着青藏高原的产业状况，政府引领成为产业发展最为重要的环境。自然，政府引领的影响，不同于地理环境、社会文化、市场交换，它不是替代或消除这三个因素（或者之一），而是对已有地理环境、社会文化和市场条件的"适应与转换"。

在地理环境和社会文化的形塑下，青藏高原几千年间的产业形态是农牧互补。农牧互补的产业形态有两个层面的含义。一是狭义的农牧互补，即亦农亦牧区的家户为了保障生存，既种植，也养殖（还有少量采集和手工业），种养互补。二是亦农亦牧区与纯牧区的产品交换。青藏高原的牧户必须到亦农亦牧区换取粮食，亦农亦牧区的家户也需要换取纯牧区的畜产品，方能生存下来。青藏高原农牧户的"交换圈"远远大于施坚雅所认知的川西平原"基层社区市场"，可称为广义的农牧互补。青藏高原农牧互补的产业形态根植于青藏高原特殊的生态环境，是农牧民积累起来的默会知识，并形成自然中心主义的社会意识。广义的农牧互补拓展了生存空间。农牧互补建构起群体性互惠的社会基础：狭义的农牧互补形塑起群体内部的肯定性互惠，在牧区甚至强化为"部落的道德"；广义的农牧互补是"不完全满足下"的群体间互惠。农牧互补是青藏高原民众在严酷的自然环境下，最大限度地适应地理环境而建构起的生存性智慧。

改革开放后，"隐性农业革命"在青藏高原逐渐展开，高值农产品的比例在种植业中不断增加。精准扶贫以来，青藏高原净土健康产业发展迅速，逐渐建构着"以绿色发展为底色，以市场为导向，一二三产业融合发展，农文旅一体化"的产业结构形态（当地将这一产业结构形态通俗地称为净土健康产业）。净土健康产业发展的进路是"点—极—面"（示范点—微型增长极—区域推广）。净土健康产业发展有着很强的地理适应性，无论是种养殖产业，还是农文旅相结合产业，都契合区域地理特征；净土健康产业以市场为导向，满足市场需求。发展净土健康产业的目的是将特色产业转化为优势产业。净土健康产业的发展中，政府有效引领是明显的发展性智慧，主要表现为地理适应性方面的"以绿色为底色"，社会适应性方面强化"集体性"的社会基础，市场适应性方面建构农文旅一体化的新业态。

"绿色为底色"的产业发展把生态文明建设摆在更加突出的位置，守护好高原的生灵草木、万水千山，把青藏高原建设成为全国乃至国际生态文明高地。净土健康产业发展绿色产业，无论是有机种植业和加工业，还是无污染的旅游业等。绿色发展中，政府角色多样化。在净土健康产业中实现了绿色的内涵式拓展和外延式拓展。外延式拓展主要是通过植树造林等，将荒地变绿地。内涵式绿色拓展有两种方式：一是绿色拓展，即依托已有的绿色资源发展相关产业，包括扩展现有林地、湿地等，并将之发展为旅游扶贫基地；二是绿色覆盖，即实行全域有机生产和加工，将绿色的水资源、光资源加工成绿色产品，如饮用水和光伏电站等。绿色发展是青藏高原在产业发展中，原有地理适应性不断地强化。

发展净土健康产业强化着青藏高原"集体性"的社会基础。在不同文化语境下，集体性与私人性的差异，往往是导致其社会经济发展差异的真正原因。集体性与青藏高原的产业存续、发展有深度关联，也是理解净土健康产业发展不可忽视的因素。青藏高原发展净土健康产业，依托企业、农户，在乡村层面更强调以集体的方式来发展。这就是说，集体经济成为净土健康产业发展的重要组织方式，这体现了青藏高原产业发展在社会适应性方面的特殊性。青藏高原的村庄，较之于内地省市，具有更强的"集体性"，这种集体性经历了千百年的长期沉淀并流传至今。曾经的合作化契合了"集体的责任"的社会底蕴；草场承包后的联户经营，是农牧民的智慧，政府给予支持；在牧区，至今仍有人民公社的延续，集体经济活力尚存。净土健康产业的发展中，依托国家给予的产业扶贫资金等，不断地新增添集体经济。新增添的集体经济是由政府投入、村集体所有、村民参与而形成的更加强调益贫性的集体经济。新增添的集体经济不同于家庭承包制的集体经济，它专注于发展产业，强调市场导向；它将"小农户对接大市场"转变为"农户组织化对接大市场"；它旨在"再造和重塑共同体"。新增添的集体经济有两种类型：政社耦合型的在地集体经济、政商社耦合型的飞地集体经济。政社耦合型在地集体经济所发展的产业是既有市场前景，又符合村庄禀赋的产业；投资者是政府和村民；运营者可以是村集体，也可以是市场组织；管理者是基层政府加村集体；直接受益者是全体村民和村集体。新增添的政商社耦合型飞地集体经济建构起超越本村、本乡的更大范围的集体，促生区域内"共有—共享"的治理格局。透过新增添的集体经济，我们发现政府引领型产业发展的多层意涵：最直接的是产业发展方向引领，传统优势产业与新兴产业齐飞；潜藏其后的逻辑是联结着益贫性的集体化和进一步组织化，拓展了公共性。

农文旅一体化建构起青藏高原的新业态，属于"三高"产业，具有很高地理环境适应性、社会文化适应性，也有广阔的市场空间。曾经，青藏高原的文旅产业、农牧业及加工业相对分离。净土健康产业的发展，将文旅产业延伸至"三农"，逐渐建构起农文旅一体化。对于乡村来说，农文旅一体化的发展是休闲农业和乡村旅游的有机结合。青藏高原的农文旅一体化有着极强的地理适应性，它契合青藏高原独一无二的、不可复制的自然环境。农文旅一体化有着厚重的文化意涵，还原旅游的本真，变符号式消费下的"拥挤的时尚""麦当劳化"为"真实的体验"（极简休闲旅游），实现"宽松的内在体验"，也能真实展现青藏高原文化的独特性，更能激活民族文化的生命力。农文旅一体化有着巨大的市场空间，能富区强民：不同旅游方式应对不同市场，实现"全链条增值"，让沉睡的资源活起来。

笔者研究发现：首先，产业发展是自然地理、社会文化、市场相互作用的演进。目前，政府引领在产业发展中起到至关重要的作用。青藏高原产业发展的适应性变奏，由被动到主动，由慢到快。其次，净土健康产业的发展是适应与变革的交织。适应性中，内在地包含着顺应与变革。自然环境适应性中，顺应是指按照青藏高原自然环境来发展产业（核心表述是"以绿色为底色"）；变革是指强化绿色经济，适当改善微观环境（如推广设施农业等）发展产业。社会文化适应性的基本含义是发展青藏高原社会文化所能容纳，农牧民有从业偏好的产业（如养殖牦牛、种青稞），变革是指发展新产业（新产品种植、加工业、乡村旅游等）。市场适应性主要是指顺应市场需求来发展产业，并不断拓展市场。最后，净土健康产业发展是深刻的"产业革命"和"劳动革命"。净土健康产业改变了青藏高原的经济形态、产业类型、农牧民劳动素质以及组织方式等，经济形态的变化迫使农牧民不得不卷入"劳动革命",指涉劳动技能、观念等巨大变化。

基于以上研究,本书意在强调:第一,青藏高原的产业发展有其特殊规律,必须深入其自然环境和社会文化中。第二,青藏高原由农牧互补演变为净土健康产业,政府引领起到至关重要的作用。第三,净土健康产业发展中,有"三高区间""改造环境区间""开拓市场区间",政府引领既改造环境,也开拓市场,不断扩展"三高区间"。

目　　录

绪　论 ·· (1)

第一章　产业发展的地理、社会、市场适应性 ·············· (18)
　　第一节　产业共生与根植性 ··· (19)
　　第二节　适应性因素：由"二维"到"四维" ················ (30)
　　第三节　渐变到剧变：由农牧互补到净土健康产业 ······· (37)

第二章　农牧互补的产业形态及其适应性 ····················· (45)
　　第一节　青藏高原传统的农牧互补 ····························· (46)
　　第二节　适应自然的生存性智慧 ·································· (64)
　　第三节　拓展生存空间的农牧交换 ····························· (72)
　　第四节　群体性互惠：农牧互补的社会基础 ················ (79)

第三章　净土健康产业发展的总体势态 ························· (87)
　　第一节　青藏高原特殊的发展路径 ····························· (87)
　　第二节　改革开放后，"隐性的农业革命"缓慢展开 ···· (90)
　　第三节　精准扶贫中，净土健康产业"点—极—面"
　　　　　　拓展进路 ··· (96)
　　第四节　净土健康产业的发展取向 ····························· (123)
　　第五节　政府引领的发展性智慧 ·································· (133)

第四章　地理适应性：净土健康产业的绿色底色 ·········· (137)
　　第一节　政府引领绿色发展方向 ·································· (138)
　　第二节　绿色制造：生态产业的外延式拓展 ················ (141)

第三节　绿色拓展：绿地从块到片的内涵式发展 …………（155）
　　第四节　绿色覆盖：全域有机生产的内涵式发展 …………（164）

第五章　净土健康产业发展的社会基础 ………………………（169）
　　第一节　集体：青藏高原地区深厚的社会底蕴 ……………（170）
　　第二节　脱贫攻坚中，新增添的集体经济 …………………（182）
　　第三节　政社耦合型的新增添在地集体经济 ………………（186）
　　第四节　飞地集体经济，均衡地益贫 ………………………（197）
　　第五节　集体经济壮大中的政府引领 ………………………（200）

第六章　农文旅一体化：净土健康产业的新业态 ……………（206）
　　第一节　由文旅产业到农文旅一体化 ………………………（206）
　　第二节　农文旅一体化的地理适应性：独一无二，不可
　　　　　　复制 …………………………………………………（214）
　　第三节　农文旅一体化的文化意涵：还原本真，促进
　　　　　　融合 …………………………………………………（217）
　　第四节　农文旅一体化的产业意涵：市场空间巨大，
　　　　　　强区富民 ……………………………………………（225）
　　第五节　农文旅一体化的个案：以强吉村为例 ……………（233）

结　论 ……………………………………………………………（244）

参考文献 …………………………………………………………（254）

绪 论

本书是在深度贫困地区脱贫攻坚的宏观情境下，研究青藏高原产业发展的适应性，包括产业的历史形态以及如今的建构，指涉深度贫困地区通过产业扶贫，实现脱贫攻坚。2021年习近平总书记庄严宣告我国脱贫攻坚战取得了全面胜利，下文所述的贫困县（村、户）都已脱贫。

一 只有扶出产业，才算扶贫扶到家

农村的贫困问题并非物质的贫困，中国大多数乡村山水秀美、物产丰盛、人文厚重，贫困主要是经济的贫困，本质上也就是产业贫困[①]，深度贫困地区更是如此。中共中央办公厅、国务院办公厅于2017年11月发布《关于支持深度贫困地区脱贫攻坚的实施意见》，该文件指出，深度贫困地区主要是西藏、四省藏区、南疆四地州和四川凉山州、云南怒江州、甘肃临夏州以及贫困发生率超过18%的贫困县和贫困发生率超过20%的贫困村。深度贫困地区自然条件差、经济基础弱、贫困程度深，是脱贫攻坚中的硬骨头，补齐这些短板是脱贫攻坚决战决胜的关键。

产业发展对于促进脱贫，具有基础性、稳定性、持续性的作用。产业扶贫是开发式扶贫活的灵魂，是脱贫攻坚的发动机与助推器。对于贫困户来说，只有产业发展了，才会获得稳定的收入，不断积蓄，并从根本上摆脱贫困；对于贫困村来说，只有发展壮大产业，才能不断增强集体经济，促进村集体经济的助贫济困功能；对于贫困地区来说，只有发

---

① 陈文胜：《论乡村振兴与产业扶贫》，《农村经济》2019年第9期。

展起产业，才能真正振兴。发展起产业，并且有完善的利益联结机制，方能降低贫困户返贫的可能①。"只有扶出产业，才算扶贫扶到家。"这是自从20世纪80年代以来，进行开发式扶贫的长期实践及其反思的基本结论。我国在20世纪80年代中期形成了开发式扶贫的政策框架，确立了以生产力发展带动减贫的扶贫工作思路，奠定了产业扶贫的制度基础。2011年，中共中央、国务院印发的《中国农村扶贫开发纲要(2011—2020年)》将产业扶贫列为七个专项扶贫的内容之一。2015年发布的《中共中央 国务院关于打赢脱贫攻坚战的决定》和2018年发布的《中共中央 国务院关于打赢脱贫攻坚战三年行动的指导意见》均提出把发展产业作为实现贫困人口稳定脱贫的主要途径和长久之计。产业发展是贫困地区提升自身的"造血"能力、内生动力的"本"和"源"。有了产业支撑，人们就会依靠自己的努力主动地摆脱贫困。我们甚至可以认为，如果离开了产业发展，脱贫攻坚、乡村振兴都会是无本之木、无源之水。

自从实施精准扶贫战略以来，中央政府及有关部门高度重视产业发展，相继出台了一系列的政策措施，使产业扶贫政策体系框架越来越完善，政策内容越来越丰富②。2015年11月，中共中央、国务院印发《关于打赢脱贫攻坚战的决定》，明确了脱贫攻坚时期的总要求是发展特色产业，将发展特色产业提高到脱贫攻坚方略的高度。2016年3月，《中华人民共和国国民经济和社会发展第十三个五年规划纲要》明确"十三五"期间产业扶贫总要求：重点支持贫困村、贫困户发展种养业和传统手工业，实施贫困村"一村一品"产业推动行动和"互联网＋"产业扶贫，实施电商扶贫、光伏扶贫、乡村旅游扶贫工程。2016年5月，农业部等九部门联合印发《贫困地区发展特色产业促进精准脱贫指导意见》，对贫困地区发展特色产业做出全面部署：科学确定特色产业，促进一二三产业融合发展，发挥新型经营主体带动作用，完善利益联结机制，增强产业支撑保障能力，加大产业扶贫投入力度，创新金融扶持

---

① 国务院扶贫办：《中国脱贫攻坚——岳西故事》，研究出版社2019年版。
② 刘明月、汪三贵：《产业扶贫与产业兴旺的有机衔接：逻辑关系、面临困境及实现路径》，《西北师大学报》2020年第4期。

机制,加大保险支持力度。2016年7月18日,习近平总书记在宁夏固原考察脱贫攻坚工作时强调:"发展产业是实现脱贫的根本之策。要因地制宜,把培育产业作为推动脱贫攻坚的根本出路。"2016年11月,国务院印发的《"十三五"脱贫攻坚规划》阐释了产业脱贫的重要内容、重点实施的产业扶贫工程等,明确"十三五"期间的重点任务:要发展产业脱贫,每个贫困县建成一批脱贫带动能力强的特色产业,每个贫困乡、村形成特色拳头产品,贫困人口劳动技能得到提升,贫困户经营性、财产性收入稳定增加。2018年8月,中共中央、国务院发布《关于打赢脱贫攻坚战三年行动的指导意见》提出要强化到村到户到人精准帮扶举措,加大产业扶贫力度。

学术界认为产业扶贫政策目标可分为不同层级:到2020年,贫困县要建成一批贫困人口参与度高的特色产业基地,一批对贫困户脱贫带动能力强的特色农产品加工、服务基地,初步形成特色产业体系;贫困乡镇(村)的特色产业要突出,特色产业增加值要显著提升;贫困户家庭收入因产业发展稳定增加,自我发展能力明显增强。政策内容主要包括发展种养殖、传统手工业等特色产业;积极发展特色产品加工,加快一二三产业融合发展,发挥农业产业的多功能性,拓宽贫困户的增收渠道;发挥新型经营主体带动作用,完善利益联结机制,向贫困户提供全产业链服务;加大农林技术推广和培训力度,提升贫困户的劳动技能。政策目标对象具有瞄准性,为贫困地区和贫困农户①。

如今,理论界和实践界普遍认为"扶持产业就是扶根本、扶长远",或者说产业扶贫是实现持续稳定脱贫的根本之策。学术界对产业扶贫的解说多种多样,但对其概念和内涵的认识较为一致,即产业扶贫是一种坚持市场主导、政府引导,以促进贫困人口增收和贫困地区发展为目标,立足贫困地区资源禀赋、贫困状况,科学规划、选择、培育扶贫产业,建立相应的收益分配机制,并以产业扶贫支持政策作为支撑的

---

① 刘明月、汪三贵:《产业扶贫与产业兴旺的有机衔接:逻辑关系、面临困境及实现路径》,《西北师大学报》2020年第4期。

扶贫方式①。总结多年来对产业扶贫的观察,我们认为产业扶贫中,要突出强调的是:扶持产业发展,转变地方经济增长方式,建立起贫困人口参与产业发展的益贫机制以及多重利益联结机制,带动贫困人口摆脱贫困。2020年年底,贫困乡村脱贫摘帽,2021年进入"五年过渡期",并以此衔接乡村振兴。乡村振兴的核心要件是"产业兴旺"。

十多年来,笔者年年暑假都在西藏、四川省甘孜州度过,这两个地方都属于青藏高原,都是深度贫困地区②。笔者以前专注于研究藏族地区公共产品供给,看到政府供给公共产品促进了区域发展,缓解了农牧民的生计脆弱。③ 精准扶贫开展以来,笔者越来越多地发现,公共产品

---

① 文献众多,参见刘建生、陈鑫、曹佳慧《产业精准扶贫作用机制研究》,《中国人口·资源与环境》2017年第6期;王春萍、郑烨《21世纪以来中国产业扶贫研究脉络与主题谱系》,《中国人口·资源与环境》2017年第6期;黄承伟、邹英、刘杰《产业精准扶贫:实践困境和深化路径》,《贵州社会科学》2017年第9期;胡伟斌、黄祖辉、朋文欢《产业精准扶贫的作用机理、现实困境及破解路径》,《江淮论坛》2018年第5期;李冬慧、乔陆印《从产业扶贫到产业兴旺:贫困地区产业发展困境与创新趋向》,《求实》2019年第6期;吕开宇、施海波、李芸、张姝《新中国70年产业扶贫政策:演变路径、经验教训及前景展望》,《农业经济问题》2020年第2期;刘明月、汪三贵《产业扶贫与产业兴旺的有机衔接:逻辑关系、面临困境及实现路径》,《西北师大学报》2020年第4期。

② 2015年6月17日,西藏自治区扶贫攻坚专项调研组在其咨询报告中写道:"西藏自治区农村居民人均可支配收入仅为全国平均水平的70%,年收入500—2000元的贫困人口占贫困人口总数的66.96%。近30万人纳入了农村最低生活保障。2014年年底,那曲地区西部贫困人口工资性收入仅占总收入的1.27%。'三岩'片区是西藏最贫困的地区,该片区农村人均可支配收入仅为2421元(含惠农补助资金1609元),仅相当于昌都市平均水平的36.6%、全区的32.4%。'三岩'片区贫困人口1454户7375人(其中,扶贫户542户2875人、扶贫低保户460户2438人、低保户399户2018人、五保户53户62人),贫困发生率57.69%,是全区贫困发生率的近2倍。根据地区购买力平价测算,西藏与内地成本差异为1∶0.55,扶贫开发效益远远低于内地省区。"参见西藏自治区扶贫攻坚专项调研组《精准发力 深处着力打好新常态下的扶贫攻坚战》(2015年6月17日)(未刊稿)。据笔者长期跟踪调查,在随后几年的脱贫攻坚中,"三岩"片区的大量贫困人口易地扶贫搬迁到了拉萨市的各个区县以及昌都市郊区。例如曲水县的扶贫移民安置点就安置了几百户几千人。拉萨市各区县和昌都市郊区的自然环境、经济条件和生活水平都远远好于三岩片区,由此三岩片区人的生活质量大大提高。依然留在三岩地区的人口,因为拥有的资源数量增加,加之政府大力扶持产业发展,业已脱贫。

③ 李雪萍:《公共产品供给促进反脆弱发展:甘孜藏区发展策略研究》,中国社会科学出版社2017年版;李雪萍:《西藏城镇社区发展与公共产品供给》,华中师范大学出版社2013年版。

供给的方向有一定的变化。前些年，如果说公共产品供给更多的是投资于基础设施建设、基本公共服务，以便整体性地改善青藏高原的区域经济社会发展条件以及提高农牧民的生产生活水平。现阶段，基层政府①更多地扶持产业发展，从根本上带动区域发展以及帮助农牧民摆脱贫困。

青藏高原在长期历史发展过程中，建立起农牧互补的产业结构。如今，通过精准扶贫，农牧业、农文旅产业得到长足发展。青藏高原的产业扶贫（产业发展）既要适应市场，又要联结贫困人口，是青藏高原一场大规模、深刻的"经济变革"，也是农牧民的"劳动革命"②。区域产业发展的研究，常见理想主义与绝对主义的倾向，想象着有一种理想化的、最优的模式可供复制和推广，而文化相对论的视角则被忽视。从文化相对论角度看，青藏高原的产业扶贫与产业发展"整合了自然、生态、文化、社会、经济及风土人情等诸多方面的特质，发展模式其实就是这些特质的整合与维续"。同样，青藏高原产业发展路径的探索，需要有道路自觉意识，尊重自己的历史，自知现实的问题和发展趋向，重新认知并发现区域特质的价值，寻求在新时代将特质转化为特色资源以及把传统特色与现代元素重新整合的多样性道路。③

青藏高原有其区域特质，区域特质有着历史延续性，是指在自然、生态、文化、经济、社会以及风土人情等诸多方面形成并维持的独特性质和品格④。精准扶贫和乡村振兴的一项重要内容就是要重新整合区域特质，以使区域乡村社会文化特色"基因"得以保护和存续下去，同

---

① 学术界对基层政府有很多种解说，在本书包括县—乡镇党委和政府以及驻村工作队、第一书记。之所以将驻村工作队、第一书记纳入基层政府，原因在于：实施精准扶贫以来，第一书记、驻村工作队的派出，村级组织的力量更为强大，引领着村庄进步。

② 格桑邓珠、曹森皓：《西藏自治区巩固脱贫成果加大产业扶贫力度的调查——以拉萨市曲水县为例》，《社会科学动态》2020年第7期。

③ 陆益龙：《村庄特质与乡村振兴道路的多样性》，《北京大学学报》2019年第5期。

④ 区域特质的含义是对陆益龙"村庄特质"的拓展。陆益龙认为"各地乡村的特殊性源自不同村庄所具有的特质，所谓村庄特质是指村庄作为一种历史连续统，在自然、生态、文化、经济、社会以及风土人情等诸多方面所形成并维持的独特性质和品格。"参见陆益龙《村庄特质与乡村振兴道路的多样性》，《北京大学学报》2019年第5期。

时为乡村在现代社会的生存提供多种可能的线索①。

本书关心的是青藏高原长期以来的产业形态有着怎样的区域特质，或者说产业发展遵循着怎样的逻辑？具体说来，青藏高原历史上长期农牧互补遵循怎样的逻辑？如今因产业扶贫逐渐促进产业兴旺，实践着"因减贫而发展"②，这又遵循着怎样的逻辑？从学理上来讲，本书通过呈现青藏高原产业发展的历史和现实，来研讨产业的根植性与适应性。目前，深度贫困地区的产业发展的具体路径是在市场经济条件下，强化农牧业生产与加工、农文旅一体化③。在这一路径下，需要深度思考的是政府与市场主体在产业发展中，如何既适宜于当地自然环境（自然适应性），又满足社会环境（包括农牧民生计需求与生产生活方式等），又能进入市场，并在市场中获利（即市场适应性）？④

二 产业扶贫面面观

中国的反贫困主要沿着两条路径在推进：一条是通过地区发展带动脱贫的"开发式扶贫"，另一条是通过社会救助实现收入维持。这是我国开发式扶贫30年的基本经验。⑤ 青藏高原也经历了如此的反贫困历程，但是到2017年前依然有很大一部分处于深度贫困。这就是说，仅靠已有的减贫方式，深度贫困地区难以脱贫，必须另辟蹊径。2017年11月，中共中央办公厅、国务院办公厅发布《关于支持深度贫困地区脱贫攻坚的实施意见》，表明深度贫困地区脱贫攻坚的"顶层设计"基本完成。作为"复杂政策"⑥，深度贫困地区依据自身实际进行"地方

---

① 陆益龙：《村庄特质与乡村振兴道路的多样性》，《北京大学学报》2019年第5期。

② 据作者多年的实地调查，国家实施精准扶贫以来，深度贫困地区因产业扶贫促进了本区域经济社会的全面发展。在作者看来，深度贫困地区走了"因减贫而发展"的道路，不同于经济学者通常所主张的"以发展来减贫"。

③ 旅游业发展是个极为复杂的话题，青藏高原的农牧民在旅游业发展中也获益颇多。但本书不会专门研讨旅游业的发展规律，而侧重于分析"农文旅一体化"及其如何惠及贫困人口。

④ 目前，市场适应性是产业发展最重要的特性。产业扶贫必须与市场衔接，即便是易地扶贫搬迁要想成功，也必须帮助搬迁户在市场中寻求就业机会。这就是说，产业扶贫必须更多地考量与市场的联结，而不仅仅是依靠政府的帮扶。

⑤ 李棉管：《技术难题、政治过程与文化结果》，《社会学研究》2017年第1期。

⑥ 吕方、梅琳：《"复杂政策"与国家治理》，《社会学研究》2017年第3期。

转译"十分重要。

精准扶贫实施以来，学术界关于产业扶贫的研究急剧增加[①]，学者们概述了产业扶贫的现状[②]，也分析其主要变化。第一，产业扶贫的方式已由过去的政府主导变为政府引导[③]，企业与非政府组织共同助力，贫困户最大限度地参与其中。第二，产业扶贫的融资模式涵盖内源、外源、综合三种[④]，实践中因地制宜采取的产业扶贫模式差异较大，目前主要有"金融机构+""龙头企业+""特色旅游+""资源产业""互联网+"及"移民搬迁进园区"等模式[⑤]。第三，产业扶贫的具体路径多种多样。例如有学者认为，对于贫困乡村的产业扶贫而言，农业是最核心的产业，小农户是最大的现实。最关键是要转变工作思路，实现从抓生产到抓市场的转变，从抓规模抓产量提高转变为抓品牌抓质量提升，建立以品牌为导向的优化农业区域结构、品种结构、产业结构的正面清单和负面清单，推动乡村资源优势和生态优势转化为乡村产业发展的经济优势[⑥]。第四，产业扶贫项目的现实困境主要有：政府主导的产业与贫困户的实际需求相脱节[⑦]，种养品种单一与高抗风险要求相矛盾[⑧]，产业发展的要求与落后的基础设施不协调[⑨]，项目方案与当地自

[①] 王春萍、郑烨：《21世纪以来中国产业扶贫研究脉络与主题谱系》，《中国人口·资源与环境》2017年第6期。

[②] 例如胡晗、司亚飞、王立剑：《产业扶贫政策对贫困户生计策略和收入的影响——来自陕西省的经验证据》，《中国农村经济》2018年第1期。

[③] 陈忠言：《中国农村开发式扶贫机制解析——以沪滇合作为例》，《经济问题探索》2015年第2期。

[④] 申红兴：《青海藏区产业减贫的主体及路径分析》，《青海社会科学》2015年第5期。

[⑤] 申云、彭小兵：《链式融资模式与精准扶贫效果——基于准实验研究》，《财经研究》2016年第9期；李志萌、张宜红：《革命老区产业扶贫模式、存在问题及破解路径——以赣南老区为例》，《江西社会科学》2016年第7期。

[⑥] 陈文胜：《论乡村振兴与产业扶贫》，《农村经济》2019年第9期。

[⑦] 范东君：《精准扶贫视角下我国产业扶贫现状、模式与对策探析——基于湖南省湘西州的分析》，《中共四川省委党校学报》2016年第4期。

[⑧] 汪三贵、张雁、杨龙：《连片特困地区扶贫项目到户问题研究——基于乌蒙山片区三省六县的调研》，《中州学刊》2015年第3期。

[⑨] 李志萌、张宜红：《革命老区产业扶贫模式、存在问题及破解路径——以赣南老区为例》，《江西社会科学》2016年第7期；陈聪、程李梅：《产业扶贫目标下连片特困地区公共品有效供给研究》，《农业经济问题》2017年第10期。

然条件相违背①以及贫困户因掌握的社会资源有限,在产业项目选择上没有太多话语权,参与产业扶贫项目的积极性受到影响②等。第五,对产业扶贫政策效果的评估主要集中在减贫成效③、目标完成度④以及综合效益⑤三个层面。

针对深度贫困地区产业发展的相关研究,学者们认为偏远民族地区扶贫开发面临"兴业难"的困境,有学者主张政府应由大包大揽的"保姆式"扶贫转变为"教练式"扶贫⑥。深度贫困地区产业扶贫与乡村振兴相衔接,从脱贫攻坚的"产业扶贫"到乡村振兴的"产业兴旺",折射出产业发展对于脱贫攻坚与乡村振兴衔接的根本性作用。但是深度贫困地区产业扶贫中存在市场机制不彰、可持续性差等问题。在新结构经济学的"有效市场+有为政府"理论视角下,深度贫困地区产业扶贫应根据当地资源、人力、资本、企业家才能等生产要素的禀赋结构,依循"市场逻辑+政府逻辑"的双重逻辑,培育和发展具有竞争优势的产业形态,并构建多主体激励相容的参与机制及利益分配机制。具体说来,需要有效发挥企业家才能,将本地资源禀赋变成有市场的产品,政府因势利导对企业进行扶持激励并协调提供软硬件服务,从而形成具有市场竞争优势的可持续扶贫产业;在可持续产业带动下,贫困户通过参与产业链订单生产、直接就业,以及将土地租出、到户扶贫资金入股企业等方式获取收入,提高内生发展能力,从而实现脱贫攻坚与乡村振兴促进人的发展和福祉提升的最终目标⑦。

---

① 陈秋华、纪金雄:《乡村旅游精准扶贫实现路径研究》,《福建论坛》2016年第5期。
② 邓维杰:《精准扶贫的难点、对策与路径选择》,《农村经济》2014年第6期;葛志军、邢成举:《精准扶贫:内涵、实践困境及其原因阐释——基于宁夏银川两个村庄的调查》,《贵州社会科学》2015年第5期。
③ 张琳、童翔宇、杨毅:《湘鄂渝黔边民族地区精准扶贫效益评价及增进策略——基于结构方程模型的实证分析》,《贵州民族研究》2017年第1期。
④ 陈清华、董晓林、朱敏杰:《村级互助资金扶贫效果分析——基于宁夏地区的调查数据》,《农业技术经济》2017年第2期。
⑤ 李烨:《中国乡村旅游业扶贫效率研究》,《农村经济》2017年第5期。
⑥ 刘智勇、吉佐阿牛、吴件:《民族地区扶贫的"兴业难"与政府扶贫模式研究》,《西南民族大学学报》2020年第1期。
⑦ 朱海波、聂凤英:《深度贫困地区脱贫攻坚与乡村振兴有效衔接的逻辑与路径——产业发展的视角》,《南京农业大学学报》2020年第3期。

深度贫困地区"联结贫困人口的产业发展"有其"地方性"（区域性）。"地方性"是乡村社会文化网络的特质。一方面，"地方性"承袭自漫长的历史时间，默会于本地人的日常交往，关乎生命礼俗、伦理情谊和价值认同；另一方面，它根植于特定的山川风土和土地利用、种植灌溉、修桥架屋等地方主体得以展开的场域。"地方性"绝非一成不变，而是在与外来范畴不断的互动交流中"融变创生"[1]。中国乡村的贫困问题一直具有较强的地域性，深度贫困区的贫困问题是结构性贫困与偶发性贫困的叠加：一方面是人们有劳动能力却缺少途径来改善生活，他们通常缺少物质资源和社会资源。这是经济结构的产物，取决于社会资源的再分配制度。另一方面人们虽然凭借资源可以自足，但在灾祸面前却非常脆弱，自然灾害、疾病、经济低迷或者生命周期的变化都会带来贫困的风险[2]。

学术界认为反贫困是一种典型的公共物品，因为具有效用的非排他性和利益的非占有性，不能由市场提供，只能通过政治程序或公共选择由政府提供。应该说，政府主导脱贫攻坚，势在必行。过去半个多世纪，世界各国扶贫政策的重点，经历了由基础设施建设向发展机会转变，扶贫模式也经历了以政府为主导的区域开发向以自我规划为主的基层社区脱贫转变[3]。产业扶贫希冀通过扶持地方特色产业，提升贫困地区群众的自身发展能力，对改变"久扶不脱贫"窘境有显著效果[4]。从整体上看，我国的产业扶贫基本轨迹是：主体由政府主导逐渐演变为政府主导、市场力量和社会参与并重；扶贫渠道由财政资金扶持逐步扩散到科技扶贫、智力扶贫、旅游扶贫等多样化方式；扶贫思路由农村推进

---

[1] ［美］阿尔君·阿帕杜莱：《消散的现代性：全球化的文化维度》，刘冉译，上海三联书店2012年版。

[2] 荀丽丽：《从"资源传递"到"在地治理"》，《文化纵横》2017年第6期。

[3] J. Labonne and R. S. Chase, "Do Community-Driven Development Projects Enhance Social Capital? Evidence from the Philippines", *Journal of Development Economics*, Vol. 96, No. 2, 2011, pp. 348-358.

[4] 梁晨：《产业扶贫项目的运作机制与地方政府的角色》，《北京工业大学学报》（社会科学版）2015年第5期。

向城市扶贫过渡，再到协调区域发展的精准扶贫战略等。① 上述表述是就国家整体而言，就青藏高原等深度贫困地区来说，有其特殊性。我们可以认为，首先，深度贫困地区实现"转变"尚缺条件，基础设施建设和发展机会都是其所需，基层社区贫弱，脱贫主要通过政府来主导，尚未进入"自我规划为主的基层社区脱贫"阶段。其次，深度贫困地区脱贫攻坚的方式多种多样，包括产业发展、解决因病因残致贫问题、社会保障兜底、教育扶贫、就业扶贫等，不同的方式意味着需要供给不同类型的公共产品，政府在其间的地位、作用、角色和行为因各自的性质、特征而有所不同。最后，就产业扶贫而言，社会参与力量弱小，市场失灵显著，政府依然起着特殊的作用，实践中建构着更为复杂的特殊的引领型市场体制。

"联结贫困人口的产业发展"是深度贫困地区脱贫攻坚的关键。产业发展是贫困地区脱贫攻坚的基础，深度贫困地区的脱贫攻坚也不会例外。目前，不少地区的财政专项扶贫资金的60%用于产业发展，其中70%的资金用于建档立卡贫困户的生产发展。② 习近平指出："深度贫困地区要改善经济发展方式，重点发展贫困人口能够受益的产业，如特色农业、劳动密集型的加工业和服务业等。"③ 政府促进本土产业发展，通过产业扶贫与就业扶贫有机结合，实现劳动力在地就业，这是脱贫攻坚的理想模式之一。④ 产业发展是提高贫困社区和贫困农户的自我发展能力的重要手段，但是，产业稚嫩、结构单一是深度贫困地区的普遍特征。⑤ 不同于其他地区，深度贫困地区脱贫攻坚中的产业发展，最为重要的是"要能够使贫困人口受益"，而且要在特定的区域和民族环境中，塑造出产业优势，我们可以称为"联结贫困人口的产业发展"。产

---

① 王春萍、郑烨：《21世纪以来中国产业扶贫研究脉络与主题谱系》，《中国人口·资源与环境》2017年第6期。

② 李志平：《"送猪仔"与"折现金"：我国产业精准扶贫的路径分析与政策模拟研究》，《财经研究》2017年第4期。

③ 习近平：《在深度贫困地区脱贫攻坚座谈会上的讲话》（2017年6月23日，新华社北京2017年8月31日电）。

④ 胡振光、向德平：《参与式治理视角下产业扶贫的发展瓶颈及完善路径》，《学习与实践》2014年第4期。

⑤ 王德强：《藏区产业成长论》，博士学位论文，中央民族大学，2007年。

业发展是在引领型市场体制下,将深度贫困地区具有比较优势的产业塑造出产业优势。

产业发展的市场逻辑与扶贫济困的社会道德逻辑有矛盾和冲突,需要创生新型的政府引领①(政府的产业引领、市场引领等)。学者们认为发展型政府因势利导,甄别比较优势、塑造产业优势等,可让欠发达地区产生后发优势,②并利用涓滴效应、增加就业等途径来包容贫困人口。事实上,产业发展的市场化逻辑与扶贫济困的社会道德逻辑之间,有着严重的矛盾和冲突,③需要政府在其中起到重要作用,并建构起不同于自发市场的体制。究竟建立怎样的市场体制?新古典社会学的"比较资本主义"理论以及比较政治经济学阐释了西方社会产业发展的多种路径、模式。④但难以揭示超大经济体及其内部产业发展体制的多样性。我国的市场经济发展受自上而下与自下而上的共同驱动,既有顶层设计的方向指引,也有地方的实践探索。基层政府通过引领性干预,即甄别、选择、投入、扶持、包装等方式打造地方产业,⑤地方政府的引领性干预在很大程度上塑造了区域的市场活动、产业格局,⑥也创生着不同的市场体制,如自发型市场体制与引领型市场体制。⑦在深度贫困地区,政府如何在产业优势塑造中带动贫困人口脱贫致富?这是需要思

---

① 关于政府引领,我们认为在发达地区和欠发达地区都是存在的,只是引领的方式、内容有所差别。在发达地区,农村集体资产在具体的制度和实践中,政府企图"脱嵌治理",而农民(或居民)机智地"让政府并不能轻易离开",形成"农村集体产权的脱嵌治理与双重嵌入"(管兵:《农村集体产权的脱嵌治理与双重嵌入——以珠三角地区40年的经验为例》,《社会学研究》2019年第6期)。这就是说,在发达地区,政府都无法脱嵌,不得不参与其中。对于深度贫困地区来说,政府引领会是全方位的,展现在政治建设、生态建设、经济建设、社会建设等方面。

② Boulding, W. & A. Kirmani, "Sustainable Pioneering Advantage? Profit Implications of Market Entry Order", *Marketing Science* 22 (4), 2003. 冯猛:《基层政府与地方产业选择》,《社会学研究》2014年第2期。

③ 许汉泽、李小云:《精准扶贫背景下农村产业扶贫的实践困境》,《西北农林科技大学学报》2017年第1期。

④ Campbell, J., *Institutional Change and Globalization*, Princeton: Princeton University Press, 2004.

⑤ 冯猛:《基层政府与地方产业选择》,《社会学研究》2014年第2期。

⑥ 符平:《市场的社会逻辑》,上海三联书店2013年版。

⑦ 符平:《市场体制与产业优势》,《社会学研究》2018年第1期。

考的问题。

在产业发展的市场体制上，古典的产业经济学认为政府只需提供产业发展的"外围设施"（有效的法律、稳定的商业环境、解决外部性问题等）。经过中国地方政府积极促进产业发展的实践验证，产业经济学肯定了政府对一般性经济活动的整体性进入及其推动功用，提出"地方政府厂商化""地方政府公司化"①等解说，认为市场和企业居于主导地位，政府配合市场共同完成产业聚积与增长，但要注意政府与市场之间的边界调整。②产业经济社会学将政府视作市场发展的内生变量，其中，产业经济学的制度学派认为政府通过实施积极的产业政策，引导产业朝向政府设定的目标演进③，建立起"地方性市场社会主义"。产业经济学与经济社会学注重在国家层面宏观地讨论政府与产业的关系，难以考察深度贫困地区的基层政府④与产业发展的关系，更无法研究产业发展与社会进步（例如减贫）之间的多种变数。基于此，深度贫困地区的基层政府联结贫困治理促进产业发展，希冀看到鲜活而丰富有趣的画面。

产业发展是一个综合问题，现在的学术研究却基本上将其当作经济问题，归属到经济学、管理学的范畴，前者关注产业的市场化发展，后者关注企业运作。⑤这样的研究，基本上悬置了市场和产业如何组织起

---

① Walder, Andrew G. 1995, "Local Governments as Industrial Firms: An Organizational Analysis of China's Transitional Economy", *American Journal of Sociology 101*.

② 冯猛：《基层政府与地方产业选择》，《社会学研究》2014 年第 2 期。

③ 梁波、王海英：《市场、制度与网络：产业发展的三种解释范式》，《社会》2010 年第 6 期。

④ 关于基层政府包括哪些级别的政府机构，学术界有两种表述：一种是专指乡镇政府，将县级政府称为地方政府；另一种是指"县级及其所辖的乡、镇政府"，有时候村级单位也被认为是基层政府的组成部分（参见陈家建《项目制与基层政府动员：对社会管理项目化运作的社会学考察》，《中国社会科学》2013 年第 2 期；梁晨《产业扶贫项目的运作机制与地方政府的角色》，《北京工业大学学报》（社会科学版）2015 年第 5 期等）。本书将县级政府及其乡镇政府合称为基层政府；在具体分析时，如果要区别出县级政府与乡镇政府时，会专门称为"县级政府""乡镇政府"；本书认为村级组织是自治组织，不视其为政府机构的组成部分。

⑤ 聂辉华：《最优农业契约与中国农业产业化模式》，《经济学（季刊）》2013 年第 1 期。程志强：《农业产业化发展与农地流转制度创新的研究》，商务印书馆 2012 年版。

来、如何拓展升级的政治和社会过程。① 目前，民族地区的产业发展、扶贫攻坚也分属于经济学、民族学，取得了一定的成果，却难以揭示出产业发展、扶贫攻坚的内在联结及其特殊性，更是缺失了社会学的考察与研讨。20世纪90年代中期，农业产业化由"地方实践上升为全国经验"，至今，基层政府的产业行为经历了从行政强制为主的"逼民致富"到利用补贴为主的"诱民致富"，基层政府热情不减，根源在于它是政绩考核指标之一，官员以此谋求晋升，即政治锦标赛。② 锦标赛的单一解说或许难以明晰"情境中的政府"与"情境中的政府官员"更丰富的角色、更复杂的行为。

上述研究主要是针对贫困地区的一般情况而言，但难以深刻地认识深度贫困地区产业发展历程、难题和现实实践。

三 深度贫困地区产业发展遭遇诸多难题

深度贫困地区的特征是贫困人口占比高、贫困发生率高、人均可支配收入低、基础设施与基本条件差、特殊困难人口比重大、脱贫任务重等。③ 自然生态和人文生态失衡形塑了深度贫困地区的慢性贫困，深度贫困地区自然环境恶劣，经济相对落后，又有特殊的社会文化氛围，脆弱性是基本特质。④ 例如，藏族地区是我国少有的少数民族人口比例高、贫困人口比例高、返贫率高和地势海拔高，而经济社会发展水平较低的"四高一低"的特殊区域，是全国贫困程度最深、贫困类型最典型、扶持难度最大且扶贫成本最高的地区。⑤ 深度贫困地区基本是少数民族地区、边缘地区。少数民族聚居区的民族文化特色显著，宗教文化影响深重。深度贫困地区具有边缘性，是行政边缘、地理边缘、经济边缘、公共服务边缘、基础建设边缘和社会网络边缘。总体说来，地理区

---

① 符平：《市场体制与产业优势》，《社会学研究》2018年第1期。
② 刘军强、鲁宇、李振：《积极的惰性——基层政府产业结构调整的运作机制分析》，《社会学研究》2017年第5期。
③ 习近平：《在深度贫困地区脱贫攻坚座谈会上的讲话》（2017年6月23日，新华社北京2017年8月31日电）。
④ 李雪萍：《公共产品供给促进反脆弱发展》，中国社会科学出版社2017年版。
⑤ 苏海红、杜青华：《中国藏区反贫困研究》，甘肃民族出版社2008年版。

位、自然环境、自然资源以及历史基础、社会形态、人口、民族等人文因素相互作用，共同形塑了深度贫困地区的"空间贫困陷阱"①。

青藏高原产业发展基础极为薄弱，这既是历史上长期慢性贫困的延续，又有现实中诸多难题的困扰；既有生态环境的约束、地理区位的劣势，也有民众产业意识淡薄、内生动力不足，还有市场应对能力很弱等。概括起来，产业发展的难题表现在地理环境适应、社会适应、市场适应等几个方面。

首先，产业扶贫的地理因素桎梏主要是严酷的环境与偏远的区位。深度贫困地区往往是禁止开发区或限制开发区，各种社会保障政策的实施，至多能维持农牧民温饱。多年的自发型市场发展及政府供给区域性公共产品，仍未使其脱贫。青藏高原自然环境的恶劣和生态环境的脆弱是其他地区难以相比的，其地理区位劣势明显，距离国内外市场较远，不适宜也不可能大规模发展工业。地理因素形塑了农牧互补的产业结构，且长时期难以改变。在青藏高原寻找既结合原有产业模式，又能突破环境桎梏的产业发展是个难题。

其次，产业扶贫的社会因素钳制是劳动力素质与内生动力问题。青藏高原发展新产业的人力资源严重不足。长期农牧业生产形塑了农牧民的劳动力技能与习惯，农牧民劳动技能单一、认知不足、劳动习惯的不适应等，都是产业扶贫的人力资源短板。而且，长时期宗教文化濡化下，部分农牧民形成了安于贫困的思维定式，积极主动改变自己生存境遇的内生动力有待进一步驱动，这是其他贫困地区少有的。

最后，市场适应能力较低。农牧互补的经济模式下，农牧民生产的自给自足特性明显，较少针对市场而生产和加工；农牧民市场意识淡薄与市场风险巨大并存。

具体到产业发展，青藏高原特色产业尚未塑造为优势产业。深度贫困地区资源丰饶，却尚未实现产业化，更无产业优势。深度贫困地区的农牧业有很强的比较优势、文化产业富于民族特色（有先导优势），却尚未形成完整产业链、产业集群，不具有较强的外部规模经济，无市场

---

① 郑长德：《"三区""三州"深度贫困地区脱贫奔康与可持续发展研究》，《民族学刊》2017年第6期。

优势；旅游产业不断发展，但惠及的贫困人口有限；环保产业具有开发前景，但刚刚起步。贫困人口整体性地、更为深层次地、长期地自我脱贫，最终依赖于区域产业优势塑造。有业可就，不仅可以激发内生动力，还可以从源头上"拔除穷根"。如果说输血性的措施只能使得贫困人口短暂脱贫，一旦遭遇风险，便会返贫，那么，唯有将贫困人口纳入产业优势塑造，并使其在就业中学习与增能，这才可能由于自我"造血"而长期脱贫。在深度贫困地区，产业扶贫总是与就业扶贫紧紧地结合在一起，有了产业发展才可能有更多的就业机会。在深度贫困地区，因产业不兴，就业机会本来就很少，却遭遇农牧民非农务工的"本地化"的意愿和现实。① 在青藏高原，农牧民难以适应高原之外的气候条件、文化生活、文化习惯，加之语言交流困难以及工作技能有限等，很多农牧民只愿意也只能在其文化圈内务工，很少走出其文化圈，寻找就业机会。

四 实地调查获取第一手资料

本书是笔者长期行走青藏高原，进行观察、调查，得来的研究成果。2008—2009 年，笔者在拉萨援藏期间，就深入地调查西藏拉萨市、山南地区的产业发展情况。2010—2018 年的暑假，笔者年年会带上单位的介绍信，在当地政府的允许、支持和帮助下，深入调研。

2008 年，大棚种植蔬菜在拉萨、山南都已经很兴盛。五一国际劳动节，笔者去山南，就能在大棚里买到刚成熟的西瓜。啃西瓜的同时，拉萨人告诉笔者，这在以前是不敢想象的，因为在拉萨吃蔬菜都困难。2000 年以前，从成都飞拉萨，人们带到拉萨的最珍贵的礼物就是一兜兜的新鲜蔬菜。

2009 年 7 月，笔者在四川甘孜州雅江县西俄洛乡杰珠村，驻村调研半月，详细了解杰珠村的青稞种植情况、放牧的规律、乡村旅游发展

---

① 在少数民族地区，普遍存在非农务工的本地化，原因基本一致，主要受到宗教文化、生活惯习等的影响。例如有学者研究宁夏回族自治区的农牧民非农就业时认为："受本民族的风俗习惯和汉回生活文化的差异，很少有农牧民出省外出务工，80% 以上的在本省、本市、本县范围内务工。"参见李如春等的《气候变化对宁夏生态脆弱地区农牧民生计的影响及适应策略》，《西北人口》2013 年第 6 期。

情况，陪伴游客去村边的郭岗顶参观古白狼国遗址。笔者至今与杰珠村联系紧密。

2012年7—8月，笔者深入四川甘孜藏族自治州的康定县、道孚县、炉霍县、甘孜县的乡镇和村庄，深入调研。2013年8月、2014年7—8月再进甘孜州调研。我们调研的中心地是甘孜县，此外还在康定县、道孚县、炉霍县等地的村庄调研。不同的年份进入甘孜州都有多样的感受和收获。2016年，笔者在甘孜县调研了乡村公路修建对村庄产业的影响。

2016年至2018年，笔者对产业发展的调研最为集中。2016年7月5日到26日，笔者驻扎在西藏自治区琼结县，县领导举行多次座谈，走遍了琼结县的各个乡镇（琼结镇、下水乡、拉玉乡、加麻乡），并深入村庄和农牧户去了解琼结县的产业发展及脱贫攻坚状况。在琼结，笔者了解到新型产业的兴起、原有产业的改造。新型种植业、光伏产业、水资源利用产业的异军突起，牛羊养殖实行短期育肥；得益于丰裕的旅游资源，壮大了旅游产业，建设起诸如强吉村为代表的"田园综合体"；文化产业不断壮大，例如服饰加工、铁器加工等。笔者到现场，参观了下水乡的蔬菜大棚种植、经济林观光带，拉玉乡的"花千谷"，加麻乡的藏草药种植（西藏棱子芹试种地50亩）等。传统种植中，笔者看到了燕麦、苜蓿长势良好。笔者参加了第二届强钦·青稞酒文化节，见到了强吉村旅游业的勃兴。2017年7月底到8月初，笔者到日喀则，沿着年楚河，看到油菜花开，青稞葱茏。在白朗县、定日县等地，笔者考察新型种植业，看到农牧民在蔬菜种植中不断增收。

2018年7月15—24日，笔者在甘孜州农牧局的帮助下，到甘孜县、炉霍县、道孚县、康定县等走访产业发展情况。笔者拜访了州农牧局领导，了解甘孜州产业发展的整体情况。到各县，与县领导、农牧局负责人及工作人员、龙头企业负责人、致富带头人以及很多农户等座谈，并在各县考察了他们的典型项目。在甘孜县，笔者拜访了孔萨农庄、格萨尔王城、康巴拉绿色食品有限公司、格上村的集体牧场；看到县农牧局试种植花草类药用、食用产品，例如芍药、玫瑰花、月季花、百合花、雪菊（全无污染，2017年销售价格800元/斤，2018年有个广东的单位订购了40斤），还有玉米。在炉霍县，笔者与农牧局长、总农艺师探讨了产业发展的现状及问题等，受益匪浅。笔者考察了多个产业发展示范点：雪域俄色茶有限责任公司（生产藏区独一无二的"俄色茶"）、仁达乡的养蜂合作社、圣德牦牛产业有限公司（生产干酪素）、三果村牦牛养殖合作社、盛煌农业开发有限公司炉霍分公司（蔬菜大棚种植）。在道孚县，笔者考察了安珠农民种养殖合作社、道孚大葱生产基地、渠德农牧实业发展合作社、麻孜乡养殖互助脱贫农民专业合作社，还到道孚八美镇、协德乡参观了万亩油菜整齐开放的壮美景象，以及农业与旅游业综合发展的状况。

2018年8月1日到15日，笔者在西藏自治区拉萨市曲水县驻扎半个月，深入仔细地考察曲水县如何结合产业发展，实现脱贫攻坚。我们基本跑遍了曲水县的各个乡镇，看到了曲水县产业发展的现状，具体内容将在后文陈述。

第一章

产业发展的地理、社会、市场适应性

中国幅员广阔,各地都有着各不相同的特质,不仅所处的自然生态条件存在巨大差别,而且社会文化及历史传统也有着显著差异。"各地农民居住的地域不同,条件有别,所开辟的生财之道必定多种多样,因而形成了农村经济发展的不同模式。"[①] 寻求青藏高原产业发展及其适应性的规律,妙趣横生。

在经济人类学视野下,经济利益的获取、自然生态的保护和传统民族文化的传承三方面有机统一是民族特色产业发展的应有之义。[②] 一定区域的产业发展是该区域自然环境、社会文化环境和市场环境相互耦合的结果。产业发展既是产业与自然环境、社会文化环境、市场环境的共生,也是多种产业的共生。历史上的产业形态根植于复合生态系统,目前的新产业能否成功发展,取决于其根植程度。在历史演进的过程中,形塑产业发展的因素由两个维度(地理环境、社会文化)增长为四个维度(地理环境、社会文化、市场环境、政府引领)。自然经济条件下,产业形态主要指涉人与自然的交换,农牧业生产中浸透着长时期的自然环境适应和社会文化适应;在市场经济环境下,影响产业发展的因素主要有地理环境、社会文化与市场环境;中国实施精准扶贫以来,在深度贫困地区,政府引领产业发展,政府引领成为产业发展至关重要的因素,政府引领的方向是牵引产业走向"三高区间"。产业

[①] 费孝通:《从实求知录》,北京大学出版社1998年版,第201页。
[②] 方青云:《经济人类学视野下的民族特色产业规模化发展的反思》,《云南民族大学学报》2019年第4期。

演变并不总是匀速前进，青藏高原几千年的"农牧互补"产业形态是产业缓慢演进过程。精准扶贫以来，青藏高原净土健康产业的发展是产业的"急剧变化"。净土健康产业是立足于青藏高原的水、土壤、空气、人文资源的"净"的独特价值，以有机农牧业为基础，开发高原有机健康食品、生命产品、保健药品、心灵休闲旅游，融合一二三产业，共同发展。

第一节 产业共生与根植性

"复合生态系统"是产业形态建构的场域，它是多种因素的集合。产业共生有双重含义，一是指产业与自然—社会—文化共生，二是指产业之间的共生。青藏高原有其独特的自然—社会—文化—经济共生体系。根植性阐释的是产业共生及其适应性。产业根植性显现了产业"在适应中共生"，它至少有双重意涵：历史上形成的产业形态根植于自然环境、社会文化和市场环境；新产业能否发展成功，取决于其能否成功地根植于自然环境、社会文化和市场环境。

一 产业共生是"复合生态系统"内的竞争合作关系

"复合生态系统"是产业形态建构的场域，它是多种要素的集合。青藏高原有其独特的自然—社会—文化—经济共同体系。

（一）"复合生态系统"及产业共生

一定区域的产业总是生长在区域特定的"社会—经济—自然复合生态系统"之中，社会、经济、自然等诸要素相互作用、相互影响；同时，它们是三个不同性质的系统，各有其结构、功能和发展规律，但它们各自的存在和发展，又受其他系统结构、功能的制约。因此，应该视其为一个复合系统来考虑，即社会—经济—自然复合生态系统。社会系统受人口、政策及社会结构的制约，文化、科学水平和传统习惯都是分析社会组织和人类活动相互关系必须考虑的因素。价值高低通常是衡量经济系统结构与功能适宜与否的指标。自然界为人类生产提供的资源，随着科学技术的进步，在量与质方面，将不断有所扩大，但是有限度。

稳定的经济发展需要持续的自然资源供给、良好的工作环境和不断的技术更新。大规模的经济活动必须通过高效的社会组织、合理的社会政策，方能取得相应的经济效果；反过来，经济振兴必然促进社会发展，增加积累，提高人类的物质和精神生活水平，促进社会对自然环境的保育和改善。自然社会与人类社会之间互为因果的制约与互补关系，可描绘如图1—1①。

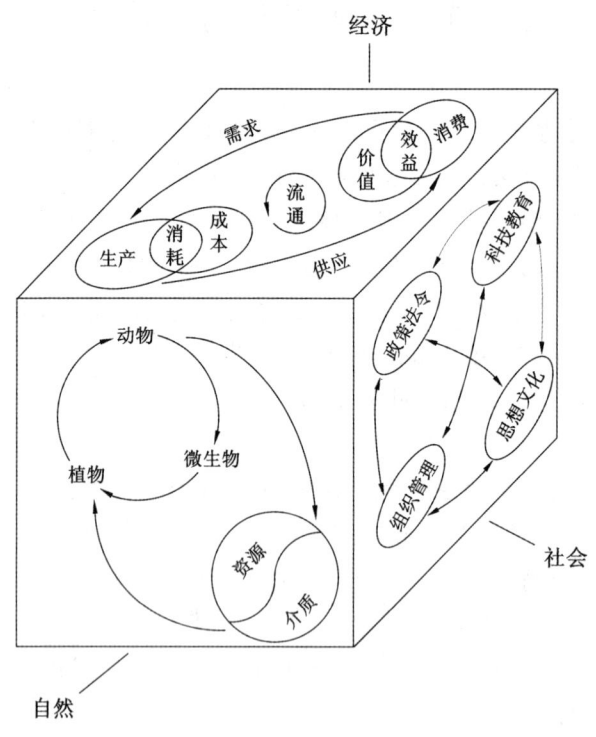

图1—1 社会—经济—自然复合生态系统示意

由"社会—经济—自然复合生态系统"来看，产业发展始终存在于"社会—经济—自然复合生态系统"之内，是多主体、多要素的共生。目前，产业发展多主体包括了产业主体（企业、中间商、农户、合

---

① 马世骏、王如松：《社会—经济—自然复合生态系统》，《生态学报》1984年第1期。

作社等）和非产业主体（政府、行业协会、技术专家、大学、科研机构等）两大范畴①；多要素涵盖自然、社会、经济系统及其内部多方面的复杂结构。应该说，"社会—经济—自然复合生态系统"形象地描述了产业共生的多要素及其整体环境。

共生概念起源于生物学，德国真菌学家德贝里（Anion De Bary）于 1879 年首次提出："共生是不同生物密切生活在一起。"② 后经范明特（Famintsim）、保罗·布克纳（Prototaxis）不断发展。共生是指不同种属按某种物质联系生活在一起，形成共同生存、协同进化或者相互抑制的关系③。自 20 世纪中期以来，共生理论作为一种理论范式在社会科学领域迅速发展，逐渐应用到哲学、管理学、社会学等领域，用以研究人类社会中的政治、经济、文化等关系④。广义的共生是指人类之间、自然之间以及人与自然之间形成的一种相互依存、和谐、统一的命运关系⑤。经济学视角下的共生主要是指经济主体之间存续性的物质联系，这种物质联系在抽象意义上就表现为共生单元之间在一定共生环境中按某种共生模式形成的关系⑥。经济学视角下，产业共生的本质是合作竞争关系，获得效益的主要途径是合理分工，共生还具有资源使用的循环

---

① 产业主体的概念沿用于符平的市场主体概念。参见符平《市场体制与产业优势——农业产业化地区差异形成的社会学研究》，《社会学研究》2018 年第 1 期。

② 转引自洪黎民《共生概念发展的历史、现状及展望》，《中国微生态学杂志》1996 年第 4 期。

③ Ahmdajina V., *Symbiosis: An Introduction to Biological Association*, University Press of New England, 1986.

④ 参见 Norgaard, R. B., Coevolutionary Agricultural Development. *Economic Journal 1984*, XXXIII: 48 – 90；萧灼基：《金融共生理论与城市商业银行改革》，商务印书馆 2002 版，序言第 1—3 页；胡晓鹏：《产业共生：理论界定及其内在机理》，《中国工业经济》2008 年第 9 期；Saviotti, P. P., Pyka, A., The Co - Evolution of Innovation, Demand and Growth, *Economics of Innovation and New technology*, 2013: 1 – 22；樊红敏、刘晓凤：《共生理论与有机社区——城市有机共生式社区建设模式的提出与构建》，《马克思主义与现实》2017 年第 1 期；金应忠：《再论共生理论——关于当代国际关系的哲学思维》，《国际观察》2019 年第 1 期。

⑤ 冷志明、张合平：《基于共生理论的区域经济合作机理》，《经济纵横》2007 年第 7 期。

⑥ 袁纯清：《共生理论——兼论小型经济》，经济科学出版社 1998 年版。

性、上下游产业的关联性、生产成果的增值性等重要特征①。在上述观点基础上，有学者连接社会文化，认为产业共生是经济文化现象，因为"自然领域中的动物可以在自然法则的支配下自发地追求共生，但经济领域的经济主体却总是在人为趋利的动机下不断破坏共生。支配和维护共生关系的，既包括企业成员和企业家，又包括地方政府和中央政府，而且共生的维护本身就是为了实现更高层次的可持续发展。更为重要的是，产业共生带来利益扩张的同时，还会促进社会诚信化、决策远期化、竞争合作化的发展趋势，这些问题已经触及产业发展新经济文化观的核心要素"②。将产业共生具体化到研讨特色产业发展时，学者认为产业共生是"各产业主体、各要素的协同共生"。例如"特色文化产业的共生，不仅涵盖了企业之间的竞合关系，还包括企业与政府、科研院所、中介组织等其他组织机构之间的共生关系，产业层面上的互动与融合发展以及跨区域的协同，是期望建构大空间范围内的合作网络，实现各产业主体、各要素的协同共生，建构起特色产业系统"③。

结合上述认知，本书认为，对于一定区域的产业及其存续、发展而言，产业共生有着宏观和微观两个层次的意涵。宏观地看，产业共生是指产业与自然环境、社会环境、经济环境（包括市场环境）的共生，即产业根植于社会—经济—自然复合生态系统中，并在其中不断拓展。微观意义上的产业共生，既是指产业行动者的共生，也是指产业的合作竞争关系。产业行动者的共生主要是指产业主体之间、产业主体与非产业主体的互动和融合；产业的合作与竞争关系中，蕴含着产业的互动与融合及其产业链的不断延伸④，例如农牧业生产延伸到农牧产品加工以及与文化旅游的联结（农文旅一体化）等。

---

① 王珍珍、鲍星华：《产业共生理论发展现状及应用研究》，《华东经济管理》2012年第10期。
② 胡晓鹏：《产业共生：理论界定及其内在机理》，《中国工业经济》2008年第9期。
③ 邵明华、张兆友：《特色文化产业发展的模式差异和共生逻辑》，《山东大学学报》2020年第4期。
④ 胡晓鹏：《产业共生：理论界定及其内在机理》，《中国工业经济》2008年第9期。胡晓鹏认为，驱动产业共生关系形成的内因是产业链的连续性质，外因则是产业链连接所带来的价值增殖性质。

(二) 青藏高原独特的自然—社会—文化—经济共生体系及其关联

文化功能论认为现存文化具有整体性和自主性，强调不同的文化有着各自完整的动态系统。基于不同的区域特质的存在和维续，形成了区域的人类生态。人类生态是指"人类所居之环境、经济生产方式、社会组织与认同体系三方面之综合体。在特定自然环境中，人们以某种或多种生产策略来获得生活资源，因此结为种种社会群体以合作从事生产活动，保护及扩张共同生存资源，并在内部实行资源分配"[①]。青藏高原有着独特的人类生态，青藏高原的人类生态体系中，自然—社会（文化）—经济有着相对独特的共生关系。

青藏高原作为一个系统，存在高原自然—文化—社会—经济共生性。青藏高原的自然环境具有高原性、脆弱性、相关性；青藏高原上的文化具有宗教性、多元性和超世俗性，社会具有居住的分散性、经济的宗教性等[②]。借鉴冯雪红的考察，我们增添经济的维度，认为经济具有生存性和生态保护性，即基于生态环境的恶劣，农牧民更多只是为了生存而生产（没有更多地掠夺自然），在文化自觉之中，青藏高原经济具有生态保护的实际效能。由此，青藏高原生态—文化—社会—经济的共生关系可以如图1—2所示[③]。

在青藏高原自然—文化—社会—经济共生关系中，我们可以看到如下三组基本关系。（1）青藏高原的自然环境形塑其社会和文化，社会和文化保护着高原的自然环境；青藏高原的自然环境与经济状况相互作用，相互影响。（2）青藏高原的经济状况受制于自然环境以及社会、文化；青藏高原的文化、社会形塑并规约其经济状况，青藏高原的经济状况遵循藏文化，契合藏族社会结构；青藏高原的经济状况影响着自然环境。（3）青藏高原的文化为其社会提供价值引导，社会建构着青藏高原文化的物质基础。

---

① 王明珂：《华夏边缘：历史记忆与族群认同》，浙江人民出版社2013年版，第12页。
② 冯雪红、安宇：《青藏高原作为一个生态、文化、社会系统——关于藏族的山地民族学分析》，《中南民族大学学报》2015年第4期。
③ 对冯雪红的图示补充了"经济"这一维度。参见冯雪红、安宇《青藏高原作为一个生态、文化、社会系统——关于藏族的山地民族学分析》，《中南民族大学学报》2015年第4期。

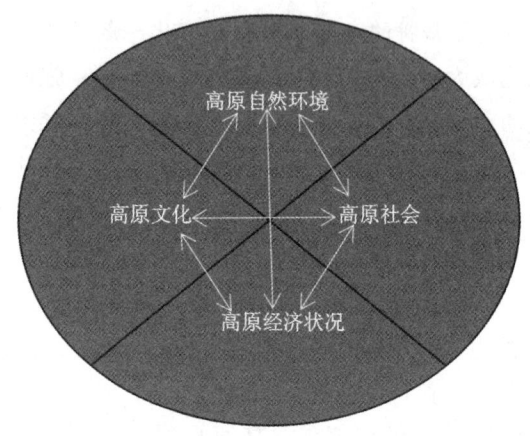

图 1—2　青藏高原自然—文化—社会—经济的共生关系

长期以来，青藏高原上的生态、文化、社会、经济相互作用、相互影响，建构起耦合的共生关系。不过，在不同的历史时期，形塑产业形态的主要因素有差异。

如今，市场经济不断发展，政府通过扶贫、乡村振兴等，突出产业发展以突破贫困陷阱，这深刻地影响着青藏高原文化和社会变迁，也影响着生态环境。因此，无论是青藏高原的脱贫攻坚还是乡村振兴，首要的是实现自然、文化、社会、经济的相互契合，将产业发展根植于生态环境保护以及文化、社会发展中。因为"对于青藏高原上的藏族来说，由于生态环境、文化与社会之间的密切联系，只着重于对其经济发展的研究容易产生各种生态、文化和社会问题，因此研究者要更加重视对于整个青藏高原系统的动态把握，要能够从系统均衡和不同系统间交融的角度多维度透视藏民族发展问题"[①]。这就是说，产业发展需要高度重视系统均衡和不同系统间的交融。

二　产业根植性：在适应中共生

如果说产业共生强调了产业发展的整体环境，那么学术界关于产业

[①] 冯雪红、安宇：《青藏高原作为一个生态、文化、社会系统——关于藏族的山地民族学分析》，《中南民族大学学报》2015年第4期。

根植性的研究，则凸显了产业存续、发展的适应性，它展现了"在适应中共生"①的动态变化。概括学术界的研究，我们认为产业根植性有两层意涵。其一，从历史长期发展的角度来看，某一区域曾经的、长时期的产业形态是在千百年的历史演进中，相关产业根植进其所在区域的"复合生态系统"的结果。其二，从发展新产业的角度来看，某一产业能否顺利发展，关键条件是该产业能否根植进该区域的"复合生态系统"，即是否具有地理适应性、社会适应性和市场适应性。

根植性是经济社会学的研究对象之一，波兰尼首次将"根植性"用于经济理论和经济现象分析。他指出人类的经济活动是一个制度过

---

① 青藏高原上，千万年来，人类、动植物与地理环境在交互作用中"适应、共生"。青藏高原上的藏族人是经历了漫长的演进，才适应高原特殊的自然环境（席焕久：《藏族的高原适应——西藏藏族生物人类学研究回顾》，《人类学学报》2013年第3期）。人类、动植物与地理环境在"适应、共生"的演进中，形成一些低海拔、温暖地区所没有的特殊机制来适应青藏高原严酷的自然环境。1. 青藏高原上，高山植物多样化的环境适应机制。高山植物是指生长在高山或高原上的森林线以上和常年积雪带下限之间的植物。据不完全统计，青藏高原有2000种高山植物，其中包括20多个特有属，1000多特有种（参见吴玉虎、张文敬《大自然探索》2001年第4期；应俊生、张志松《植物分类学报》1984年第4期）。高山植物在形态结构和生理功能上都发生了显著变化，采用多种机制应对恶劣地理环境。这些机制包括时空压缩机制，即植株生活史短暂、植株矮小；形态适应机制，如生长成垫状植物、温室植物、体表被毛植物、气囊植物等形态特征；特殊繁殖机制，即形成多种奇特繁殖形式，例如克隆繁殖、胎生繁殖；特殊组织机制，即植株有着特殊组织，含有特殊元素，唐古特红景天、珠芽蓼等都检测到抗冻蛋白（参见卢存福、简令成、匡廷云《低温诱导唐古特红景天细胞分泌抗冻蛋白》，《生物化学与生物物理进展》2000年第5期；祭美菊、安黎哲、陈拓等《天山寒区冰缘植物珠芽蓼叶片抗冻蛋白的发现》，《冰川冻土》2001年第4期）。2. 青藏高原陆栖脊椎动物的环境适应机制。青藏高原上陆栖脊椎动物的典型代表中，既是青藏高原特有动物，也是国家一级保护动物的有藏羚羊、白唇鹿、藏野驴等，此外，还有野牦牛（青藏高原特有牛种，国家一级保护动物）、普氏原羚（全球最濒危的物种）、雪豹、喜马拉雅塔尔羊（国家一级保护动物）、长尾叶猴（国家一级重点保护动物）、黑麝（中国特有物种，国家二级重点保护野生动物）、高原鼠兔（中国特有物种）、黑颈鹤（中国特有物种，国家一级保护动物）、藏马鸡（中国特产鸟类，国家二级保护动物）、藏雪鸡（国家二级保护动物）、白腰雪雀（中国特有物种）、青海沙蜥（中国特有物种）、西藏齿突蟾（中国特有物种）等。青藏高原上的陆栖脊椎动物，针对低氧、寒冷等，形成了独特的形态结构、生理适应机制，包括皮毛厚重；心肺比重大，肺泡数目多、体积小等；红细胞数目多、体积小；组织中毛细血管密度大；肌红蛋白含量高；血红蛋白亲氧能力高、促红细胞生成素基因低氧特异性高表达等机制。本段内容参见何涛《青藏高原生物与环境》，青海大学公开课，详细网址：https://www.bilibili.com/video/av83216776？p=2。

程，这一制度过程根植于经济制度和非经济制度中；不同的经济活动属于不同的制度环境；在市场交换机制没有占据统治地位的非经济市场，经济活动根植于社会和文化结构中。格兰诺维特认为人类的经济活动受到社会网络关系和社会结构等方面的影响，不能将人类的经济活动作为独立的个体进行分析，根植性通过社会关系来体现；经济活动、社会网络关系和社会结构，以及文化、信任和声誉等之间存在一定的作用机制；研究经济活动的信任和秩序时，根植性可作为新的方法。

一般来说，根植性主要是指个体或组织对区域自然因素、社会关系的深深依赖，主要包括地理环境、历史文化、价值观念、风俗习惯、宗教信仰等方面①。根植性指涉产业发展时，我们可以称为产业根植性。产业根植性是产业的存续、发展与其所在地的一种天然、固有的联系②。产业根植性既内含着历史维度上产业存续发展的长时期的适应性及其调整，也可以在空间的维度上阐释、刻画产业发展及产业选择不可忽视的地域特性。空间维度上，经济学认为③，产业根植性指涉产业与本土经济、社会、文化等诸多因素高度黏合，实现产业的本土化、集群化，反映的是产业对区域的依赖和融合程度④。历史维度的纵向考察中，根植性抽象出人与自然交换、人与社会交换而展演出的产业持续适应性。例如经历千百年的自然淘汰以及青藏高原农民的理性选择（社会淘汰）等，青藏高原上种植最多的是高秆青稞，而不是矮秆，因为秸秆是青藏高原农牧民为了应对冬春而贮存的饲草料。秸秆在草料产出有限的青藏高原，意

---

① 耿建泽：《地域根植性对企业集群发展的影响》，《安徽农业大学学报》2007年第1期。

② 付晓东、付俊帅：《主导产业根植性的理论渊源与启示》，《区域经济评论》2017年第1期。

③ 经济学对根植性的研究有着深厚的理论基础。经济学不断延续发展中，古典经济学、新古典经济学、区位理论、新制度经济学和演化经济学、新经济地理学都对根植性理论有所贡献。参见付晓东、付俊帅《主导产业根植性的理论渊源与启示》，《区域经济评论》2017年第1期。

④ 陈晓敏、袁波、张海熔等：《文旅产业的地域根植性——以成都市龙泉驿区洛带镇为例》，《成都行政学院学报》2019年第1期。

义非凡。它直接影响牛羊养殖以及农牧民的生活水平①。这与内地农民相对喜欢种植矮秆植物，并抛弃秸秆的行为截然不同。在青藏高原与内地对秸秆高矮选择的背后，是他们基于不同自然环境，经历长时期、整体性的适应性选择②，形成的有自身特征的"生存性智慧"③，乃至成为社会底蕴④。

---

① 强舸：《发展嵌入传统：藏族农民的生计传统与西藏的农业技术变迁》，《开放时代》2013年第2期。

② 李雪萍：《转型期藏族农牧民生计适应的复杂样态与内在逻辑》，《江汉论坛》2018年第11期。

③ "生存性智慧"是指人们在生活实践中习得的、应对生活世界各种生存挑战的智慧。"生存性智慧"在时间上既是传统的，又是当下的，甚至还经由想象而成为未来的，它是中国传统文化中一直存在并流淌在每个中国人血液里、高度依附于每个个体的一种"默会知识"（邓正来更愿意称其为一种传统的、当下的和未来的"默会智慧"复合体）。"生存性智慧"是地方性的，但它区别于格尔兹所谓的"地方性知识"，它是活生生的、有效的、灵活的，或在某种程度上可模仿传播的，它为人们在各种情形中行事提供了一种一以贯之的指导，但它却是独立于理性之外，并通过学习和阐释的经验、通过那种由中国式家庭教育这类制度传承下来的文化传统而产生，它在存在形态、传播方式、生产和再生产等方面都是具有个殊性的"地方性知识"。"生存性智慧"常常是将人与自然融为一体而加以关注的，更为关键的是，它并不以国家、社会或国际等现代秩序概念为限定。这在根本上意味着："生存性智慧"乃是与各族群或社群的 Nomos 相一致的，也是与"外在"自然（external nature）和"内在"本性（internal nature）相和谐的。参见邓正来《"生存性智慧"与中国发展研究论纲》，《中国农业大学学报》2010年第4期；邓正来《生存性智慧模式——对中国市民社会研究既有理论模式的检视》，《吉林大学社会科学学报》2011年第2期。

④ 杨善华等认为，"邓正来所谓的'生存性智慧'赖以发生并得以长期存在的原因在于农民在其环境中生存、繁衍（包括其中的情感）与发展的基本需求"。"正是这种需求导致农民在乡村社会生活中对保证自己生存、繁衍和发展的资源的争取和维护，以及对危及自己生存和发展的风险的规避。""我们的祖先积累了丰富的生存智慧，它反映在历朝历代的正史野传中，也体现在老百姓创造的民间谚语、俗话中。可以说，在我们所能感知的现实中，这些流传下来，至今仍鲜活的东西，无一不是在经过无数人实践的检验后才能被保留下来。只有被无数次实践证明是有助于满足人的根本需求的观念和见解才能被称为生存智慧，在观念层面与行为规范层面的生存智慧显然都在'社会底蕴'范围内。"社会底蕴是中国乡村社会获得秩序的内在运行机制，是指在历史变迁中，中国社会自发保存的那些具备相对稳定特征的"恒常"。它可以表现为意识层面的结构性观念，也可以表现为一些非正式的制度（风俗习惯），或者是与道德伦理相联系的行为规范。"社会底蕴"与现代性变迁的互动中，深具传统特性的社会底蕴并非以一种消极对抗的形式出现，而是不断与新的历史条件相结合，并由此生发出建设性和包容性的面貌。参见杨善华、孙飞宇《"社会底蕴"：田野经验与思考》，《社会》2015年第1期。

产业根植性以内在的、基础性的、长期性的力量释放对产业成长壮大或衰退消亡产生影响。各个地方的自然环境与要素禀赋、地理优势、社会资本以及市场条件不同，各地的企业和产业也会表现出地域性差别。一旦某一个产业（或者产业系统）与当地的资源禀赋、社会状况相匹配，融于当地的水土人文，有了深厚的根植性，就有了基础性支持和内生力量，再加上有了市场、政策等多种源动力的牵引，产业的发展壮大指日可待。而且只有那些能够与当地资源、条件结合的产业才是最适合的主导产业，也就是说可以根植化、本土化的产业才是最好的产业。[①]

产业根植性有多个方面，包括经济根植性、制度根植性、社会根植性、文化根植性。经济根植性主要是指区位因素，如自然资源禀赋、劳动力成本、知识积累、市场规模和潜力、技术创新等多个方面。制度根植性主要是指正式制度和非正式制度对产业发展的影响。完善的制度可以提供良好的投资环境，降低行为成本、沟通成本和交易成本。社会根植性主要是指企业与当地社会的深度嵌入，区域历史传统产生相应的文化、经济、社会结构，进而生长出本土产业[②]。这四个维度的划分，突出了制度、社会文化因素及其影响，但也肯定了自然资源禀赋、市场的形塑。

也有学者按照经典经济学的自然生产力和社会生产力的划分，将根植性的表现理解为自然禀赋基因、社会资本基础和市场需求偏好三个方面。自然禀赋基因包括区位、要素禀赋或特有自然条件（数量与质量），前者为产业发展提供空间基础，后者为产业扎根提供物质条件。"要素禀赋或特有自然条件"是指与区域相关联的一系列的生产要素供给水平、自然资源种类丰裕度等，可以看作是区位上那些具有比较优势的因素，它们决定着是否接纳，或者是否可以长期支撑一个产业（系统）的发展及其能力的发挥。社会资本基础是指社会主体（个人、群体、组织、地区、国家、社会等）之间存在的密切联系的状态及其特

---

① 付晓东、付俊帅：《主导产业根植性的理论渊源与启示》，《区域经济评论》2017年第1期。

② 陈晓敏、袁波、张海熔等：《文旅产业的地域根植性——以成都市龙泉驿区洛带镇为例》，《成都行政学院学报》2019年第1期。

征，主要表现在社会网络、信任、规范、共识、权威以及社会道德等方面[1]。在社会资本中，劳动力资源与政府导向是两个重要的内容。产业发展应遵循市场需求偏好，因为市场需求直接关系到一个地方的生产力形成和发育。一个产业的发展，必然要依靠于它所在市场的需求和偏好。这就要求产业的选择必须与市场的需求相适应，围绕消费者偏好针对市场环节或层面配置生产能力，从而形成专业化生产、规模生产、特色生产；市场体系还涉及市场机制、市场规则和市场服务中介机构等[2]。自然禀赋基因、社会资本基础和市场需求偏好，是从产业生长、发展的内在规定性阐释其根植性。

总之，与共生理论相联系，我们认为上述分析有着相同的内核，即产业发展根植于当地的地理环境、社会环境（社会结构、制度与文化等）、市场环境。而且，产业生成、发展的地理环境、社会环境、市场环境中，任何一个要素的变化都可能影响其他方面，从而影响整个产业的根植性要素之间的关系。换言之，这几个要素是相互渗透、相互影响而不可分割的。[3]

产业如果要得到存续和发展，就得不断地适应影响产业发展的各种因素。适应性源自生物学，是指生物改变自己以适应变化的环境的能力[4]。例如杰弗里·贝尔认为，生物能改自己的习性以适应环境，所有物种的历史就是适应新的条件。那些适应最好的物种做得也最好[5]。群体、组织等都有着改变自己以适应环境的能力。动态地考察，也许我们可以认为，产业根植是产业主体[6]不断适应影响产业发展因素的过程和

---

[1] M Granovetter., "Economic Action and Social Structure: The Problem of Embeddedness", *American Journal of Sociology*, 1985, p.91.

[2] 付晓东、付俊帅：《主导产业根植性的理论渊源与启示》，《区域经济评论》2017年第1期。

[3] 陈晓敏、袁波、张海熔等：《文旅产业的地域根植性——以成都市龙泉驿区洛带镇为例》，《成都行政学院学报》2019年第1期。

[4] 杨秀芝、李柏洲：《企业适应能力的内涵及其提升对策研究》，《管理世界》2007年第4期。

[5] [澳]杰弗里·贝尔：《竞争力》，康志华译，中信出版社2003年版，第266—267页。

[6] 产业主体包括从事产业生产、加工、销售的群体及其组织。历史上，农牧民及其组织体（如部落、氏族等）是产业主体。如今企业、中间商、农户、合作社都可视为产业主体。

结果。从适应性的角度看来,产业的存续和发展可呈现为地理环境适应性、社会环境适应性与市场环境适应性等方面。

第二节 适应性因素:由"二维"到"四维"

在青藏高原生态—文化—社会—经济共生关系视域下,产业发展受制于自然环境、社会环境以及市场因素的影响。但是在经济发展的不同历史时期,影响产业形态的主要因素是有所差异的。在自给自足的自然经济状态下,影响产业形态的主要因素是两个:自然环境、社会(文化),此时的经济是波兰尼笔下"嵌入于社会中的经济";市场经济下,制约产业发展的因素转变为"三维",即自然环境+社会环境+市场环境。近年来,在产业扶贫的国家行动背景下,影响产业发展最为突出的因素之一是"政府引领",于是影响产业发展的主要因素由"三维"转变为"四维",即自然环境+社会文化+市场环境+政府引领。不过政府引领起作用的方式与前三者有所不同。

一 自然经济状态下"二维因素":地理环境、社会文化

长期以来,青藏高原传统的产业形态及其演变等,主要受制于地理环境以及由自然环境所形塑的社会文化,农牧民的生产生活方式是社会文化的直观体现。自然经济下,青藏高原自然环境、产业形态、社会文化的关系,可描绘如图1—3。

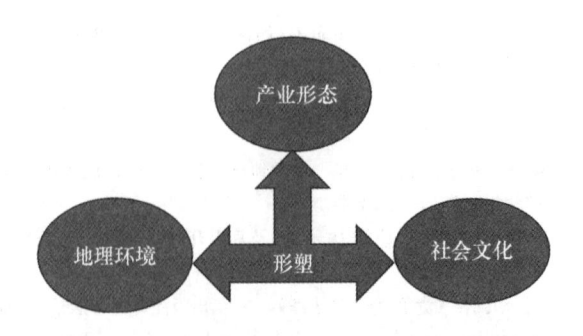

图1—3 地理环境、社会文化形塑产业形态

该图显示了地理环境、社会文化与产业形态之间相互形塑的关系。

第一，社会文化与地理环境紧密相关。在一定的区域里，地理环境直接影响当地的社会文化以及民众的生产生活方式，或者说，区域社会文化和民众生产生活受制于地理环境。

第二，地理环境和社会文化共同形塑了当地的产业形态和产业发展过程。在自然经济状态下的一定区域里，该区域特有的地理环境及其影响下的社会文化、农牧民生产生活方式，共同形塑了其特有的产业形态、产业发展状况等。青藏高原上很长的历史时期，形成了农牧互补的产业形态（有少量的采集业）。自然，农牧互补并不排斥市场交换，广义的农牧互补恰恰是农区种植产品与牧区养殖产品的交换，但市场交换不是决定性的因素，即农牧民不是为了交换而生产。

第三，社会文化、农牧民生产生活方式和产业形态之间，相互形塑。有什么样的社会文化和生计方式，就会有什么样的产业。产业的发展变化，也会逐渐改变社会文化及农牧民生计方式。

青藏高原上长时期的农牧互补的经济形态有着自然经济的典型特征。农牧互补的产业形态是当地自然环境与社会文化相互形塑的结果，与此同时，农牧互补的产业形态也影响甚至固化当时的社会文化。但是即便是自给自足的自然经济也不会没有市场交换的存在，只是交换尚未成为农牧民生产、生活的决定性因素。与其他地区自给自足的自然经济不同，历史上由于青藏高原主要有农业和畜牧业，而且它们都存在"自给不足"，所以形成了"农牧互补"，产品交换广泛地存在于牧区与亦农亦牧区之间。所以青藏高原的"农牧互补"的自然经济，依然包含着丰富的产品交换。但不同于市场经济下人们为了交换而生产的生产，青藏高原上农牧互补的生产，是农牧民为了生存而生产，而不是为了交换而生产。

二 市场经济下的"三维因素"：地理环境、社会文化与市场环境

在悠久的历史中，市场没有成为青藏高原农牧业生产的决定性因素。直到"1980年起，市场经济在西藏逐步发展，但是西藏的农业（特别是粮食生产）直到2000年之前都很少受到市场因素的影响。所以，市场还没有作为独立的行为体参与到技术变迁过程中，也不会影响

国家或农民的行为选择"①。也就是说，在青藏高原悠久的历史长河中，有很长的时间，产业如何发展很少受市场供求以及价格因素的影响。

目前市场经济已经成为青藏高原的基本情境，产业形态及发展自然受到自然环境、社会文化及农牧民生计方式的影响，市场也起到了重要作用，牵引着产业发展。为了脱贫攻坚，产业扶贫在发展产业以及易地扶贫搬迁的过程中，发展什么产业、如何发展产业等都必须首先考虑市场。换言之，发展何种产业、如何发展，既要考量自然环境是否适宜、农牧民是否愿意种植和养殖，更要考虑生产出来的产品能否顺利销售，甚至更多的是考虑到能否销售到青藏高原之外的市场。于是，自然环境、社会文化、市场环境都对产业发展发挥着重要作用，它们对产业发展的影响可描绘为图1—4。

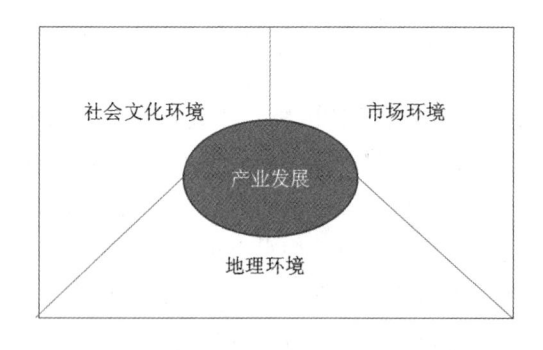

图1—4 影响青藏高原地区产业发展的三维因素

据我们观察，在青藏高原，关于农牧业产品生产出来是否能顺利销售，甚至销售到青藏高原之外的市场等产品销售问题，不同的群体有不同态度。对完全的山地游牧（人们习惯称为"纯牧区"）的牧民来说，他们主要养殖牦牛和藏绵羊等，较少思考销售问题。因为惜售惜杀依然是他们生产生活的惯习，也是其生存性智慧②。政府甚至不得不想出各

---

① 强舸：《权力、技术变迁与知识再生产：当代西藏作物种植史的政治学叙事》，博士学位论文，复旦大学，2013年，第155页。
② 李雪萍：《转型期藏族农牧民生计适应的复杂样态与内在逻辑》，《江汉论坛》2018年第11期。

种办法鼓励他们出栏牲畜，包括奖励主动出栏家庭[1]；资助贫困村发展集体牧场时，要求定量出栏等[2]。对于亦农亦牧区的农业生产来说，很多农民没有太多地计较种植作物的市场收益，他们更习惯于种植传统的青稞、油菜、土豆等。对他们来说，种植传统作物是极为重要的，青稞、土豆等是最基本的食物。当政府引领农牧民发展产业，农牧民亲身感受到种植经济作物带来好处后，他们也乐意种植新品种（如蔬菜、花卉、药材等）并积极地学习相应的种植技术。

青藏高原所发展的产业，既要满足本地市场所需，又需能销往外地市场。特色产业以及优势产业的产品，首先是满足本地市场需求，其次是外销到外地市场。例如蔬菜，由于气候寒冷，历史上，青藏高原上很多地方只有极为少量的蔬菜种植，主产品为圆根（芜菁）、土豆等。如今引进蔬菜大棚，种植各种瓜果蔬菜，既能满足本地市场需求，还可以往外地销售。

三 "四维因素"：政府引领下地理、社会文化、市场适应性

当然，自然环境、社会文化、市场环境是影响产业状况及其发展的三个方面，这是在没有考虑政府作用力下的一般结构。当政府强力推进产业扶贫时，政府建立助力性制度环境并实施多方面引领，政府引领成为影响产业发展的重要因素。据我们调查所知，对于深度贫困地区，政府引领是产业发展最根本的因素。

当然，政府引领不同于相对"自然而然"的自然环境、社会文化、市场环境，政府引领不是彻底替代或消除这三个因素（或者之一），而是通过两个方面来发挥作用。一是政府直接培育市场主体（如引进企业、联结农牧民组成合作社等），二是与产业主体和其他非产业主体一起，进行地理环境、社会文化和生产生活方式、市场环境的"适应和转换"。也就是说，政府不是作为相较于地理因素、社会（文化因素）、

---

[1] 例如2009年7月，甘孜藏族自治州甘孜县人民政府制定并出台了《关于切实抓好牲畜出栏出售工作的实施意见》，从组织建设、制度建设等方面，促进牧民出栏出售。该《实施意见》规定，农牧户每超额出栏1头牲畜，农牧部门奖励50元。

[2] 李雪萍、陈艾：《乡村与国家的"交集"：藏族地区集体经济的逻辑》，《湖北民族学院学报》2019年第6期。

市场因素而独立的"第四个"因素来影响产业发展,而是与其他主体（农牧民、合作社、企业等）一起,来改善生产环境,改变农牧民生计方式及思想观念,使产业更加适应市场等。

基层政府在产业发展过程中,有着巨大的作用。政府引领产业发展,不应仅仅限定在经济意义的分析上,"在某种情况下,地方政府干预产业发展的政治意涵与社会意涵会超过其经济意义"①。政府通过甄别、选择、投入、扶持、包装等方式引领产业发展,其间贯穿着调适地理环境、社会环境、市场等因素之间的关系,使之相互契合。其间关系可描绘如图1—5。

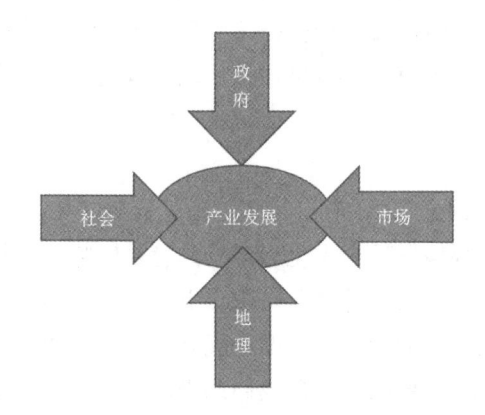

政府 → 产业发展 ← 市场
社会 ↗   ↖ 地理

图1—5　政府引领产业发展,多因素契合

政府引导农牧民发展产业,经由政府主动的单向度引导到逐渐建构起"双向诱致性变迁"。以前的诱致性变迁一般是单向的,政府引导农牧民选择相关产业。现在,政府和农牧民之间相互影响,诱使对方朝自己需要的方向改变。柔性权力的出现,国家与农民之间有了可以沟通、协商的渠道,也有了相互影响、相互嵌入的可能。②

在产业发展过程中,政府调整农牧民生计与市场之间的关系时,

---

① 冯猛:《基层政府与地方产业选择》,《社会学研究》2014年第2期。
② 强舸:《权力、技术变迁与知识再生产:当代西藏作物种植史的政治学叙事》,博士学位论文,复旦大学,2013年,第15页。

特别是要调整"资本与劳动这种性质上根本对立的矛盾",避免历史上曾经的"工商资本进入农村的剥削重于传统的地租"的情形,让"产业资本自觉地改变与乡村社会的对立关系",才能切实地降低与小农经济为基础的乡村社会之间的交易成本,才能使自身的资本收益为正。①

深度贫困地区的产业扶贫和产业兴旺是一个政府引领过程,如果仅仅从产业的角度来看,总体上是要把特色产业转变为优势产业,但是引领不仅仅是牵涉发展什么产业的问题(这是一个最直接、最表层的问题),更深刻地蕴含着生态环境、市场、社会文化的适应与转换等问题。换言之,政府能否引领成功,关键是要看引领中的对生态环境、社会文化、市场的"顺应与转换"。生态适应方面,这既要适应地理环境,还需要有所改造(局部的,如温室大棚),并朝着绿色生态(即产业生态化)的方向进一步发展。市场适应问题涉及新产业的产品是否有市场以及能否为农牧民增收等。社会文化适应简要概括起来,就是农牧民是否认同的问题,包括农牧民是否愿意种养殖、采用什么样的组织方式来支持或消极"抵抗"等。农牧民是否认同,这既涉及文化因素(观念、认知等),也涉及组织形式(家庭经营还是集体经济,还是公司+农户,还是公司+合作社)。我们把深度贫困地区政府引领产业扶贫的过程性可描绘如图1—6。

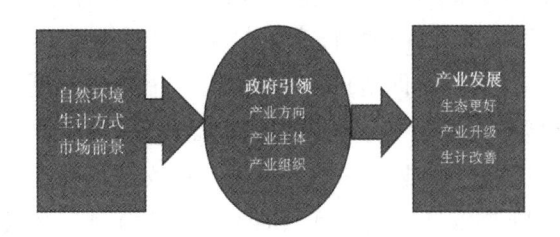

图1—6 产业扶贫的过程性描述

---

① 温铁军:《产业自办与乡村建设》,《开放时代》2005年第6期。

四 政府引领的方向：三高区间

我们将地理适应性、社会适应性、市场适应性整合起来，建构起"产业的三维区间图"，便于分析三维因素不同组合下，产业在不同区间的特征。"产业发展的三维区间图"可描绘如图1—7。

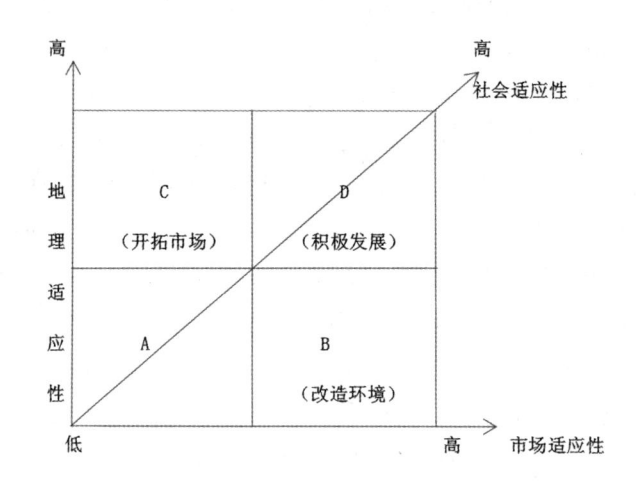

图1—7 产业的三维区间

我们以地理适应性为纵轴，以市场适应性为横轴，以社会适应为斜轴，划分出A、B、C、D四个产业区间，各个区间有着不同特征，农牧民和政府对不同区间有着不同的适应策略。

A是"三低区间"，即地理环境适应性、社会环境适应性和市场环境适应性都很差的区间。这一区间是我们抽象分析的需要，实际上应该不存在"三低区间"产业。一般情况下，农牧民不会去种植或养殖那些现有环境下既难以种活或养活（即环境不适宜），又没有种养殖技术，也没有市场前景的植物或动物。企业基于经济理性，更不会从事相关产业。

B区间可以称为"改造环境区间"，这一区间的产业地理环境适应性差，但很有市场，是农牧民已经掌握或愿意努力学习种养殖技术的产业区间。例如很多新品种种植（如蔬菜、林果等），政府引领的方向主要是在环境保护允许的范围内，适度改变生产环境（如设施农业的发展，建设温室进行种植等）。

C区间可以称为"开拓市场区间"，这一区间是产业的市场适应性差（即市场有限），但地理适宜性和社会适应性都很高的区间。这一区间主要包括青藏高原地区特色农牧业产品及其加工产品（如青稞加工产品），还有当地资源的加工产品（如饮用水）。对于这些产业的产品，目前最主要的任务是开拓市场。

D区间可以称为"三高区间"，位于这一区间的产业特点是：地理环境非常适宜，民众有从业偏好且掌握（或愿意努力学习）技术，产品很有市场前景。最典型的是冬虫夏草，但已经陷入过度采集。比如传统的青稞种植，牦牛养殖和加工。对于这一区间的产业，政府引领方向主要是提高产能、延伸产业链等，即积极发展。

一般情况下，产业适应是一个随地理环境、农牧民生计、市场环境的变化而逐渐演变的漫长过程，但是在产业扶贫中，在政府引领下，产业适应出现了急剧变化。

第三节　渐变到剧变：由农牧互补到净土健康产业

青藏高原上产业形态长期保持着农牧互补的形态，中华人民共和国成立后，因为政府为提高青藏高原地区农牧产品数量，渐变有所加速，但受制于区域地理环境、市场环境影响，速度相对较慢。近年来的产业扶贫，政府引领发展起"净土健康产业"，加速了青藏高原地区"隐性的农业革命"，助力脱贫攻坚。脱贫攻坚后，净土健康产业发展衔接乡村振兴，逐渐走向产业兴旺。

一　农牧互补的漫长渐变

青藏高原产业渐变的时间经历了数千年，这源于青藏高原脆弱、严酷、恶劣的自然环境下，形成"自然中心主义"的生态—文化适应模式,即人与自然之间的和解与互惠的实践—知识体系。① 由于自然环境的特殊性,在高原藏区形成广泛的自然禁忌和神山圣水的集体表象,作为一种观念体系,它是高原藏族生活在适应特殊生态环境的基础上,形成的整体文化适应的一部分,反映出高原藏族对脆弱生态环境的谨慎适应。②

"自古以来生活在高海拔地区的藏族民众,对于高原生态环境的脆弱与自然资源的珍贵有着深切的感受。如何在脆弱而有限的自然环境中生存,是藏族自古以来一直面临着的重大问题。"③ "青藏高原的生态环境非常脆弱,所以在那个地方只能有限发展,不能无限扩大再生产,传统的农牧业必须有限度地和地理环境相匹配才能可持续发展。所以藏族地区形成了有浓厚藏传佛教氛围的宗教性社会,他们把多余的财富奉献给寺庙,然后维持一种低成本的和自然环境相匹配的生活方式。文化其实是一种生存策略与智慧,藏族文化就是在特殊地理环境下形成的生存智慧。"④ 其中,藏民族的生态伦理意识有着深厚的文化意涵,它不仅彰显出了人与自然和谐共生的历史文化意义,同时也在客观上起到了生态环境保护的重要作用。它主张自然环境与生活空间的生态统一;人与自然和谐相处,崇尚并顺应自然,回馈自然等。⑤ 藏族传统生态知识是根据青藏高原特有的生态环境长期积累的人类经验,它以宗教、文化和部落制度的方式呈现,却包含着实践理性和生态智慧,为人们提供了一个人与自然、人与动植物的行为框架。⑥

漫长的渐变过程中,"'农牧结合'的生计模式充分体现了藏族农民的生存性智慧,但这并不意味着它是一种田园牧歌式的生活方式。相

---

① 赵旭东:《乡村何以振兴?——自然与文化对立与交互作用的维度》,《中国农业大学学报》2018年第3期。
② 索端智:《从民间信仰层面透视高原藏族的生态伦理——以青海黄南藏区的田野研究为例》,《青海民族研究》2007年第1期。
③ 南文渊:《藏族生态伦理》,民族出版社2007年版,第2—3页。
④ 石硕:《中国西部民族宗教格局与民族关系新趋势》,《西南民族大学学报》2014年第6期。
⑤ 杨冬燕:《文化生态学视野下的藏族生境与生态意识研究》,《西北民族研究》2017年第2期。
⑥ 范长风、范乃心:《生物多样性的祝福还是诅咒——三江源地区毒杀高原鼠兔的权力话语与藏族生态智慧的调查研究》,《藏学研究》2012年第4期。

反,很大程度上,它其实是迫于环境压力和自身技术条件限制的无奈之举,其本身存在严重的内在危机,直到20世纪80年代末,西藏的牧业(包括农区养殖业和牧区的畜牧业)仍长期处于'夏肥、秋壮、冬瘦、春死'的恶性循环中,牧业产品长期不能满足人们生活的需要"①。

西藏和平解放后,尤其是改革开放以来,政府通过公共产品供给,② 尤其是不断通过农业技术更新,促进农牧业发展。但农业发展不仅是一个技术问题,它与本地生计传统以及自然环境紧密关联。③ 20世纪80年代以来,青藏高原地区粮食生产逐渐增加,④ 经济作物的比例不断提高,蔬菜产业尤其明显(将在后文叙述)。

二 净土健康产业及其剧变

政府实施产业扶贫之后,青藏高原上,产业变动剧烈,发展起净土健康产业,加速推进农牧业生产以及加工业发展,实现第一产业、第二产业、第三产业相结合,农文旅一体化。在青藏高原的不同地方,对这一产业形态的称谓有所不同。四川甘孜州称为"全域旅游"。西藏山南市称为绿色发展,山南市各县,发展最好的都是绿色产业,包括绿色农牧业、旅游业、光伏产业等。西藏拉萨市称为"净土健康产业"。我们

---

① 强舸:《权力、技术变迁与知识再生产:当代西藏作物种植史的政治学叙事》,博士学位论文,复旦大学,2013年,第40页。

② 李雪萍:《公共产品供给促进反脆弱发展:甘孜藏区发展策略研究》,中国社会科学出版社2017年版。

③ 强舸:《权力、技术变迁与知识再生产:当代西藏作物种植史的政治学叙事》,博士学位论文,复旦大学,2013年,第24页。

④ 1951年,西藏农作物播种面积134150公顷,粮食总产量为153200吨(参见《2013年西藏统计年鉴》,中国统计出版社2013年版,第179、176页)。1985年,西藏粮食单产达到91.3公斤,当年人均粮食产出为267.9公斤(参见《1990年西藏统计年鉴》,中国统计出版社1990年版,第128页)。2014年西藏的粮食总产量为94.9万吨,粮食单产已达364.5公斤/亩(参见《2014年西藏统计年鉴》,中国统计出版社2014年版,第178、189页)。罗绒战堆等认为,2014年西藏农牧民人均粮食产出为798.68公斤,人均每日可支配粮食为2.19公斤。根据每日人均0.6公斤可以吃饱的标准,西藏农牧民不仅完全可以吃饱,而且每人每年余量达616.1公斤,占其收成的2/3。罗绒战堆等认为,西藏农户人均可支配粮食得到大幅度提高,粮食生产安全趋于充分保障,餐桌内容更加丰盛多样,营养搭配趋于科学合理,食物来源多元化,食品安全有充分的保证。参见罗绒战堆、曾薇《从粮袋餐桌试析西藏农牧民的生计变迁》,《青海社会科学》2017年第2期。

采用拉萨市的称谓，将农牧业生产与加工业共同发展，一二三产业相融合，农文旅一体化的产业形态称为"净土健康产业"。因为这一称谓富含产业发展的价值理念，也更能表达青藏高原产业发展的意蕴。目前，净土健康产业发展基本成为青藏高原上各级政府以及农牧民的基本共识，并已经广泛推广。

（一）青藏高原上，依托于"净"、追求"净"的产业

净土健康产业是立足于青藏高原的水、土壤、空气、人文资源的"净"的独特价值，以有机农牧业为基础，开发高原有机健康食品、生命产品、保健药品、心灵休闲旅游，融合一二三产业，共同发展。

特质本身就是一种资源，[①] 青藏高原的"净"是多方位的。青藏高原被称为"第三极"，最大的特色就是"净"。近十多年来，内地人对青藏高原情有独钟，或许最为看重的就是这种自然与人文的"净"。青藏高原自然环境中的水、空气、土壤等基本无污染。土地的污染也很少。一是因青藏高原高寒，病虫害本身就很少，加之传统文化惯习，人们很少使用农药，所以基本没有药物的污染；二是虽然近几十年来，农民种地使用化肥，土地质量有所下降，但也说不上污染严重。青藏高原上的老百姓温暖、善良、淳朴、厚道，这是心的"净"。"净土健康产业"的发展显然是看重青藏高原"净土"的价值。如果说"土地的净"只是"净土"的狭义，那么"青藏高原这片净土"中的"净土"则是广义上的，包括"净土""净水""净空""净心"等内容。

净土健康产业是依托于青藏高原"净"的特质，发展"净"的产业。净土健康产业属于绿色健康产业，主要指以环境保护和可持续发展为理念，将资源节约与环境友好理念贯穿于产业生产过程的各个环节之中，应用绿色技术生产绿色产品，提供绿色服务，并保证产品或服务在生产、销售和回收过程中对环境零污染或低污染。净土健康产业有利于生态资源的保护和生态环境的改善，有利于实现人类社会经济可持续发展，且其产品或服务与人的健康生活、健康行为、健康需要相关联，是有助于人们维持健康、修复健康、促进健康的环境友好型产业。绿色健康产业既是绿色产业，也

[①] 陆益龙：《村庄特质与乡村振兴道路的多样性》，《北京大学学报》2019年第5期。

是健康产业,既应该符合绿色产业的要求,也应符合健康产业的要求。①

净土健康产业是以"净"(纯净、洁净的绿色环保之意)为核心价值追求的多产业综合发展,它包括两个方面。一方面是净土种植、养殖业及农牧产品加工业,另一方面是农文旅一体化。净土健康产业中的种植业,种植品种是绝无仅有型和品质更优型。前者是青藏高原的特有作物,只有该地区才有产出;后者是指内地有,但高原的品质更好的产品,这类产品有的是驯化本地野生植物(如藏边大黄),有的从外地引进,经过一段时间的适应,生存下来而得以推广的产品。对于青藏高原来说,绝无仅有型产品在采集、种植、养殖业中都有。采集业中的很多产品基本属于这种类型,比如虫草以及其他药材;种植业中,有俄色茶、青稞等。对于青藏高原来说,品质更优型的产品非常多,凡是无污染的都属于此类,包括中藏药材、蔬菜瓜果、油料作物(如油菜)、马铃薯等;养殖业中的蜜蜂、藏香猪、藏鸡等。品质更优型中,还有大量从外地引进高原并试种②的,比如大棚种植的各种蔬菜、瓜果、花卉、

---

① Song YJ., "Ecological City and Urban Sustainable Development", *Procedia Engineering*, 2011, 21: pp. 142-146.

② 适应性问题使得试种和试养显得非常重要。动植物对原生环境有很强适应性,环境变化后,即使能顺利适应,也必有一个过程。青藏高原的本土种类及来自低海拔地区的一些动物品种,经逐步过渡之后也可能适应。无论是人,还是动植物,原生环境的适应性是经历了千百年的漫长演化的结果。青藏高原的自然环境极端恶劣,一些动物很好地适应了高海拔低气压的环境,在缺氧条件下繁衍生息。比较典型的如牦牛、藏羊、高原鼠兔和根田鼠。在漫长的进化史中,它们形成了完整、协同、精密、特有的生理调节机制,在青藏高原严酷的生息境地,生命力极其顽强,活泼健壮。(高腾云:《动物对高海拔适应的机制》,《家畜生态》1991年第3期。)再如藏羚羊,在长期严酷的生存竞争和自然选择下,和藏羚羊同时代的很多动物都已灭绝,藏羚羊是藏羚属唯一生存至今的哺乳动物。百万年不断地进化和发展,藏羚羊已经能够完美地适应所生活的自然环境。(马燕等:《藏羚羊研究综述》,《中国高原医学与生物学杂志》2017年第3期。)学术界有许多关于高原低氧适应的生理、生化及形态学特征的研究,阐释了高原低氧适应的遗传机制等。(袁青妍、谢庄:《动物对高原低氧的适应性研究进展》,《生理科学进展》2005年第2期;朱琳等:《高海拔适应表型和基因型的研究进展》,《黑龙江畜牧兽医》2016年第3期。)人、动植物在原生环境下会比较适应,但离开原生环境,迁移到新环境,或多或少会有能不能适应、在多大程度上适应等问题。"高海拔低氧环境会对高原人和本土动物的机体产生一系列生理的改变,表现出适应状态,然而从平原上移居到高原上的人和动物则表现出不适应症状,如高原反应,各类高原病等"(张红亮、张浩:《藏鸡低氧适应研究进展》,《中国家禽》2018年第8期。)经历一段时间后,不适应的或消失或再次迁移;能留下来的,基本都是慢慢能适应,所以适应高原特殊生态环境的,"并不局限于

药材（如百合、芍药）等。

优质的净土农牧产品生产出来以后，适度加工、开拓市场、树立品牌等，是净土健康产业发展的重要环节。青藏高原上，传统的方式基本是销售原产品，产品的附加值很低，加之青藏高原上很多产品的产量有限，农牧民惯常于自给自足的生产生活方式，很多优质产品很难成为市场的宠儿。例如青稞是大宗产品，具有很好的品质，产量也较大，但是这么多年来，内地消费者对其知之有限，也难以为农家增收。

农文旅一体化是净土健康产业发展的另一个方面。青藏高原的旅游业发展迅速，但更多的内容是欣赏自然风景及历史文化名胜古迹，农业与旅游业的结合尚待发展。农旅结合蕴含着糅合进农业产业＋文化产业的复合型旅游业，旅游的内容增添了农业生产与观光。农旅结合中，旅游景点的塑造融合进了丰厚的民族文化。

（接上注）高原土种，来自低海拔地区的一些动物品种，经逐步过渡之后，同样能适应高原条件。这方面已有很多成功的实例"（高腾云：《动物对高海拔适应的机制》，《家畜生态》1991年第3期）。以辽宁绒山羊先被引进到黄土高原，再被引进到海拔更高的四川甘孜藏族自治州白玉县为例，可说明外来物种经过一段时间，也能较好地适应高海拔环境。"辽宁绒山羊原产地辽东半岛为海拔较低的丘陵地区，气候温暖湿润，牧草茂盛，饲养管理条件较好。该品种引进黄土高原的甘泉县，气候寒冷干燥，经过多年的繁育，较好地适应了当地的内陆性温差大、饲养条件较差的生态环境。从甘泉县引进到高海拔的甘孜州白玉县，经过近一年的饲养观察，辽宁绒山羊对高寒地区的严酷生态条件已逐步适应。通过一段时间的驯化，对不良气候环境已具有较强的抵抗能力。在较好饲养管理的饲养点，不仅能安全度过严寒缺草的冬春季节，而且体重还有所增长。辽宁绒山羊在高海拔地区的各项生理指标有一定程度的改变。其体温维持在正常范围，呼吸频率比本地藏山羊略快；血红蛋白含量比该品种原产地大大提高。红细胞数、血红蛋白含量与当地藏山羊基本接近。这些都表明辽宁绒山羊在高海拔地区低气温、空气含氧量少的生态环境中，已经由机体的行为性适应逐渐产生生理性适应。在基本满足饲养营养的条件下，辽宁绒山羊的生长发育和生产性能也能保持该品种原有的水平。"（张红平等：《辽宁绒山羊引入高海拔地区适应性的初步研究》，《四川畜牧兽医》1994年第4期。）青藏高原特有的牦牛，1979年起，从高海拔、高寒地区大批引进到河北省围场县（海拔2000米以下的地区），经过6—7年，"对引进牦牛的生长发育、生理指标、繁殖性能、产毛性能、产肉性能及适应性表现的观察和测定表明，原产青海高原的牦牛在低海拔生态环境中表现出良好的适应性，具有较好的生产性能……牦牛对气温的选择重于对海拔高度的选择……低海拔地区牦牛表型发生的一些变异是和生态环境的变迁相对应的。牦牛比当地黄牛更适应于冀北坝上高原的粗放条件，它耐低温、抗冷冻、耐粗饲，因而受到当地牧民的欢迎，他们宁愿饲牧牦牛而淘汰黄牛"（蔡立、钟光辉等：《牦牛在低海拔寒冷山区生态适应性的观察研究》，《西南民族学院学报》（畜牧兽医版）1986年第2期）。

"净土健康产业"是在已有的农牧业基础上进一步发展出更为绿色的种植、养殖业,并以此拓展加工业、旅游业。从种植、养殖到加工,再到旅游观光,这可以认为是产业链的延伸。如果不考察采集业,"净土健康产业"主要包括种植业、养殖业、加工业及旅游业等。总之,净土健康产业的发展是立足于青藏高原的水、土壤、空气、人文资源的"净"的独特价值,以有机农牧业为基础,开发高原有机健康食品、生命产品、保健药品、心灵休闲旅游,融合一二三产业,并共同发展。也有人简称为依托净土、净水、净空的环境优势,发展可循环的种养殖业、加工业和旅游休闲业等。净土健康产业是符合青藏高原区域特征的地方性产业,具有区域特色。

(二)净土健康产业在青藏高原逐渐普及

净土健康产业的发展有着黄宗智所说的"静悄悄的农业革命"的特点,更是超越了它,形成"以绿色发展为底色,以市场为导向,农文旅一体化结构"的产业结构形态。它是在保留既有很强地理适应性的产业(如传统特色种植和养殖业)的基础上,增添了更多具有市场适应性的种养殖业,并发展起农文旅一体化产业。净土健康产业的发展,是希望将青藏高原的特色产业转化为优势产业。①

净土健康产业所发展的很多产业属于"三高区间",如绿色制造和拓展产业(后文详述)、农文旅一体化产业,具有很强的地理适应性,较强的社会文化(生计)适应性,也很有市场。净土健康产业中,如青稞种植、牦牛养殖等是青藏高原优势产业,地理适应性很强,而且农牧民善于种植和养殖,政府引领的主要方向是拉伸产业链,提升附加值,拓展市场。对于那些市场适应性很强,但地理适应性较差,农牧民也缺乏技术的,政府引领的方向是改善环境,如建设设施农业并积极培训农牧民等。

---

① 这是老少边穷地区普遍的希冀,实践中,也有成功的经验。例如大别山革命老区的乡村,其革命历史传统、绿色生态、自然景观、淳朴的民风民情等,都是其所具有的特质。(参见汪谦慎《特色资源开发、现代农业扶持与市场能力培育——革命老区岳西脱贫致富的"三元驱动"》,《安徽师范大学学报》2012年第4期。)这些特质通过有效地整合,也会转化为对乡村振兴做贡献的特色资源,成为乡村旅游业兴起和发展的基础和条件。(参见陆益龙《村庄特质与乡村振兴道路的多样性》,《北京大学学报》2019年第5期。)

发展净土健康产业，提升土地产出的附加值，使青藏高原的人口多重增收。净土健康产业的发展，既促进整个区域的发展，也惠及当地民众。净土健康产业的发展使青藏高原经历着"产业革命"，以及由此带来农牧民的"劳动革命"。不过，目前经历剧变的时间还相对短暂。

第二章

农牧互补的产业形态及其适应性

千百年来，特殊的地理环境下，青藏高原地区形成了农牧互补①的产业形态。农牧互补的产业形态有两个层面。一是亦农亦牧区的家户为了保障生存，既种植，也养殖（还有少量采集和手工业），种植和养殖相互补充。这是中国农民通常被称为"小农"②的典型模型，我们姑且称为狭义的农牧互补。二是亦农亦牧区与纯牧区的产品交换。与内地农村不同，青藏高原的牧户必须到亦农亦牧区换取粮食，亦农亦牧区的农户也需要换取畜产品，方能生存下来。青藏高原农牧户的"交换圈"

---

① 20世纪40年代，李安宅从德格的家庭结构和亲属关系中，发现农—牧和汉—康两类文化接触是康区内在的本质，当地涵纳诸多来自他地的要素，是开放的，与更大区域互融的。转引自陈波《房屋的谱系——对扎坝社会组织的人类学研究》，《社会学研究》2020年第3期。

② 张兆曙认为，中国的农民通常被称为"小农"。"小农"这个概念至少包括以下几种含义：在生产规模上表现为以户为单位的分散经营；在生产方式上仍然带有自给自足的自然经济色彩；就日常生产的内容而言，"小农"作为一种"职业"具有"兼业"或"杂业"的特征，是一种多元化的"综合职业"；"小农"家庭通过多种经营、从事多种"工作"所取得的多种"产品"保证日常生活的基本需求。单就农作物的生产而言，一般农户都会种植包括玉米、水稻、小麦、大豆、油料等在内的多种作物以及更多种类的瓜菜；大多数农户还会养殖猪羊牛马和鸡鸭猫狗中的若干种，并从中获得一定的收益；在常规的种植和养殖之外，家庭副业也是农民日常生产的一项重要内容，比如栽几棵果树之类的经济林木也能在一定程度上增加收入；当然，季节性的"打工""小生意"也构成"小农"家庭日常生产的补充。在日常生活的运转中，这些"产品"可以分成两部分：一部分满足自我消费，另一部分则进入市场换取工业品和服务品。产品种类的多样化，避免了"把鸡蛋放在一个篮子里"带来的风险，农民日常生活的维系并不仅仅依靠某一种产品。参见张兆曙《产品依赖性与中国农民的组织化难题》，《人文杂志》2009年第2期。我们可以认为，农牧互补是青藏高原地区"小农"生产的典型形态。

远远大于施坚雅所认知的川西平原"基层社区市场"①，我们姑且称为广义的农牧互补。

青藏高原农牧互补的产业形态根植于青藏高原特殊的地理环境，农牧民积累起默会知识，并形成自然中心主义的意识形态。广义的农牧互补是农牧民的生存性智慧，拓展了生存空间。农牧互补建构起群体性互惠的社会基础。狭义的农牧互补，形塑起群体内部的肯定性互惠，在牧区甚至强化为"部落的道德"；广义的农牧互补是"不完全满足"下的群体间互惠。这些是藏民族在严酷的自然环境下，最大限度地适应地理环境而建构起社会文化的适应性智慧。总之，农牧互补显现了当地民众的地理环境适应性、生计适应性以及相应的社会基础，包含着丰富的生存性智慧。

第一节 青藏高原传统的农牧互补

千百年来的生态环境适应，很多少数民族地区都形成各具特色的农业生产体系，例如贵州的一些村寨，为了从大自然中持续获得各种生存所需要的物产，创造了稻—鱼—鸭共生的农业生产体系，把"人的需求"与"生态系统的需求"有机统一起来。② 历史上，青藏高原形成了农牧互补的产业形态，它既满足人的需求，也满足生态系统的需求。应该说，农牧互补是青藏高原农牧民最基本的生存性智慧，也是他们适应自然环境而形成的生计方式。

一 青藏高原农牧业的历史延续

青藏高原的种植业历史悠久，西藏昌都卡若遗址、拉萨曲贡遗址出土了4000年前古青稞碳化颗粒，表明青藏高原的原始作物是耐寒的青

---

① ［美］施坚雅：《中国农村的市场和社会结构》，史建云、徐秀丽译，中国社会科学出版社1998年版。

② 詹全有、龙初凡：《贵州从江侗族稻鱼鸭生态系统模式研究》，《贵州民族研究》2014年第3期。

稞。西藏先民当时就在海拔较低、气候温暖的河谷，经营较为原始的农业生产。① 1991 年，曲贡遗址的发掘，证明西藏腹地农耕文化的出现，不会晚于距今 4000 年前，也就是说，早在四五千年前，青藏高原的先民们已经脱离了渔猎采集活动，从事作物种植、家畜饲养和渔业活动，② 形成了以青稞、小麦种植，牦牛、绵羊放牧为特色的高原农牧业。③

单以谷物而言，根据考古发现，在距今 5000 年前后，西藏高原东部地区已出现粟的人工栽培；在距今 3300 年前后，粟类作物已经从西藏高原东部传播到南部的雅鲁藏布江中游地带，同时，在雅鲁藏布江中游地带还出现了麦类作物青稞；至新石器时代晚期，青稞已经演变为西藏高原的主栽农作物，在一些定居群落中有较大规模的种植和储藏。④

历史上，青藏高原先民们就建构了具有显著特点的"农牧兼营"型游牧文化。吐蕃时期以后，青藏高原整体上发展出"农牧分营"，并一直延续到现在。"农牧分营"是指在一个民族内部，较为普遍地同时存在农耕经济区和游牧经济区，人口也分为两部分，分别经营种植业和草原畜牧业。⑤ 例如西藏昌都市三岩地区，历史上流行过游牧的方式。后来，随着种子、农业技术的传入，人们慢慢学会了开发、利用周围的荒地，种植的庄稼可人畜两用，秸秆用作牲畜的草料，果实供人食用。人们的居住环境也由原来的山洞转向了帐篷，再后来发展为定居生活。农业的发展壮大并不足以替代传统的畜牧业，但它已成为当地食物的另一大来源。⑥

民国时期，青藏高原的农业生产与之前大致相同，例如当时"藏族

---

① 童恩正、冷健：《西藏昌都卡若新石器时代遗址的发掘及其相关问题》，《民族研究》1983 年第 1 期。
② 沈志忠：《青藏高原史前农业起源与发展研究》，《中国农史》2011 年第 3 期。
③ 陈崇凯：《西藏地方经济史（古近代）》，甘肃人民出版社 2008 年版，第 1—26 页。
④ 霍巍、王煜、吕红亮：《考古发现与西藏文明史（第一卷）：史前时代》，科学出版社 2015 年版，第 123—132 页。
⑤ 贺卫光：《青藏高原游牧文化的特征及其与丝绸之路的关系》，《西藏大学学报》2016 年第 3 期。
⑥ 岳小国：《藏族社会生计模式与家庭经济状况调查研究——以西藏贡觉县三岩区为例》，《西藏民族学院学报》2011 年第 5 期。

人民的生产以农牧业为主。农作物中以青稞和圆根为大宗。青稞的形状像大麦，只是颗粒比较小……西藏的农产品除青稞外，还有大麦、小麦、燕麦、荞麦、豌豆、黄豆、蚕豆、油菜、马铃薯、玉米、高粱等。在藏南谷地的东南部，还有部分地区出产稻米。蔬菜在西藏种植的并不多，住在拉萨附近的汉人，多开辟园圃，栽种蔬菜，有白菜、辣椒、芥菜、葱、蒜、萝卜等，尤其是萝卜，长得非常肥硕，味道很好"[1]。

农牧结合的经济模式在西藏地区很早就出现了[2]。青稞、小麦、大豆、玉米、油菜、蚕豆等农作物分布较广泛，其中青稞、小麦、蚕豆、油菜被称为西藏四大作物。耕作制度基本是一年一熟制。西藏农业主要分布在雅鲁藏布江沿岸及其支流和金沙江、澜沧江、怒江等河谷平原。[3]

二　青藏高原上主要有牧区、亦农亦牧区

人们习惯上根据一定区域种植和养殖的状况，将农牧业生产区域划分为农区、半农半牧区、牧区。对于青藏高原来说，只有牧区、亦农亦牧区，罕见纯粹的农业生产区域。青藏高原地区有纯粹的牧区，却没有纯粹的种植业地区，因为主事种植业的地区畜牧业也占到一定比例[4]，这就是说，青藏高原上除了纯牧业区之外，其余基本都是亦农亦牧区。

（一）生产的区域形态：牧区、亦农亦牧区

按照放牧的类型来看，在青藏高原，有完全的山地游牧，更有大量充斥着"季节性游牧或半游牧"以及用种植的作物饲养牲畜的"家牧"。

赫尔曼·克鲁茨曼区别出三种类型的山地游牧：第一种是完全的山地游牧，牧民单纯地经营畜牧业；第二种类型是季节性游牧，或者是半

---

[1] 房新民：《西藏》，新知识出版社1954年版，第48页。
[2] 安才旦：《拉萨东南西北的过去时》，《中国西藏》2011年第4期。
[3] 刘合满、曹丽花：《1980—2010年西藏农作物播种面积与人口数量变化的相关分析》，《中国农业资源与区划》2013年第3期。
[4] 罗绒战堆：《藏族地区"惜杀惜售"问题的研究》，《西南民族大学学报》2009年第11期。

游牧；第三种类型与第二种游牧方式很接近，但是农业所占的比重更大。① 王晓毅认为青藏高原的第一种放牧类型是完全的山地游牧，例如那曲的绝大部分地区，甘孜藏族自治州的白玉县、石渠县等地。完全的山地游牧（纯游牧）根植于两种原因：独特的地理环境或产权制度安排。独特的地理环境形塑了青藏高原的纯游牧，比如青藏高原北部，即使低地的牧场也处在高海拔地区，无法从事农业。牧民只能在冬季和夏季交换牧场放牧（即交换使用夏季牧场和冬季牧场），以此利用自然资源。另外一些纯牧业则是由产权制度安排造成的，尽管牧民在长途游牧中要经过，甚至利用定居农民的耕地，但由于他们不是这些农田的所有者，他们的生产资料是他们的牲畜而不是土地，他们只有不断游动，才能维持生计。纯粹的山地游牧与平原或沙漠的游牧相似，都是远距离移动，完全依靠草原畜牧业，经常形成比较固定的游牧路线。稳定的游牧路线是生态环境、政治上讨价还价和长期互惠关系共同作用的结果。青藏高原的第二种放牧类型也被称为季节性游牧或者半游牧。与上述的远距离大规模游牧不同，季节性游牧往往规模较小，往来于高山和低山之间，牲畜的所有者不一定会随着畜群进行远距离迁徙，只是家中的主要劳动力或者是所雇用的放牧人将牲畜放牧到远距离的山上。因此，在规模、距离和组织形态上，季节性游牧与纯游牧有很大区别。畜群的所有者除了拥有畜群，还在所在村庄拥有土地等，从事种植业等。这种季节性游牧可归类于半农半牧的生产形式。例如在青藏高原的横断山区，由于垂直的植被分布，在海拔较低的地方可以从事农业生产，因此在夏季，牲畜被放牧到高山牧场；到了冬季，高山的牧草被采食以后，牲畜就被赶下山，在村庄周围放牧。在季节性放牧中，由于放牧的范围较小，很少进行远距离移动，所以放牧单位往往以家庭为单位，与纯游牧的大规模迁徙不同。第二种游牧方式与第三种游牧方式有不同之处，尽管农业和畜牧业共同存在，但是两种生产方式仍然是各自独立的，换句

---

① 赫尔曼·克鲁茨曼（Herman Kreutzmann）：《喀喇昆仑西北部山区草原牧业生产与变迁》，载中国社会科学院社会学研究所农村环境与社会研究中心主编，王晓毅执行主编，米诺提·查克拉巴提·考尔等著《游牧社会的转型与现代性［山地卷］》，中国社会科学出版社2015年版，第191—219页。

话说,山地畜牧业仍然依靠天然草原,而不是依靠人工饲养。第三种游牧方式与第二种游牧方式很接近,但是农业所占的比重更大,我们姑且称为"家牧"。第三种游牧方式是山地农业的一种补充,牧民在低海拔地区从事农业,并大量种植牧草。牲畜按照农业方式来经营,只是在夏季需要利用高山牧草的时候,才将牲畜赶到高山地区放牧。这种模式可以说是农业的延伸,牲畜主要依靠种植出来的饲料来喂养,而不是依靠天然草原,天然草原只是农业的补充部分。分析三种游牧类型可以发现,从第一种到第三种,放牧方式是一个连续谱,从完全依赖天然草场的纯游牧业,到部分依赖种植业,进而主要依靠种植业;从远距离放牧迁移到近距离的移动,并进而围绕定居点进行移动放牧;组织形式从大规模的部落到以家庭为单位。①

对照赫尔曼·克鲁茨曼与王晓毅的分析,我们认为青藏高原上的纯畜牧业可对应"完全的山地游牧",这样的地区可称为"牧区"。其余地区均有不同比例的种植业和畜牧业,绝大多数学者称为"半农半牧""农牧交错带""农牧交错区""亦农亦牧"等。"半农半牧"一般是指同一个地区的人口同时经营种植业和畜牧业,具体体现在同一定居的人家,从事种植业的同时,又放养了一定数量的牲畜,或者是同一户原来主要从事畜牧业生产的人家,抽出部分劳动力在农业区发展农耕经济②。农牧交错带既是不同自然生态环境的交错地带,也是农耕种植业及其文化与游牧畜牧业及其文化这两种经济文化类型的分界线和交叉地带。③ 戈尔斯坦分析利米人的生计方式时描述了"亦农亦牧",他指出:"利米的生产技术包括农业和游牧式的畜牧业,西藏广大地区到处都可以看到这种藏语之谓'色迈德罗'或'色迈布罗格'的亦农亦牧的生

---

① 王晓毅:《山地游牧的适应与变迁》,载《游牧社会的转型与现代性[山地卷]》,中国社会科学出版社2015年版,第2—4页。

② 贺卫光:《中国古代游牧文化的几个类型及其特征》,《内蒙古社会科学(汉文版)》2001年第5期。

③ 朱小玲:《内蒙古农牧交错地带经济文化类型的演变》,《黑龙江民族丛刊》2010年第4期;斯琴朝克图、房艳刚、乌兰图雅:《内蒙古农牧交错带聚落的各具特征及其形成过程研究》,《干旱区资源与环境》2016年第8期;晨光、张凤荣、张佰林:《农牧交错带农村居民点土地利用形态演变》,《地理科学进展》2015年第10期;朱利凯等:《农牧交错区农牧户生计与土地利用》,《北京大学学报》(自然科学版)2011年第1期。

计模式。在利米的经济体系中，人们清楚地认识到农业是基础，另一方面，许多家庭都有大群的绵羊、牦牛与马"。"'亦农亦牧'是对农业＋游牧的经济附加形式的最好归纳，这种附加的生计形式代表了利米和西藏适应体系的概貌。"①

对比学者们的解说，我们更乐于接受戈尔斯坦的"亦农亦牧"，因为亦农亦牧区或许是更妥帖的称谓。"亦农亦牧"更准确地阐释了青藏高原产业的区域特征。首先，亦农亦牧的生计方式，在青藏高原的非纯牧业地区广泛存在。其次，"亦农亦牧"较之于"半农半牧"，表述更为准确，也更为形象。因为"亦"表示共同存在，但并不一定是"半"或"对半"等数量关系。这就是说，青藏高原上完全的山地游牧是纯牧区，其余的基本可以称为亦农亦牧区。

（二）青藏高原上牧区、亦农亦牧区交错分布

青藏高原上历史最悠久、分布最广的产业是畜牧业。传统的游牧经济区域十分广袤，而且连成一大片，西起西藏的阿里，东至四川甘孜州、阿坝州，向北延伸到青海和甘肃的甘南州。青藏高原的种植业，在西藏主要分布在"一江两河流域"，一江即雅鲁藏布江，两河即拉萨河和年楚河；在青海，主要分布在柴达木盆地、河湟谷地以及横断山脉地区的干旱河谷地带。"藏北草原以游牧业为主，藏南及云南、四川藏族农牧业并举，但已经定居，牧场在高山，夏秋外出放牧，冬春回村。"②

在西藏，除了藏北高原是比较纯粹的牧区之外，其他皆是亦农亦牧区。藏北高原是主要的牧区，位于昆仑山脉、唐古拉山脉和冈底斯—念青唐古拉山脉之间。藏南谷地是西藏主要的亦农亦牧区，村庄种植农作物，也兼营养殖业。藏南谷地位于冈底斯山和喜马拉雅山之间，是雅鲁藏布江及其支流流经的地区。藏东高山峡谷地区是亦农亦牧区，位于那曲以东，是一系列由东西走向逐渐转变为南北走向的高山峡谷，即藏东南横断山脉三江流域地区。西藏的边境地区是农牧兼具的地区，它是我国同印度、尼泊尔、不丹、锡金接壤地区，由几条大致东西走向的山脉

---

① 戈尔斯坦：《利米半农半牧的藏语族群对喜马拉雅山区的适应策略》，坚赞才旦译，《西藏研究》2002年第3期。

② 宋蜀华、陈克进：《中国民族概论》，中央民族大学出版社2001年版，第645页。

组成。这四个地区只是大致的划分，实际上，每个地区都不是纯粹的农业区或牧业区。①

在甘孜藏族自治州，除了少数县份是纯牧业县（如色达县、石渠县、白玉县），其余各县既有种植业，也有养殖业。在甘南藏族自治州，玛曲县、碌曲县、夏河县的主要产业是牧业，迭部县、舟曲县、临潭县主营农耕，也兼事牧业。

三 狭义的农牧互补：亦农亦牧区农牧民的不断自足

狭义的农牧互补是指亦农亦牧区的农牧民为了保障生存，实行种植和养殖相结合，尽最大可能去实现自给自足。考察农牧互补可以有家户、村落、区域三个层面。家户是考察农牧互补的微观单位。

具体到家户，农牧互补是指以种植业为主、养殖为辅的生计方式。农户种植青稞、豌豆、马铃薯等粮食作物，并将秸秆等储存起来，到冬天缺乏饲料时喂养牛羊；农户也养殖牛羊，以此获得肉食、奶、燃料、肥料以及主要的家庭经营性收入（出售酥油、奶渣、皮毛等）和畜力。② 应该说，这与其他地区（比如汉族村落）的农业生产（种植）加家庭副业生产（饲养家畜，如猪、鸡、鸭等）的结构基本相似。

青藏高原地区的农户一般都养殖牲畜，极少有不养殖牛羊的，农户之间只是在养殖的数量上有差异。在亦农亦牧区，家庭的劳动力配置的具体情况分为几种。其一是养殖牲畜较多的家庭，一般是单独安排一个或几个家庭成员专门放牧，其余的留在家里照顾老人和小孩，并种植庄稼。农忙时节，游牧的家庭成员也回到村里帮助耕作。其二是牲畜养殖数量极少的，基本在村庄附近放牧，不需要家庭成员专门去放牧。草料不足时，用家里平时储存的秸秆、饲草等加以补充；养殖数量较少的，或者是寄养或者是联合养殖。寄养是将牦牛托付给亲戚或同村养殖户，

---

① 魏强：《试论西藏半农半牧文化对藏族文学的影响》，《中央民族学院学报》1993 年第 5 期。

② 即便是现在，农业生产中不能由机械来完成的地块（如小块地、坡地）与工序，全靠人力过于艰辛，都需要由牲畜来完成。

由亲戚或同村人代为饲养；联合养殖一般是几户人家轮流派出人员。

亦农亦牧区所养殖的牲畜，一类是在广阔的牧场游牧，另一类是在村庄附近放养。正如戈尔斯坦所描述的利米人那样：第一类是数量占绝对优势的游牧型牲畜，它们在牧场过冬。第二类相当于家养的牛、马和其他牲畜，随时可以在村庄内外见到。这类牲畜数量较少，村民饲养它们主要用作役畜和产奶，它们在村里过冬，吃着人们准备的饲料。此类牲畜是贫困家庭的代表，因为这些家庭全都饲养了这类牲畜。不过，即使那些拥有大群游牧型牲畜的家庭，仍然要在村里养一些牲畜。①

在亦农亦牧区的村落，农牧民建构起种植、养殖及公有资源（如草地、森林等）之间的动态关系。牲畜依赖于公有草地上的饲草及农作物和副产品，但又以粪肥和耕畜的形式"回报"饲草、饲料和农作物，因此牲畜对山区农业持续发展是必须的。②

在亦农亦牧区，家户既种植，又养殖，目的在于实现家庭生活、生产资源的所需与互补。首先是生活资源互补，即种植获得粮食和蔬菜等，养殖获得肉、奶以及燃料等。从事种植的家庭所需的毪衫（毪子用羊毛织成）、羊裘、皮靴、酥油、肉食、燃料（牛粪）、坐骑等生活资料，都来自养殖。牛羊粪便是既实惠又无污染的重要燃料。其次是生产过程和资源的互补。种植扶持养殖，养殖协助种植。农业生产多个环节需要养殖的支持，耕地、运送肥料、搬运收成（成熟作物）等都需要牲畜（现在也不能完全被机械替代，特别是对于道路崎岖的山地等）。牲畜粪是农家肥的重要组成部分。在青藏高原的很多有农业生产的村庄，农户门前一年四季都堆积牲畜粪便沤肥。种植物的剩余产品用于饲养牛羊，如秸秆的充分利用。对于多灾害天气的高寒地区来说，牧业抵御自然灾害的能力很低，遭遇雪灾、草情不好或者青黄不接的季节，农业饲料的反哺对于牲畜渡过难关有着至关重要的作用。如果说，土地是农民的第一条生命线，那么，牲畜和公用的牧场就是第二条生命线。因

---

① 戈尔斯坦：《利米半农半牧的藏语族群对喜马拉雅山区的适应策略》，坚赞才旦译，《西藏研究》2002年第3期。
② Pradeep Man Tulachan（郭仁民译）：《半农半牧山区的畜牧业发展趋势》，《青海草业》2001年第1期。

此，牲畜的多少不只是农牧民财富的首要标志，也是农牧民生活贫富的一个显著标志①。总之，亦农亦牧区的种植和养殖互补，可描述为生产方式的互助性、生产效益的互补性、生活方式的"二元"性。②

个案　甘孜藏族自治州甘孜县麻书乡如西村的亦农亦牧③

甘孜县麻书乡如西村以种植为主，畜牧和纺毛线、织毪子是主要的自产自用的副业。在如西村，牧业与农业相比，只占次要的地位，但在家庭副业中就是首要的一项。普遍每户都有二三头奶牛和二三只绵羊，有些人家有七八头奶牛和几十只绵羊，有少数贫民没有奶牛和绵羊。某些人家在本村经营农业而在别村经营牧业。例如更曲，在本村有12袋地，在别村的牧场有40多头牛马，农忙季节全家并力从事农业，平常分头从事农业和牧业。像更曲这样兼营农牧业的人家，全村将近10户。完全从事牧业的，本村只有1户。农民最重要的生产资料固然是土地，但农民家境是否宽裕的最明显的标志是牲畜的多寡。

以如西村为例，我们可看到农户以种植业为主，以养殖业为辅。甘孜县如西村目前是甘孜县斯俄乡斯俄村。据作者的实地调查，至今，斯俄村依然保持着亦农亦牧。在青藏高原的乡村，至今，农牧互补依然留存，而且采集业还日渐兴旺。例如西藏昌都的三岩地区，历史上是"贫中之贫"，至今，养殖业作用巨大，采集业功不可没。在三岩区，与其说畜牧业是农业的补充，毋宁说畜牧业支撑着整个家庭经济。当地土地匮乏，农作物产量较低，每家生产的粮食远远无法满足家庭消费的需要，还必须从市场上买回青稞、大米、挂面等补充。因此，农业生产仅部分地解决了家庭对糌粑的需求（主食），家庭开

---

① 四川省编辑组《中国少数民族社会历史调查资料丛刊》修订编辑委员会：《四川省甘孜州藏族社会历史调查》，民族出版社2009年版，第8页。
② 迟玉花：《藏区农牧兼营经济类型特点及发展问题探讨》，《中南民族大学学报》2015年第3期。
③ 四川省编辑组《中国少数民族社会历史调查资料丛刊》修订编辑委员会：《四川省甘孜州藏族社会历史调查》，民族出版社2009年版，第41页。这里展现的是20世纪50年代初期的状况，我们认为它基本呈现了甘孜地区农牧民千百年间的生产生活情况。

销的主要来源还得由畜牧业提供。畜牧业首先满足了人们日常对牛羊肉、酥油的需求，也大大增加了家庭收入。人们可以直接出售牛羊，也可以销售牛羊肉、酥油、牛奶等副产品。当地饲养的家畜有牦牛、犏牛、黄牛、马以及山羊等。犏牛、黄牛和马主要用于耕作、运输等；牦牛和山羊提供肉类食品和奶制品。三岩地区采集的主要是土特产，有松茸、羊肚菌、冬虫夏草。2008年，三岩区六个乡的种植、养殖、采集统计详见表2—1①。

表2—1　　2008年三岩区六个乡的种植业、牧业、采集统计

		木协	雄松	敏都	沙东	克日	罗麦
耕地（公顷）		194.5	296.5	184.4	138.5	123.8	92.4
牲畜	羊（只）	3329	2491	2972	1142	—	1162
	牛（头）	8847	4248	3259	3458	3337	5578
虫草（千克）		35	45	53	55	74	52

如今，不同的是青藏高原上很多村庄除了农牧互补之外，还增添了外出打工，由亦农亦牧变成了"亦农亦牧亦工"。这实质上与学者们所说的内地村庄的"半耕半工"基本相同，因为内地村庄的"半耕"也内在地包含着家庭的部分养殖，如养猪、养鸡等。如甘孜县如西村（今天的斯俄村）村民们如今既种植，又养殖，还有部分人在县城或者去外地打工。此外，如三岩区，我们看到养殖业依然兴盛，既在于如前所述之食物来源之相互补充，还在于"自我满足"与"市场满足"的相互补充。前者一般是指种植粮食、蔬菜供应自家消费所需，即"自产自消"；后者是指将多余的畜产品（酥油、奶渣、皮、毛）用于交换，获取货币收入，再购回其他生活所需。

---

① 岳小国：《藏族社会生计模式与家庭经济状况调查研究——以西藏贡觉县三岩区为例》，《西藏民族学院学报》2011年第5期。

四 广义的农牧互补：牧区与亦农亦牧区互通有无

广义的农牧互补主要是指青藏高原地区，亦农亦牧区与牧区之间的产品交换。亦农亦牧区主要产出的是粮食（青稞为主）。牧区因为海拔太高，无法种植，只能生产出畜产品。牧区与亦农亦牧区需要产品互换，牧区从亦农亦牧区换来粮食等农产品，满足基本生活所需；亦农亦牧区从牧区换来酥油等畜产品。农牧互补表现了亦农亦牧区和牧区之间的唇齿相依。[①] 亦农亦牧区和牧区互为生活品补充地，它们之间的产品交换，扩展了农牧民的社会关系网络，也拓展了生产生活空间。

亦农亦牧区、牧区的产品交换有两种方式：一是牧民组织驮队到亦农亦牧区的村庄与农户交换，二是农牧民都到固定地点参加贸易集会。前一种方式的交换，交换地点不断变动，驮队也不断移动，可称为移动性市场。后一种交换因为交换地点相对固定，可称为固定性市场。他们交换的不仅仅是产品，还有劳务。

（一）农牧产品互换的流动性市场

牧民到亦农亦牧区去交换是最为普遍的交换方式。刘一民描述了藏北牧民与农民的交换，他指出："大部分牧民每年只去农区进行一次贸易活动。每年藏历八至十一月，畜壮草茂，农畜产品均已收获，正是农牧交换的旺季。牧民去农区交换，往返一次一般需要三个月时间，到第二年的一二月份才回部落。牧民到农区交换，除了携带食盐，还有酥油、奶渣、皮、毛、肉、牛、羊、人参果和土碱等土畜产品，换回粮、茶、氆氇、帐篷杆、酥油桶、木碗等生产、生活用品。""据统计，巴青一带过去每年有60%以上的牧民到农区从事交换活动。较富裕的牧民，每年要换回青稞三十驮至五十驮，中等牧民换十驮左右，贫困牧民往往无力靠自己的畜力去农区交换，只托别人带少量青稞。在藏北各地，巴青和索宗的交换量最小；西部和中部各地的交换量较大，每年参

[①] 罗绒战堆：《藏族地区"惜杀惜售"问题的研究》，《西南民族大学学报》2009年第11期；曹朝龙：《脆弱性—抗逆力：基于甘孜州农牧户生计的多元主体抗逆力分析》，硕士学位论文，华中师范大学，2013年。

加盐粮交换活动的牧民达85%以上，换回的粮食自给有余者达35%以上，仅供自给者也占35%左右。"藏北"各宗豀诸部落一般都有相对固定的流转路线和交换地点。那仓（申扎）、朗如（今班戈北部）的牧民常去南木林、谢通门、拉孜、昂仁和白朗、江孜等地交换；黑河（今那曲、安多）、聂荣等宗的牧民常去拉萨地区的尼木、堆龙德庆、当雄、曲水、林周和山南地区的桑日等地进行交换；巴青、索宗的牧民主要去昌都、林芝等地交换。藏北牧民最常去的交换地点是南木林、尼木、堆龙德庆、白朗和林周。一般来说，牛羊多的牧民跑的远一点，牛羊少的牧民跑的近一些"①。

牧民到亦农亦牧区去交换，主要是因为牧民掌握了青藏高原上的大部分畜力，交换中的运输问题主要靠牧民来解决，也就是说，大多数的农牧产品交换是牧民利用自己的牲畜运输土畜产品到亦农亦牧区的农户家交换或者是到固定市场交换。解放前，甘孜藏区农牧民之间以物易物，即农牧民各自驮运自己的产品去交换生产生活必需品，称为"日朵"。一般是使用牦牛驮运，3人吆一群，日行四五十里，选水草充足处夜宿。②

牧民到亦农亦牧区去交换，但这并不排斥也有亦农亦牧区的农民主动到牧区交换，而且还为牧区提供劳务。例如"安多多玛部落每年要在卓格神山下举行夏季聚会，农区有人去赶这个会，与多玛的牧民交换农畜产品。仅江孜'约'地方每年就有二百多农民在这个时间去多玛部落，带去农产品与牧民交换，同时也为牧民揉皮子，返回时带走土畜产品。丁青宗的部分农民每年携带木材、牛鞍、酥油桶、氆氇等到巴青、索宗牧区换取盐和畜产品"③。罗绒战堆也指出：藏族聚居

---

① 格勒、刘一民等：《藏北牧民——西藏那曲地区社会历史调查》，中国藏学出版社2002年版，第97—98页。

② 甘孜地区的交换还有其他类型："从渣"是为土司头人和寺庙的管家从事运输和贸易；"雇工"是牧场主雇请驮足娃为其运送客商货物；"提抽运脚费"是农牧民自有牦牛驮运货物，头人从运费中提取部分。参见甘孜县地方志编纂委员会《甘孜县志》，四川科学技术出版社1999年版，第167页。

③ 格勒、刘一民等：《藏北牧民——西藏那曲地区社会历史调查》，中国藏学出版社2002年版，第99页。

区最大的牧区（那曲、阿里），牧民每年都得雇用大批日喀则北部地区的农耕和半农半牧区的人们前往牧区，帮牧民们揉皮、缝制衣被、搭建过冬窝棚等。农民提供劳务得到的收入基本上是牲畜，牧民得到的是赖以生存的生活用品。即便今日，被经济学家普遍认为是较为落后的交换方式，如物物交换、劳劳交换、劳物交换等仍广泛存在于藏族传统社会。①

（二）农牧产品交换的固定性市场

固定性市场交换一般是指农牧民到固定的地点参加贸易集会，固定市场包括小市、街市、集市、集镇四类。小市是依附寺院而成立的小规模市场，其辐射社区仅涵盖寺院及寺属塔哇。街市的规模稍大，虽未形成固定的集期，但辐射的范围已经较大，社区规模应在数部落之间。集市一般是在街市的基础上发展起来，不但有固定的街市，也有周期性的集中贸易期，辐射社区范围较大，或已经包含若干个街市。集镇一般包括多条街区，或设有多个专业交易市场，某些集镇固然存在集期，但较大型集镇的常市已经取代了集期。寺院型临时市场即为寺院会集，可以纳入庙会市场。寺院会集大多依靠寺院的公开法会进行，每年亦有定期。②

藏北地区，在固定的地点参加贸易集会的"牧民把盐和其他土畜产品驮到集会上，就地搭起帐篷住下，各处的农民会自动把粮食运来与牧民交换。据说，藏北（尤其是中西部）牧民参加的贸易集会主要有四个。其中一个于藏历每年七月在当雄举行，主要交易物品是牲畜，粮食不算多；另一个在山南的错那，是个边境贸易集会，有进口货和达旺的一些特产，虽然路很远，也仍有藏北的不少牧民去参加；其余两个，一在山南的桑日，一在'约'（江孜、日喀则之间），这

---

① 罗绒战堆：《藏族地区"惜杀惜售"问题的研究》，《西南民族大学学报》2009年第11期。罗绒战堆所讲的物物交换，在目前的藏区村庄依然存在，不过随着交通越来越便利，物物交换出现了一些新形式。2013年7月，作者在四川甘孜藏族自治州雅江县一个离318国道13公里，有乡村公路直达的村庄调研。见到一位商贩开着一辆小货车进村，车上装满了蔬菜、水果和各种零食。村民们从家里拿出青稞，用商贩的秤，称量青稞的重量，直接兑换商贩的蔬菜、水果等。

② 杨红伟、李稳稳：《甘青藏区寺院型市场研究》，《西北师大学报》2013年第6期。

两个集会的主要交易物品是粮食、盐和畜产品，参加的牧民可达五六千人。除了这四个较大的集会外，在林周、麦地卡、止贡三地交界处的巴呷，每年藏历九月间举行一个规模较小的集会，附近的农牧民在那里搞交换活动。那些大寺院的宗教节日，参加佛事活动的农牧民很多，自然而然也是农牧民交换劳动产品的好机会。另外，一些大部落也有定期的集会"。①

藏北牧民去山南地区的错那交易，他们用羊群驮运货物，即在羊身上安放驮架，将货物捆绑在羊身上，然后赶着庞大的羊群，随季节一边放牧，一边运输货物。冬季，他们采集储备货物，春季出发，用一年时间，慢慢将货物运到喜马拉雅山的西坡、南坡，也就是当时印度北部。然后在这里度过冬天并采集储备货物，到了春季，再次出发，仍然用近一年的时间，将货物运回青藏高原的东部、北部。以此循环往复。运输量十分巨大，驮队有1万只羊，每只驮运重量大约12"曼"。②

青藏高原的牧民往往一边放牧，一边运输货物，使得游牧迁徙的过程与长距离的物资运输合而为一，这种特殊的经济形式是青藏高原所特有的，更是藏民族的一大创举。③

（三）广义的农牧互换延续至今

农牧产品互换在青藏高原长期延续，20世纪50—70年代也是如此。据刘一民等统计，1972年春天，藏北牧区的多玛区措龙乡从亦农亦牧区交换回来粮食22650斤、萝卜干60斤、马1匹；岗龙乡交换回来16000斤粮食、1800斤萝卜干、1匹马、100斤大米、50斤火药原

---

① 格勒、刘一民等：《藏北牧民——西藏那曲地区社会历史调查》，中国藏学出版社2002年版，第99页。

② 米儿咱·马黑麻·海答儿：《中亚蒙兀儿史（第二编）》，新疆社会科学院民族研究所译，新疆人民出版社1983年版，第375—377页。"曼"是古代中亚的重量单位，1曼约等于5磅，12曼约等于27公斤。用羊驮运之说是有的，例如藏民族的传说里大昭寺就是"山羊驮土"修建而成。本书记载的边放牧边运输的是羊，应该说这是比较罕见的。历史上，牦牛才是藏民族最为重要的驮运工具。

③ 贺卫光：《青藏高原游牧文化的特征及其与丝绸之路的关系》，《西藏大学学报》2016年第3期。

料。① 古老的以物易物至今都还存在，例如云南藏区尼西乡，"日常村民食用的大米，基本是靠洋芋或苹果，与位于几十公里外的维西县塔城上江乡的村民以物物交换的方式获得，或者直接用现金在县城购买"。"其他地区牧场的牧民时常也会运酥油等其他奶制品到村里来物物交换，时逢家养牛的奶水量少时，也会有村民有交换的需求，通常是 65 斤玉米或 62 斤青稞换 2.2 斤酥油。"②

与内地以农耕为主的生产体系相比，青藏高原最具特色的是牧区与亦农亦牧区的"互补"，这样的互补是青藏高原牧区和亦农亦牧区不完全自足下的生存性智慧。

五 农牧互补之外的副业：采集和手工等

种植和养殖之外，副业普遍存在，它是农牧业的有益补充。亦农亦牧区的副业方式相对较多，不同资源禀赋的村庄，副业的类型有所差别。牧区则相对单一，如狩猎、采集，还有内化于家庭的毛、皮的手工加工等。

（一）副业的村庄个案

我们以甘孜藏族自治州的如西村、下坝村 20 世纪 50 年代的副业为例，展现不同资源禀赋村庄不同的副业。

个案 甘孜藏族自治州甘孜县麻书乡如西村农牧民的副业③

农民的家庭副业有畜牧、纺毛线、织毪子、砍柴、割草、采药、扫碱、种菜、喂猪、养鸡、做凉粉、糅皮子④、编背篼、铁工、木工、缝

---

① 格勒、刘一民等：《藏北牧民——西藏那曲地区社会历史调查》，中国藏学出版社 2002 年版，第 102 页。
② 龚瑜：《云南藏区聚落村民合作行为的考察》，硕士学位论文，中央美术学院，2013 年，第 41、53 页。
③ 四川省编辑组《中国少数民族社会历史调查资料丛刊》修订编辑委员会：《四川省甘孜州藏族社会历史调查》，民族出版社 2009 年版，第 42—43 页。
④ "糅皮子"或"揉皮子"的表述，一般是政府、学者们描述甘孜州人们的生产生活时所用词汇。据笔者调查，甘孜州的农牧民们的口语表达一般不说"rou 皮子"，而说"rua 皮子"，即"挼皮子"。"挼皮子"的写法或许更能反映动作特色，也具有语言的地区特色和民族特色，后文皆写为"挼皮子"。

纫、经营磨坊、刻玛尼石、托运、卖工等。

畜牧和纺毛线、织毪子是主要的自产自用的副业。纺毛线用原始的石制纺锤，织毪子用简陋的木制织机。在农闲季节，在农事的间隙里，家家的妇女都在纺毛线、织毪子。

砍柴、割草和采药是几项主要的投入市场的家庭副业。但在解放前，柴草绝大部分被民国政府和军队无偿征收了，百姓极少有出卖柴草的可能；同时，由于土特产品销路萧条，采药的收入也很少。解放后，人民政府和解放军所需的柴草都以合理价格收购，不仅减轻了百姓的负担，而且还增加了收入；同时，由于土特产品销路日渐扩大，采药的收入也增多了。现在，每100斤柴的市价是2元（指新币，下同），每人每天砍到200斤柴，普通人家每年可以卖出1000斤柴。农民出卖的柴草和蔬菜绝大部分是供应机关和部队的，如西村由于处在公路沿线和甘孜县城近郊，柴草和蔬菜两项副业收入比偏僻地方多。药材以知母为大宗，只要有时间去采，每户每年可得到几十元收入。

铁工、木工、缝纫、经营磨坊和刻玛尼石都是代客加工的手工业。铁匠有3个，1个铸铧、1个补锅、1个修整农具和枪支。铸铧的是藏人，其余两个是汉人。铸铧的原料，一部分来自南路，一部分是当地的废铁。现在，因为国营贸易部门供应的铁铧价廉物美，这个铸铧的藏人已经歇业。木工只有两个，汉、藏各一。裁缝有4个，都是藏人。解放以来，人民消费绸布的数量逐渐增大，裁缝的生意逐渐兴隆起来。刻玛尼石是一项宗教手艺，全村有3家。

揉皮子和编背篼是自产自销的手工业，经营这两种手工业的都是贫民，只有1家揉皮子。

全村没有一户独立手工业者。所有手工业者都是农民，都以农业收入为主。

在如西村，我们如果不将牲畜养殖（养牛、养猪、养鸡）和种菜作为副业，也可看到多种副业类型。一是与牲畜养殖密切相关的副业，包括纺毛线、织毪子、揉皮子。二是采集，包括砍柴、割草、采药、扫碱等①。采集的主要是直接来自大自然的野生产品（植物、动物及其他）。三是农产品加工，如磨坊、做凉粉、编背篼，原材料主要是当地所产。磨坊主要加工本地的青稞等。凉粉是将当地产的麻豌豆磨成粉，制作而成。四是日常生活用品加工，如铁工、缝纫、木工等。铁工和缝纫的原材料基本不可能来自本地，因为当时的甘孜藏区基本没有铁加工。甘孜藏区不产棉、麻、丝，缝纫的布匹等一般由内地输入。木工的原材料应该是甘孜藏族自治州自产，但就如西村来说，木材来自附近的其他县。五是文化生产品加工，主要是刻玛尼石。六是运输，如驮运。七是卖工（即现在人们常说的"打工"）等。

个案　德格县更庆乡下坝村的副业生产②

德格县更庆乡下坝村的家庭副业生产主要有砍柴、挖金、狩猎、挖药四种。

砍柴是村里最普遍的一项家庭副业，一般人家都在生活困难时砍柴去卖，几乎全村每户人家都在卖柴，只是数量不多，砍柴最多的是差巴更布，每年卖柴所得200余元，其余人家只有20元左右。

挖金是该村一项重要的家庭副业。濯曲河两岸生产赤金。汉族商人朱必成曾伙同夏克刀登组织200余人终年开采，雇工主要是外地流浪来的差巴，本村差巴和科巴有空时也去当零时工。挖金工每日工资0.5元藏洋，后增至1元，因为差务繁重，且夏克刀登在松木岭和柯鹿洞另又组织科巴在冬季挖金，因此在下坝村当挖金雇工的，多为劳力充裕的差巴。

狩猎和采集本来是该村一项经济价值较大的家庭副业，但从业者很少。据调查，解放前夏克刀登曾强迫科巴去挖虫草、贝母，但科巴不愿意去采，就说这两种药材很少，因而头人只得作罢。只有少数几户人利用空隙少量地采集。狩猎的人更少，全村只有两户，主要是打獐子和豹

---

① 扫碱是制作土碱的第一步。冬天，干冷的寒风会将盐碱地表面吹起泛色的碱茬。扫碱人就得早早起来扫碱土。如果太阳出来，碱茬就会收缩，碱土就会湿润，含碱量降低，出不了好碱。

② 四川省编辑组《中国少数民族社会历史调查资料丛刊》修订编辑委员会：《四川省甘孜州藏族社会历史调查》，民族出版社2009年版，第117页。

子，工具有明火枪、飞刀。降巴一年中能打到15只獐子，以获取麝香，豹子不经常打，也不容易猎获。

德格县更庆乡下坝村的副业主要是砍柴、挖金、狩猎、挖药，与甘孜县如西村相比，下坝村的副业相对较少。与甘孜县如西村相同的采集主要是砍柴，不同的是挖药（如西村没有挖药的）。挖金和狩猎是如西村所没有的。尤其是下坝村附近有金矿，挖金成为村民主要的副业。

(二) 色彩多样的副业

1. 副业的形式多种多样，有采集业、手工业等。采集的包括食材、药材等。据调查，20世纪50年代，甘孜藏族自治州的牧区以挖药材和驮运为主要副业。药材有鹿茸、麝香、贝母、知母、虫草、丹皮、羌活等，年产量可达70万—80万斤。[①] 据杜武峰20世纪80年代的实地调查，西藏山南地区各县广布多种野生蔬菜资源，为内地沿海和中原地区所少见。藏族同胞非常喜食野菜，采食野菜胜过栽培蔬菜。据考察，山南地区野生蔬菜有10个科10个属20多个种。主要有青活麻、冬寒菜、当归、蕨菜等。[②]

2. 采集和手工的双重目的，一是自给，二是交换。农牧民采集的产品，一些用于家庭消费，一些用于交换。在自给自足的自然经济环境下，农牧民的采集一般是为了自家使用，但在有市场交换可能的条件下，交换也是必然的。例如砍柴，所砍之柴首先是保障自家使用，多余的才售卖。药材自用的相对较少，交换是主要的。

3. 牧区和亦农亦牧区的副业有所不同。牧区主要有食材（野菜等）和药材采集等。亦农亦牧区村庄的采集内容相对较多。

4. 副业在不同村庄之间有所不同，这主要依赖于村庄的资源禀赋。村庄有什么样的资源禀赋，就会有相应的副业。例如德格县更庆乡下坝村，因为附近有金矿，挖金就成为村民的主要副业。

---

① 四川省编辑组《中国少数民族社会历史调查资料丛刊》修订编辑委员会：《四川省甘孜州藏族社会历史调查》，民族出版社2009年版，第4页。

② 杜武峰：《西藏山南地区蔬菜资源考察简报》，《作物品种资源》1984年第12期。

5. 村庄副业与地理位置密切关联。越挨近城镇副业越多。如西村临近甘孜县城，历史上甘孜县城甘孜北路的商贸中心，驮运、卖工等成为副业。

第二节　适应自然的生存性智慧

动植物和人类在千百年的演进中，形成一些特有的机制来适应青藏高原特殊的自然环境。农牧民在与自然交换的过程中，遵循动植物的适应性，来确定种植什么、养殖什么、在哪里种植、在哪里养殖等，形成了适应高原环境的生产方式。

青藏高原传统的农牧互补根植于地理环境，不同生计方式是人类适应多样化自然环境的结果。"'农牧结合'是藏族农民特有的生计模式，它的意义并不能简单从经济角度去理解，即所谓的既种粮食又养猪的多种经营。它实质上是藏族农民几千年来基于高原环境的实践形成的一套农与牧之间复杂精密的生计模式。青稞种植和牛羊养殖是它的两大基石，两者之间互相支撑，形成了'以牧补农，以农养牧'的生计模式。这种生计模式是对自然界的适应，包含着对生态资源的高效整合和综合利用，并能够巧妙避开当地生态系统的脆弱环节，以确保其持续利用。"[①] 农牧互补实际上也体现了农牧民的生态智慧，生态智慧的核心内容是保护生态平衡、维持生态系统完整和寻求人类与自然界和谐相处的传统知识、技术和伦理观念等[②]。中国传统农业社会中蕴含丰富的生态保护思想，"如农业的撂荒、休耕、轮作等，都是用养结合、维护农业生态平衡的重要措施"[③]。在青藏高原，农牧互补的生态智慧甚至上升为"自然中心主义"。

[①] 强舸：《权力、技术变迁与知识再生产：当代西藏作物种植史的政治学叙事》，博士学位论文，复旦大学，2013年，第33页。

[②] 罗康智：《侗族传统文化蕴含的生态智慧》，《西南民族大学学报》2012年第1期。

[③] 杜超：《生态文明与中国传统文化中的生态智慧》，《江西社会科学》2008年第5期。

一 青藏高原的土，非"乡土"之土①

青藏高原的土，非"乡土"之土，旨在说明青藏高原的亦农亦牧区必须要有牧区的补充，牧区的生活也必须要有亦农亦牧区的粮食补给。牧区与亦农亦牧区的自然天成，建构起两者之间与内地"基层社区市场"不同的结构。地理因素作用下，青藏高原的牧区只能养殖牲畜，必须向亦农亦牧区交换粮食；亦农亦牧区种养结合，但养殖不足，尚需从牧区交换畜产品。

费孝通笔下的"乡土社会"主要代表的是华夏腹地（拉铁摩尔所说的"长城之内"），因为土壤肥沃、降水充沛、高温日晒等环境，精耕细作和作物一年两熟才成为可能②。由此，人们"离不了泥土，因为在乡下住，种地是最普通的谋生办法……以现在的情形来说，这片大陆上最大多数的人是拖泥带水下田讨生活的了"③。但是"长城以外则人口较少，居民稀疏。在某些地点水的供给充足，特别是在一些山脉的边缘，不受缺雨的影响，形成类似长城以内那样发达的绿洲农业。但这些绿洲却被沙漠或干旱的草地分隔。有几千英里的范围干脆没有农耕，人们不直接依赖地面的植物生活，而在人与植物之间建立起一种特别的关系"④。

（一）恶劣的环境，牧区、亦农亦牧区需要互补

青藏高原环境恶劣，可耕地少、土地质量差，只有产能很低的种植业和养殖业，而且与灾害共生。

青藏高原地势高耸，平均海拔4500米，最高处达到8848米，是地球上最高的高原，山峦重叠、巍峨雄伟。其地貌格局是：边缘高山环绕、峡谷深切；纵横延展的巨大山系，构成了高原地貌的骨架；可利用土地较少，青藏高原约86%的土地地处海拔3000米以上的地带，

---

① 王蒙：《康藏地区农牧民贫困生产的内在机理——基于三个藏族村落的个案研究》，博士学位论文，华中师范大学，2016年，第38—39页。
② ［美］费正清：《中国：传统与变迁》，张沛等译，吉林出版集团有限责任公司2013年版，第9页。
③ 费孝通：《乡土中国 生育制度》，北京大学出版社1998年版，第6页。
④ ［美］拉铁摩尔：《中国的亚洲内陆边疆》，唐晓峰译，江苏人民出版社2010年版，第18页。

约 3/4 的土地是丘陵、山地、沙漠、戈壁和荒漠,只有 1% 的土地为种植业可耕地。气候干燥寒冷,空气稀薄,气压低而氧气少,生物生长艰难。在高原腹地广阔地域,受大陆性寒旱化的高原气候控制,植物种类减少,高寒草甸与草原草层低矮,结构简单,草裙稀疏,生长期短促,生物生产量低,因而其生存极为脆弱。① 例如经康藏前往拉萨求法的汉人喇嘛邢素芝在口述史中说:"康藏高原的农牧业生产十分落后,藏北康北地区因地势高寒、少雨、多风、日照时间短,仅适合于畜牧,不适合耕种。藏南及康南则雨水充沛,日照时间长,比较适宜耕种和畜牧。但康藏人民农牧技术落后,土地又不施足肥料,每年仅仅播种一次,浪费土地资源。常常是今年种甲地,明年则种乙地,粮食产品往往不能满足人们的一般需求,除大小麦及黑豆外,米面全部靠外地输入。加上交通闭塞,物质匮乏,使得这一地区的人民生活长期处于贫困状态。"②

青藏高原高寒、干旱的生态环境下,低温、热量不足和霜冻等严重制约农牧业生产。例如西藏自治区高原面上年均气温大多在 0℃,普遍比同纬度的东部地区低 10℃ 以上。高原上日均温 ≥10℃ 的活动积温仅为 1000℃ 左右,比同纬度的东部地区低了近 4000℃,几乎全年都有霜冻。降水量的不足以及时空分布的不均也为农牧业的发展带来了许多不利影响:降水总量少,年降水量最少的地区如阿里北部不足 30 毫米。而 90% 的降水量又主要集中在 5—9 月,其余月份干旱缺水。受水分制约,除少数地区可以发展种植业以外,西藏大部分地区为降水较少的高山草原与荒漠草原。受寒旱双重影响,草地植被稀疏,草场缺水严重,仅有藏绵羊和牦牛等家畜种类适应这种生态环境。③

青藏高原的土地中,可耕地只占 1%,其余为丘陵、山地、荒漠、戈壁④。高原上高寒缺氧、干燥多风、气候条件恶劣,高原上的热量不

---

① 南文渊:《藏族生态伦理》,民族出版社 2007 年版,第 1 页。
② 邢素芝〔洛桑珍珠〕口述,张建飞等笔述:《雪域求法记:一个汉人喇嘛的口述史》,生活・读书・新知三联书店 2008 年版,第 87 页。
③ 何晓蓉、李辉霞:《西藏半农半牧地区农牧民收入结构分析》,《农业经济问题》2003 年第 5 期。
④ 吕志祥:《藏族习惯法及其转型研究》,中央民族大学出版社 2014 年版,第 24 页。

足、土层发育年轻、土壤贫瘠、抗侵蚀能力弱，土壤类型以生产能力低下的高寒、干旱土为主。[①] 这样的"土"，使得青藏高原的人们不可能仅仅依靠农耕生产便可很好地生存下来。为此，亦农亦牧区的农户普遍养殖，他们通过游牧，将不适合农业生产的地区的资源利用起来，即将资源的利用扩展到生态环境更为严酷的牧区。

青藏高原上，海拔高、气候恶劣，低产能的种植、养殖业，总是与灾害共生，而农牧互补可在一定程度上规避单纯种植或单纯养殖的风险，增强抗灾能力。青藏高原是脆弱性交织的地区，灾害很多[②]。农牧互补可在一定程度上，减轻灾害造成的损失。大凡农牧兼营地区，几乎"无赤贫之家"，主要是因为农业生产和牧业生产有着互补性。青藏高原上，农牧民如果单纯依靠种植业，容易致贫，因为青藏高原的种植业产量本来就低，还容易遭遇冰雹、干旱、寒潮、病虫害等，减少产量。在纯牧业地区，一旦遭遇雪灾、旱灾、瘟疫、鼠害等，牲畜大量死亡，牧户也会因此致贫。但在亦农亦牧区，人们即便一业遭灾，另一业也能协助家庭渡过难关。可以说，农牧业生产效益的互补性增强了农牧户的抗灾能力[③]。据笔者实地考察，目前，青藏高原上亦农亦牧区的农户普遍喜欢囤积青稞，多者甚至达到一万到两万公斤。主要原因一是销售价格不满意，不愿意出售；二是存起来，万一歉收，可用青稞兑换畜产品，应对不时之需。在牧区，牧户的畜群往往也会增大，这也内含着其应对自然灾害的生存性智慧。[④]

（二）青藏高原内部，农牧业生产与区域环境相契合，甚至与海拔高度相匹配

青藏高原上，牧区、亦农亦牧区的自然天成，是随海拔高度以及光

[①] 罗静、陈琼、刘峰贵等：《青藏高原河谷地区历史时期耕地格局重建方法探讨》，《地理科学进展》2015 年第 2 期。

[②] 李雪萍：《公共产品供给促进反脆弱发展：甘孜藏区发展策略研究》，中国社会科学出版社 2017 年版。

[③] 迟玉花：《藏区农牧兼营经济类型特点及发展问题探讨》，《中南民族大学学报》2015 年第 3 期。

[④] 李雪萍：《转型期藏族农牧民生计适应的复杂样态与内在逻辑》，《江汉论坛》2018 年第 9 期。

热条件而变的种植、养殖带分布。海拔较低、光热较好的地区，主要是亦农亦牧区；随着海拔升高，光热条件变差，不适宜种植，基本就是牧区。

青藏高原的地形、气候、资源等随着海拔高度的变化而变化。一般情况下，海拔3000—3500米为高原农地带，其气候较适合麦类、青稞、油菜等农作物的生长；海拔在3500—4000米为高原农地与牧场的过渡带，主要为农牧混合生产方式；海拔4000米以上则为较为典型的高原牧场。① 青藏高原往往是山地与河谷交错纵横。由于光热和灌溉条件的限制，一般只有海拔较低、能够灌溉的河谷可以开垦耕地，因此，青藏高原藏族的大部分人口从事畜牧业，一部分人口在河流的小峡谷里从事规模有限的农业，形成了以青稞、小麦、荞麦种植，牦牛、绵羊养殖为特色的高原农牧业。②

20世纪30年代，郑逸苹分析了康藏地区的地理结构与种植，认为"四千公尺至五千公尺之地，即为西康高原部分，约占全面积之十分之五，甚不适宜于各种农作物之繁殖……高三千公尺以下的河谷方可言其耕种，而此河谷地仅占全康面积之十之二三，且被绝壁斜坡占去大部，可耕之土，又仅得十之二三，森林及裸岩十之七八，是故西康粮食奇乏，至于不能供给每方公里一人之需要"③。"藏北康北地区因地势高寒、少雨、多风、日照时间短，仅适合于畜牧，不适合耕种。藏南及康南则雨水充沛，日照时间长，比较适宜耕种和畜牧。"④

在横断山脉地区，不同海拔高度有不同产业，"上面宜牧，中间宜居，下面宜耕"。例如大渡河上游，从河谷向上至山原地区可划分为三个农业生态区：农区、农牧区和牧区。其中，农牧区分布于河谷以上的半山或高半山地带，在海拔较低地区为一年两熟或两年三熟，海拔较高地区为一年一熟。粮食作物包括玉米、小麦、土豆、黄豆、胡豆、豌

---

① 任乃强：《西康图经》，西藏古籍出版社2000年版，第523—525页。
② 刘志扬：《青藏高原及其周边地区的民族构成与文化互动》，《民族研究》2017年第2期。
③ 郑逸苹：《西康与牲畜》，《中国建设》1936年第6期。
④ 邢素芝［洛桑珍珠］口述，张建飞等笔述：《雪域求法记：一个汉人喇嘛的口述史》，生活·读书·新知三联书店2008年版，第87页。

豆、青稞、圆根、油菜等，以玉米为主。经济果木包括花椒、核桃、梨、苹果等，以花椒为主。在农村人口增长的压力下，为了增加扩大产出，作物和牲畜生产紧密结合变成了一个整体。① 川滇农牧交错区位于青藏高原东南缘，区域内平均海拔高、地势高差大、地貌类型复杂，是我国典型的脆弱生态区之一②。该区域内耕地、林地和草原是受人类活动影响的主要土地类型。地形对不同土地利用类型的空间分布有显著影响，其中，海拔在垂直方向上对土地利用空间布局具有控制性作用。地形特征是川滇农牧交错区等地利用空间形成的基础，原因在于地形通过影响水热条件及其他自然资源要素在本区内的再分配，进而影响着人类对土地资源的利用方式和利用程度。③

二 环境适应机制：默会知识传承，形塑农牧民生计方式

在适应自然环境的过程中，确定种植（养殖）什么或不种植（养殖）什么等，是人们经过长时期的探索和总结，选择的最优方案。这些选择日渐成为当地的地方性知识，也是人们长期适应自然环境的生存性智慧。地方性知识是个人和群体之间长期相互作用后形成的"默会知识"，它的日渐流传，使其成为惯习，即"最广泛的同意所认可的长期习俗"。

（一）种植、养殖业都有着丰富的地方性知识

曾经，青藏高原的自然环境形塑出高原畜牧业和农业经济类型。牦牛、黄牛、犏牛、藏系绵羊和山羊等畜种以及马、骡等良种役畜，是高原畜牧业类型的代表；耐寒抗旱、生长期短的青稞和豌豆等作物是高原农业类型的代表④。种养殖的品种是一个长期选择过程，这与动植物自身逐渐建立起来的适应机制是合拍的。动植物的适应与人类的驯化都是

---

① 张丽萍、张镱锂、阎建忠等：《青藏高原东部山地农牧区生计与耕地利用模式》，《地理学报》2008年第4期。
② 甘淑、何大明：《纵向岭谷区地势曲线图谱及地貌特征分析》，《云南大学学报》2004年第6期。
③ 乔青、高吉喜、王维：《川滇农牧交错区地形特征对土地利用空间格局的影响》，《长江流域资源与环境》2009年第9期。
④ 宋蜀华、陈克进：《中国民族概论》，中央民族大学出版社2001年版，第49页。

一个漫长的过程。例如藏鸡是生活在海拔 2000—4100 米地区的古老地方鸡种，具有适应高寒低氧低压、抗逆性强、耐粗饲等特点，其目前的驯化水平使其仍被视为半野生群体。①

青藏高原上，种植过程中有着保养土地的多种地方性知识。土地使用进行轮耕、休耕，例如在甘孜州，农田的耕地是下种一半，轮歇一半②。种植过程中，多种方式抗风蚀"保存土壤"，例如"秋灌"。"春风威胁着耕地，可能会通过风蚀作用而迅速毁灭它，因为春风会吹走可耕地中最为肥沃的薄土层，农民们通过秋灌来对付这种现象，因为这样一来湿地就会变得坚硬，尤其是结上冰之后更如此。"③

养殖业也有多种地方性知识，最典型的是"按季转场"。牧民们将牧场划分为冬、夏牧场或春、夏、秋、冬牧场，相应的季节该在哪块牧场放牧，都有明确的约定俗成，否则会受到惩罚。"按季转场"既充分地利用牧场资源，也保护牧场。例如夏季转到更高海拔的地区，不浪费这些区域的牧草，同时也让低海拔的牧场得到"休养"，冬季时再被使用。"按季转场"中暗含着各种地方性知识，我们以色达牧民的转场为例来呈现。

个案：色达牧民从冬季草场到夏季草场的游牧④

世世代代的经验组成了牧民的季节性迁移规律。这些规律包括对草皮情形的估计，草料对各种牲畜所具有的营养价值，探查水草生长情况，辨明每个季节的迁移时间等。我们仅仅举辨明每个季节的迁移时间来说明色达牧民的知识。

当"河边一线绿，平坝一片白"的时候，是牧民的鬼门关。牲畜瘦得皮包骨头，抵抗力弱，这时若来一场大雪覆盖几天，大批牲畜就会倒毙，使牧民一无所有，只好租他人的牲畜。因此，这个时候是决

---

① 强巴央宗：《西藏藏鸡种质资源特性研究》，硕士学位论文，南京农业大学，2008 年。
② 四川省编辑组《中国少数民族社会历史调查资料丛刊》修订编辑委员会：《四川省甘孜州藏族社会历史调查》，民族出版社 2009 年版，第 103 页。德格县更庆乡热巴村的案例在甘孜藏区具有一定的典型性。
③ [法] 石泰安：《西藏的文明》，耿昇译，中国藏学出版社 2012 年版，第 6 页。
④ 格勒：《藏学人类学论文集【汉文卷·下】》，中国藏学出版社 2008 年版，第 541 页。

定全年生产命运的时刻。牧民们宁愿自己受饿、受冻，也要把帐房让出来关牲畜，粮食和茶叶拿出来喂牲畜。若有储草，这时候宁愿不牧而喂草。因为这时的运动对牲畜有害而无利。所以这个时期一般严禁迁移，除非发生草场纠纷。解放前色达地区的畜牧业中采集冬草的规模很小，储备一点干草只是用来初春时加喂那些不能独自取得雪下牧草的牲畜。其余牲畜仍靠短距离的放牧。一旦雪盖大地，牧民也无能为力。

当"平坝一片绿，山顶仍是白"的时候，第一次季节性的迁移开始。但这次迁移要求距离短，速度慢。因为这个时候正是产幼畜的旺季。外加大畜也瘦弱不堪，牧民们一路上既要保护老畜又要接幼畜，从早忙到黑。夜里还要睡在畜群中防豺狼。

当"布谷鸟叫多次，山上山下绿相连"的时候，第二次迁移开始，而且是远距离的迁移。这时，放牧上山顶，平川留给小牛和小羊。

当"雪猪忙于备冬食，草尖迎风呼啸"的时候，第三次迁移开始，这也是放牧员最辛劳的时期。白天放牧，夜里还要放牧。牲畜的肥壮常招来偷盗和豺狼。放牧员必须随时跟踪畜群，放眼四周。

（二）地方性知识的传承成惯习，形成农牧民的生计方式

人类在与自然环境交往过程中，会主动选择一种较为适合自己的获取生活必需品的策略或方式，我们称为生存策略。这种选择是人与自然相互适应、相互协调的结果，一个群体一旦确定了一种生产方式，则会相对稳定，并世代相传。即人们生活在一个什么样的环境之下，就会对应选择一种什么样的生存方式。[①] 生存方式构成了一定区域最基本的文化。如果说文化是共同生活的人群在长期的历史中逐渐形成并高度认同的民族经验，[②] 那么生计方式也是如此，因为生计方式是文化的内核，是人们与所处的自然生态环境之间经过磨合而形成的文化生态耦合

[①] 王庆：《关于藏族认知风格的调查研究——以西藏地区三个村寨的调查为例》，《西南大学学报》2007 年第 4 期。

[②] 费孝通：《费孝通九十新语》，重庆出版社 2005 年版，第 176 页。

体。① 生计方式受制于本地的自然环境，来源于人与自然数千年的互动实践。同时，人们也会利用文化观念和宗教信仰等来维系自然环境的生态平衡。

青藏高原很多村庄多样性生计方式的形成，首先是对自然环境的适应，即生态环境是当地物种类型以及人民生计模式确定的重要前提。② 青藏高原东部，随着海拔升高，农牧民生计资本降低、生计脆弱性程度增加，不同海拔区位的农牧民构建不同的生计方式。③

第三节　拓展生存空间的农牧交换

狭义的农牧互补是青藏高原上农牧民在村庄的地理空间上努力地自给自足，广义的农牧互补是亦农亦牧区和牧区之间的产品交换，茶马互市④将

---

① ［美］朱利安·斯图尔特：《文化生态学》，潘艳、陈洪波译，《南方文物》2007年第2期。

② 魏乐平：《云南藏区乡村多元生计变迁的经济人类学分析》，《经济问题探索》2012年第4期。

③ 阎建忠、吴莹莹、张镱锂等：《青藏高原东部样带农牧民生计的多样化》，《地理学报》2009年第2期；喻鸥：《青藏高原东部样带农牧民生计脆弱性定量评估》，硕士学位论文，西南大学，2010年。

④ 青藏高原上的藏族与中原王朝在政治、经济、文化方面互动十分频繁，历史上一直存在着藏区群众用马牛等牲畜、皮毛和土特产与中原交换茶叶、丝绸、瓷器、铁器、农产品等的贸易。吐蕃王朝时期，青藏高原和中原地区的贸易就有了"互市"和"贡赐"形式。宋朝开始的"茶马贸易"成为青藏高原与中原地区经济交流的重要方式，并一直延续到清朝。元代以来，西藏纳入祖国版图后，政治上的统一使得藏汉两个民族的交往日益加深（参见陈庆英《简论青藏高原文化》，《青海社会科学》1998年第4期；刘志扬《青藏高原的生态、文化特征与族群互动》，《青藏高原论坛》2013年第1期）。茶马互市的各种贸易有两条道路：一是经河西走廊，西达新疆、东连中原大地；二是经川藏路、滇藏路联结西南地区。前者如吐蕃通过通往西域的绿洲丝绸之路，进行商业贸易而获取利益（参见贺卫光《青藏高原游牧文化的特征及其与丝绸之路的关系》，《西藏大学学报》2016年第3期）。后者（也有学者称之为"西南丝绸之路"），从四川、云南向西穿越整个西藏，最后经克什米尔地区进入南亚次大陆以及中亚地区。经唐蕃古道、茶马古道等的贸易和经营一直延续到了近现代。两条贸易路径都应该是"丝绸之路"，但由于茶马互市更体现区域特征，于是，我们便将青藏高原地区与国内其他区域的交换形塑的交往空间称为"茶马互市空间"。

交换区域扩展到内地，国际贸易①拓展了更广阔的空间。农牧民在农牧互补中的交换，主要是为了获得生活必需品，他们的生产也不是为了交换而生产。施坚雅描述了成都平原以种植业为主的农业社会中，农民生活在一个自给自足的区域社会中，这个社会不是村庄，而是基层市场社区。即农民的社会交往区域的边界不是他所居住的村庄，而是他周期性赴会的农村集市②。青藏高原上农牧民的"交换圈"与"信仰圈"紧密相连，地理范围宽广得多。例如阿尼玛卿是方圆几百公里的当地安多藏族民众的信仰中心，它建构了当地民众的交换圈。交换圈拓展了农牧民的生存空间。

一 "贸易民族"的多层次交换，拓展生存空间

历史上青藏高原的经济结构是以农牧业经济为主的自然经济。但并非所有社区及其家户都可以做到完全自给，社区内外的生存都必然有相

---

① 青藏高原地区边贸商品及其变化。历史上，西藏向尼泊尔出口的主要商品是岩盐、金粉和粗硼砂，从尼泊尔进口的主要商品是香料、棉花、大米和铜。向孟加拉国出口的主要商品是金粉、麝香和粗硼砂，从孟加拉国进口的是布匹、香料、宝石、棉花、烟叶、靛蓝、水獭皮。向不丹出口的主要是金粉、茶叶、西藏羊毛布、盐，从不丹进口的是布匹、皮革、烟叶、棉花、大米、燃料。向克什米尔出口的主要是优质山羊毛，从克什米尔进口的是藤黄胶脂、披肩、干果等（参见［英］阿拉斯太尔·兰姆《印度与西藏的贸易》，载于《国外藏学研究论文集》（第16辑），西藏人民出版社2002年版，第174页）。和平解放初期，西藏边贸的大宗出口商品主要是绵羊毛和麝香，羊毛年均出口1700吨—2000吨，麝香年均出口187.5公斤；进口的主要商品是大米、面粉、椰子油等粮油食品，年均2000吨左右，也进口一些纺织品、民族用品、日用百货、五金交电、建筑材料、煤油和中高档消费品等各类物品。边民互市贸易则以盐粮交换为主，每年交换出境的食盐3000吨左右，交换进境的粮食1500吨左右。到了20世纪60—70年代，西藏边贸的大宗出口商品主要是绵羊毛、活羊、轻工业品和纺织品，主要进口商品是粮食、糖类、麻制品及少量民族工业品。边民互市贸易中的盐粮交换数量逐年下降，交换出境的商品主要以绵羊毛、皮张、活畜、耕牛、轻纺产品、民族用品为主（参见多杰才旦、江村罗布《西藏经济简史》，中国藏学出版社1995年版，第503、512、513页）。改革开放以来，西藏边贸出口商品结构不断优化，品种不断丰富，已由和平解放初期的几种发展到上千种，主要包括羊绒、牛绒、羊毛、牛羊绒纱、大蒜、地毯、活羊、油菜籽、日用百货、针织用品、摩托车、生丝、家用电器、农用机械、建材等，丝织品、布料、鞋类是最主要的大宗出口产品（参见冉光荣《西部开发中西藏及其他藏区特殊性研究——西藏和其他藏区特殊开发途径》，黑龙江人民出版社2003年版，第149页）。

② ［美］施坚雅：《中国农村的市场和社会结构》，史建云、徐秀丽译，中国社会科学出版社1998年版。

互间的物质交换和其他补充，因此，藏民族聚居区形成了社区内、社区间物物交换随时都有、随处都在的现象，以至于藏族被描绘为"贸易民族"①。青藏高原上，并存着由内而外多层面交换空间，分别是内部的"农牧互换空间"，与国内其他地区交易形成的"茶马互市空间"，与其他国家交易形成的"国际贸易空间"。这些空间由内而外地伸展，可描绘如图 2—1。

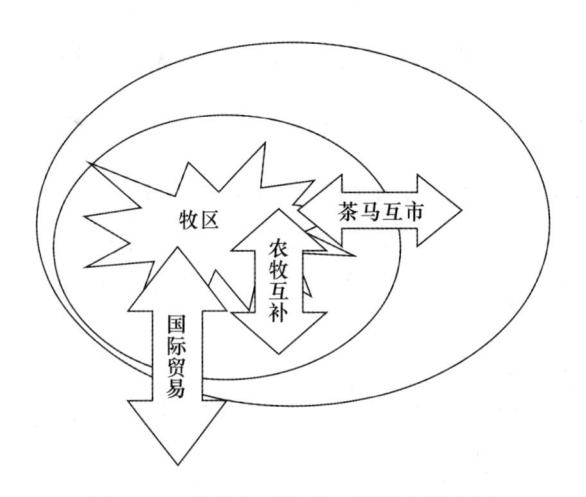

图 2—1　青藏高原由内而外的交换空间

图 2—1 中的大圆圈代表国家，小圆圈代表青藏高原地区，不规则图形代表青藏高原内部的牧区，其余为亦农亦牧区。在青藏高原内部，家户的种植养殖结合、牧区与亦农亦牧区的产品交换，是农牧民最重要的生存空间，可称为"农牧互补空间"。青藏高原地区与国家的其他地区的交换，所交换的产品主要是青藏高原地区生产不了，但农牧民日常所需的产品，如茶叶、铁器等，历史上最著名的茶马互市就是这样的交易，茶马古道是茶叶等的运输道路，我们将青藏高原与我国其他地区交换形成的空间称为"茶马互市空间"。此外，青藏高原毗邻印度、尼泊尔等，也有一定量的边境贸易，我们将此贸易形成的空间，称为"国际

---

① ［法］亚历山大·达维·耐尔：《古老的西藏面对新生的中国》，李凡斌、张道安译，西藏社会科学院西藏学汉文文献编印室编印 1985 年，第 25 页。

贸易空间"。本书专注于研究青藏高原内部的产业变迁，故基本不讨论茶马互市和国际贸易。在此，通过描述农牧互补空间中的固定市场来展现生存空间的拓展。

二 广义农牧互补中固定性市场素描

固定市场包括小市、街市、集市、集镇四类，寺院型市场很重要。

（一）集镇市场

集镇市场广泛存在于青藏高原，我们以甘孜藏族自治州甘孜县麻书乡如西村来呈现历史上的集镇市场交换。甘孜县城是康北地区重要的交易中心，如西村就在甘孜镇附近。

个案　甘孜藏族自治州甘孜县麻书乡如西村的市场交换①

交换的基本形式是农民与牧民之间的以物易物，这是和社会分工基本上只存在于农业和牧业之间相适应。交换季节主要是秋收以后，那时周围的农民和牧民都会集到甘孜，以农产品换畜产品，以农产品、畜产品、药材和兽皮换外来的茶、盐、布、铁器（铁锅和铁铧）和铜器（铜锅、铜瓢、铜壶）。对农牧民来说，铸币和钞票并不是实现交换的必备媒介。

农民生产的目的，主要不是为了交换，而是为了直接满足自己生产和生活所需。固然，农民不能离开交换而生存，他们必须依赖牧民以弥补自己生产的酥油、羊毛和牛皮的不足，必须依赖商人以取得必不可缺的茶、盐、铁器和铜器（布并不是非有不可的），必须依赖林区以取得木材。但是交换关系在农民的经济中只占很小的比重。凡是本地能出产的东西，农民绝不仰给于外地；凡是自己能制造的东西，农民很少仰仗于别人。他们不但可以自己缝纫衣服，自己建造房屋，自己生产粮食和蔬菜，而且可以自己制造木质的农具和织机。

---

① 四川省编辑组《中国少数民族社会历史调查资料丛刊》修订编辑委员会：《四川省甘孜州藏族社会历史调查》，民族出版社2009年版，第42—43页。这里如西村的市场交换主要是在本地（如今甘孜县城关镇附近），并不代表牧区、亦农亦牧区"到对方地域及群体中交换"（这样的交换将在后文详细陈述）。

关于农民和市场的关系，我们可以举出比较富裕的央玛卓塔为例（此人在民主改革中划为富裕中农）。央玛卓塔在最近几年内每年需要买进的东西有如下几种：酥油约需162元，羊毛约需46元，牛皮约需13元，茶叶约需60元，盐约需27元，添置生产工具约需15元，所有这些物品可以用18袋左右的青稞换来（每袋18元），耗去全年农业收入约1/4（全年收获粮食70多袋），此外还有少许布匹没有计算在内。这户人家除农业收入外，每年还有砍柴、种菜、喂猪等收入约150元，家中还有驮畜5头、奶牛2头、绵羊7只。

自然经济至今仍然统治着这里的农村，但是，由于当地藏区内部生产的缓慢上升，商品关系所占的比重已经在渐渐扩大。经济的闭塞性和分散性正在逐渐消失，商人和货币的作用越来越大。甘孜城区由一个荒僻的小村变成了号称全州四大城市之一的集镇。甘孜城区在19世纪中期仅仅是一个普通的村落，村民专门充当土司的卫士和随员，同治年间甘孜招商设市，开始形成集镇。

(二) 寺院型市场地位重要，源于地区特殊的社会文化

寺院型市场是非常重要的固定性市场，它既有小市，也有因寺庙而渐渐扩展而成的集镇。如果寺庙较小，在寺庙附近生活的农牧民相对较少，可能形成小市。大寺庙不一样，往往形成集镇。例如甘孜藏族自治州的州名及其下辖的甘孜县的县名、甘孜镇的镇名皆来源于该地著名的甘孜寺。甘孜寺是霍尔十三寺中最重要的寺庙，加之该地地理区位相对优越，甘孜镇便成为康北重镇，是康北最大的贸易中心。青藏高原不同于内地，寺庙与商品交换有着深厚的渊源，这源于青藏高原地区特殊的社会文化。

1. 农牧民钟爱依寺庙而居，商客聚集而来

20世纪30年代，于式玉指出："'安多'区的藏人十之八九是过着游牧生活。各处寺院建立起来之后，一部分老百姓为了供应活佛差役，也就离开了游牧的大队，来到寺旁定居下来。内地商人，为供给寺院的用品……也同他们一起住下来。以后，收买皮毛的商人，也从四方聚居

到此。百姓、商人，乃形成了今日寺旁的村庄。"① 尤其是在宗教节日期间，信徒、商贩不远数百里来到依寺而居的村庄，朝圣的集会逐渐集宗教祭祀、商品贸易为一体②，形成相对稳定的消费市场和商品交易市场。

塔尔寺是宗喀巴大师的诞生地，经过明清两代的不断扩建，"寺院之大及富甲于青海，其僧徒多来自西藏及各处。寺内有活佛十余人，喇嘛定额三千六百名，而实际常逾万人。附寺而居之熟番依之生活者，又有数千人"。③ 聚居这样多的人口，便形成了稳定的消费市场。由此，各族商人也逐渐在塔尔寺附近定居下来，形成固定的鲁沙尔交易市场。一直到近代，鲁沙尔市场都非常著名。"每岁蒙藏人们至塔尔寺礼佛，顺便在此交易货物。鲁沙尔全镇人口约五百户，计三千余人。汉人占四分之三，回人占四分之一。经商者占十分之三，商店共五六十家，商人多山陕、甘肃、天津等处之人。"④ 鲁沙尔为"汉藏人交易市场，西藏商人每年携其所产来此与汉人交换。故集市虽不甚大，而一至贸易季节，交易甚盛"⑤。寺庙法会形成临时市场，每年都有定期⑥。寺庙作为宗教圣地，每年举办法会，法会吸引来各地信众，他们顺便携带各种畜牧产品及药材等，进行交易。藏族商人亦借此机会，往来各地。如塔尔寺，"闻拉萨藏人来此经商者，每年旧历正、二月来，约七八十帮（藏名瓦卡），每帮七八人至十余人不等。来时带藏货，如氆氇、红花等，每年五六月回藏，去时买骡马或少数茶叶。塔尔寺喇嘛多去西藏贸易，去时骡马，来时藏货"⑦。

"拉卜楞当甘青川康四省交通之要冲，且有宗教上著名之拉卜楞寺，

---

① 于式玉：《于式玉藏区考察文集》，中国藏学出版社1990年版，第44页。
② 丁莉霞：《核心—边缘：甘南藏传佛教寺院经济研究》，博士学位论文，中央民族大学，2010年，第41页。
③ 黎小苏：《青海现状之一斑》，《新亚细亚》1933年第5期。
④ 张其昀、李玉林：《青海省人文地理志（续）》，《资源委员会月刊》1939年第1期。
⑤ 魏崇阳：《西北巡礼（续）》，《新亚细亚》1935年第10期。转引自杨红伟《藏传佛教与近代甘青藏区的社会经济》，《青海民族研究》2016年第1期。
⑥ 除了寺庙定期法会之外，也有高僧大德不定期举办法会。这种不定期法会也会一时间形成临时市场。
⑦ 马鹤天：《甘青藏边区考察记》（第2编），商务印书馆1947年版，第246—247页。

故久为汉藏贸易之中心。"拉卜楞寺寺院市场分为集市与定市。集市为每日贸易，"市在夏河岸寺院前，自日出起，至日中止，终年不断"。定市即固定市场，有商店、杂货铺等，"津川杂货商及本地杂货商，共二百多家"。① 每年秋季"大宗皮毛运至此间，交易粮食布匹而归，每年贸易额，约二百万元"②。拉卜楞市场输出的货物以皮毛为大宗，故有平津一带富商每年九月携款运货而来，次年十月运载皮货而返，恰如候鸟，故称候商，亦曰行商。由寺院而市场，并逐渐由市场形成市镇。"平日寺前贸易颇盛，遇有会期，则香客云集，商贾辐辏，皮毛出口，此为总汇，故拉卜楞不特为一宗教中心，亦政治经济之都会。夏河县之存在，实附丽于拉卜楞寺，犹青海同仁县附丽于隆务寺，事实如此，不可讳也。"③

甘青藏族地区④众多的寺院周围，都形成了规模不等的固定市场。例如甘南藏区的合作寺、博纳寺、郎木寺，湟水流域的广惠寺等。⑤ 甘孜藏区的甘孜寺、灵雀寺、灵寿寺等，也都是如此。

2. 寺庙经商且实力雄厚

历史上，寺庙经营商业在甘青藏区很是盛行，寺庙甚至在一定程度上决定市场体系的空间构成。在甘孜藏区、甘南藏区等，寺商往往因雄厚的资金成为青藏高原最活跃和最大的经济力量。例如康藏地区，"寺院均积有大批资金，其资本之雄厚远非普通商人可以比较，即土司头人亦不能与之匹敌。寺又拥有大批现金，遂得经营放贷的商业……喇嘛寺出租田地，经营商业，放债取息，均分盈利，从寺内观之，为一共产社会；从寺外观之，不但为古代封建社会的大地主，且为近代资本主义的一个银行机关，同时亦是一个合股商业公司"⑥。"在黑河的寺商势力

---

① 马鹤天：《甘青藏边区考察记》（第 1 编），商务印书馆 1947 年版，第 61、53、67 页。
② 范长江：《中国西北角》，天津大公报馆 1936 年版，第 87—88 页。
③ 张其昀：《洮西区域调查简报》，《地理学刊》1935 年第 1 期。
④ 甘青藏族地区是指今天的甘肃、青海省的藏文化区，为青藏高原北部及其边缘地区，包括青海全境及甘肃省甘南藏族自治州、天祝藏族自治县、肃南裕固族自治县等地，是具有明确自然界限的连续经济空间。杨红伟、李稳稳：《甘青藏区寺院型市场研究》，《西北师大学报》2013 年第 6 期。
⑤ 杨红伟：《藏传佛教与近代甘青藏区的社会经济》，《青海民族研究》2016 年第 1 期。
⑥ 胡翼成：《论康藏喇嘛制度》，《边政公论》1941 年第 1 期。

中，除本地寺院之外，甘孜大金寺的寺商占有很大优势。大金寺的商人在藏区以善于经营著称，黑河地区砖茶销售多为大金寺商人掌握。"①再如拉卜楞寺有专人往来于兰州、拉萨、日喀则甚至尼泊尔、印度一带经商，各扎仓和活佛也派出人员到各地从事商业或贩运货物，"寺院里的喇嘛们的经济活动，也非常厉害。凡佛爷和家里有钱的喇嘛们，往西藏佛地寺院去的时候，都带许多那边旺销的货物，回来时就带许多红花、氆氇和其他货物来"。至解放前，拉卜楞寺上自活佛囊欠、各扎仓吉哇（财务僧官），下至一般僧众都从事经商活动。资金雄厚的活佛甚至有自己的武装商队，拉卜楞寺就有三个强大的商队，往来于西藏及其他藏区之间。②

在近代甘青藏区，通过寺院经营，寺院成为区域社会财富中心，其影响溢出寺院之外，以其消费能力与剩余资本存量影响着区域社会市场分布。基于布施理论，藏传佛教在发展过程中，不仅使以活佛、喇嘛为核心的寺院集团具备了从俗世中汲取物质财富的能力，成为藏区社会的财富中心、商业中心与金融中心，还使其拥有了对社会经济进行广泛干预的精神导师的地位。藏传佛教寺庙为甘青藏区经济中心，遂由此在一定程度上决定着甘青藏区市场体系的空间构成。市场空间构成往往随寺院的空间结构而转移，寺院规模越大，由此而建立之市场规模越大，交易日期越多，市场越固定。③

第四节 群体性互惠：农牧互补的社会基础

群体性互惠是农牧互补的社会基础，也是农牧民长期生计适应的过程与结果。互惠拓展了农牧民的生存空间。亦农亦牧区与牧区之间的产品交换，是资源利用的扩展，伴随着社会关系的复制与变迁，农牧民的

---

① 格勒、刘一民等：《藏北牧民——西藏那曲地区社会历史调查》，中国藏学出版社2002年版，第104页。

② 丁莉霞：《核心—边缘：甘南藏传佛教寺院经济研究》，博士学位论文，中央民族大学，2010年，第42页。

③ 杨红伟：《藏传佛教与近代甘青藏区的社会经济》，《青海民族研究》2016年第1期。

生存空间得以拓展，群体社会关系得以延伸。青藏高原农牧民的生产、生活空间以及信仰空间，既在从事种植业的村庄，也在牧场；既涉及村庄的人与事，也涉及牧场的人与事。

一 狭义的农牧互补下，群体内部的肯定性互惠

长期农牧互补的产业形态下，历史上青藏高原的"集体性"与"合作"形成了深厚的遗存，牧区普遍浸透"部落的道德"。"安多区藏民社会大部分是游牧的，小部分是半农耕的，统都是部落的。部落社会只有在部落内才有道德与法律可言；部落以外，便唯力是视了。这种对内始讲道德，对外毫无道德可言的情形，在文化学上叫作'部落的道德'。在部落道德之中，两部落间有人发生纠纷，负责的不是当事人，而是他所隶属的部落全体……集体的责任与部落的道德状态之下，没有'一人做事一人当'的观念——至多只有人情，只有循环报复而已。遇着没有报复力量，没有这种社会组织的人，吃了亏，自然也是活该的。"① 甘孜藏区与安多藏区基本相似，"部落的道德"也深刻而广泛地存在。

"部落的道德"与萨林斯的互惠类型有相似之处，在青藏高原的部落内部，均衡互惠的程度很高，甚至是"集体承担"而无"个人责任"；在部落之外，发生否定性互惠。"集体的责任"的目标取向是鼓励捍卫、开拓本部落利益的个人和集体行动，它勾连了原生的民族情感、边缘的社会地位与虚幻的政治诉求，极大增强了亲密群体在弱组织环境下的动员与内聚力。② 多重原因形塑了"部落的道德"，或许我们可以认为，"集体的责任"显现了"牧民的道义经济"。传统的部落社会，"集体的责任"是一种程度很高的"强互惠"，是农牧民基于生存所需而形成的"共有的习惯"，这是他们的生存性智慧③，其中隐含着

---

① 于式玉：《于式玉藏区考察文集》，中国藏学出版社1990年版，第17—18页。
② 熊征：《藏族传统纠纷解决观与藏区群体性事件干预机制》，《中央民族大学学报》2017年第3期。
③ 邓正来认为，在最基本的含义上生存性智慧乃是人们在生活实践中习得的、应对生活世界各种生存挑战的"智慧"。邓正来：《"生存性智慧"与中国发展研究论纲》，《中国农业大学学报》2010年第11期。

道德义务要求。①

"部落的道德"源于游牧经济的"不稳定环境与营生的极大不确定"②,它是被动的、脆弱的经济形式难以有效抵抗自然灾害的结果。在严酷的自然环境中,一场不期而遇的雪灾就有可能夺去人们所有的牲畜,乃至生命,甚至有可能使得部落解体。长期以畜牧为主的生产方式联结着严酷的自然条件和低密度的人口分布,使其社会组织和人际关系相对松散,人际互动不频繁,更容易孤独和无助③。游牧民从宗教中寻求慰藉,并借助共同的宗教观念和价值观,整合社会关系和人际关系。他们努力使松散的人际关系变得紧密,在日常生产生活中便更多地互惠和互助,并在制度规范的层面,将之升华为"部落的道德"④。

二 广义的农牧互补是"不完全自足"下的群体间互惠

牧区、亦农亦牧区的"不完全自足性",形塑了广义的农牧互补。青藏高原上,牧区有着很强的自给自足性,但仍然不能完全自足。格勒指出:历史上,牧民基本上是自给自足的,日常生活的吃、穿、住、用所需基本来自自家养殖的牦牛(如过去色达牧民的消费总数中自给部分占80%以上),且大部分是自己加工和生产。这种自给自足是以家庭为单位,凡是家庭需要的东西都在家庭成员之间分工制造或加工。他们的食物来自牦牛以及用酥油、奶渣交换而来的青稞、藏茶,穿的皮毛类衣服和住的帐篷等来自自己养殖的牦牛,也基本上是自己加工。牧民们需要交换的产品种类和数量都相对较少。⑤

即便如此,牧民仍有很多必需品必须从外界来,例如粮食、茶叶和蔬菜等。有学者认为农牧互补源于草原畜牧业经济的"非自足性"。畜牧业仅仅是牧区民众的主体产业,它不能满足牧区民众全部的生活需

---

① [美]詹姆斯·斯科特:《农民的道义经济学》,程立显等译,译林出版社2001年版。
② 不少学者都这样描述游牧经济的脆弱性,如拉铁摩尔、王明珂等人。
③ 丁莉霞:《核心—边缘:甘南藏传佛教寺院经济研究》,博士学位论文,中央民族大学,2010年,第58页。
④ 李雪萍、陈艾:《乡村与国家的"交集":藏族地区集体经济的逻辑》,《湖北民族学院学报》2019年第6期。
⑤ 格勒:《藏学人类学论文集【汉文卷·下】》,中国藏学出版社2008年版,第539页。

求，牧区需要商业贸易以及种植业、手工业的密切配合。"单纯的草原畜牧业经济，它本身具有'非自足性'，因此，必须要通过与外部的经济交流，来维持整个游牧经济的正常运转。在历史上，游牧民族对于农耕民族的战争、掠夺等暴力形式的交流，往往成为'互市''贡赐'等非暴力形式的补充形式。"①这种"非自足性"，可以理解为"不完全自足性"。历史上，"果洛番每年运牛羊、酥油、羊毛、羔皮、牛皮等物，前往恰卜恰、郭密、丹噶尔、塔儿寺等处贸易，运回青稞、布匹等物"②。环青海湖的民众"将牲畜、皮革、毛送到这里（丹噶尔），换成糌粑、烟草、棉布、靴子等其他物品"③。而且，历史一致性表明，蒙藏各族群众的饮食结构向来以粮食为主，而非肉类为主。由于粮食生产不足，牧区对粮食的需求较大。应该说，牧区所需要的，不仅仅是粮食，大凡牲畜产品以外，如茶叶、布匹、木碗等等，都需要通过交换从亦农亦牧区获取。④

亦农亦牧区的"不完全自足"需要牧区来弥补。青藏高原的亦农亦牧区也有"不完全自足性"，需要向牧区换取生活资料。有学者认为"农耕民族自身已经很好地解决了他们的基本生活需求，他们通过饲养家畜家禽和捕鱼养虾满足了对肉食的需求，而种植桑、麻、棉等则解决了纺织原料问题，因此基本上不需要游牧民族的牛羊肉和动物毛皮"⑤。这样的说辞，针对诸如长江中下游等比较富庶的农耕地区来说，或许可以成立。但对于青藏高原上有农耕的地区来说，因为海拔较高，无法种植桑、麻、棉，农牧民需要足够的牛羊的皮、毛来制作衣服（制作皮衣和编织氆氇等），当他们自己养殖的牲畜不足以供给时，自然会向牧区换取。

---

① 贺卫光：《青藏高原游牧文化的特征及其与丝绸之路的关系》，《西藏大学学报》2016年第3期。
② 周希武：《宁海纪行》，甘肃人民出版社2002年版，第38页。
③ ［俄］普尔热瓦尔斯基：《荒原的召唤》，王嘎、张友华译，新疆人民出版社2001年版，第254页。
④ 杨红伟：《近代甘青藏区市场空间分布研究》，《青海民族研究》2014年第1期。
⑤ 贺卫光：《青藏高原游牧文化的特征及其与丝绸之路的关系》，《西藏大学学报》2016年第3期。

三 农牧互换拓展了农牧民的互惠空间

农牧互换是青藏高原农牧民在社会关系中的生存性智慧，它拓展了内部以及通往外界的交换、交流、交往空间，这也拓展了互惠空间，乃至生存空间。

移动性市场和固定性市场有着共同特征：亦农亦牧区和牧区各自生产的产品都需要交换到对方地域及群体中去，即各自产品的交换圈的边界是对方；无论是流动性市场还是固定性市场，交换过程都在不断强化着社会交往和社会联系。青藏高原上，农牧互补的生产生活和交换方式，较之于内地自给自足程度更高的耕作型村庄经济，其公共空间更为广阔。

如果把牧区和亦农亦牧区各自内部看作"内群体"，相互之间为"外群体"，那么牧区与亦农亦牧区的产品互换，实现了两个层面的公共性扩展：一是牧民组队前往亦农亦牧区交换，增强了"内群体"交往与联结，内部公共性扩展；二是牧区与亦农亦牧区通过产品交换，联结更为紧密，互为"外群体"，牧区和亦农亦牧区建立起长期性、固定性联系，扩展了群体间的公共空间。

农牧交换增强了内群体联结。牧民组队前往亦农亦牧区交换产品，是一个"内群体凝聚力增强"的过程，强化内部联结。牧民于广袤的草原放牧，生产和生活都较为分散，联系相对有限。但是进行商品交换时，他们都一定会组队，因为长途前去交换，需要较为强大的人力、物力保障，个体或单个家庭难以完成。在组队前往交换的过程中，"一般是几人、十几人或几十人结成一帮去农区交换，路上大家在一起吃喝，过关卡、做生意时由年长有经验者出面交涉。富裕牧民去农区做生意一般要带自己的牧工，或雇用较贫苦的牧民同去"[1]。在这一几人、十几人甚至几十人组队交换的过程中，他们同吃同住，共同分担风险，有形无形中，增强了团队内聚力。

农牧交换使不同群体间的交往增多。移动性市场的交换也称为"无

---

[1] 格勒、刘一民等：《藏北牧民——西藏那曲地区社会历史调查》，中国藏学出版社2002年版，第103页。

市场流动交换"①，牧区人深入亦农亦牧区，建构起既富有情感的，也更为广阔的交往、交流和沟通，族群联系更为紧密。移动性市场往往是秋季时，牧民用驮队运载畜产品到亦农亦牧区，驮队一路上边走边交换农产品（所换来的农产品一般是暂时放在农家），待畜产品售罄，驮队返回，将农产品带回牧区。牧民驮队边走边交换的方式，交换的一方始终在移动，可称为移动性市场。这种移动性交换在青藏高原很普遍。牧民如果是到亦农亦牧区直接与农户交换，他们会与农户建立较为深厚的感情，每年都去。"牧民到农村后，一般要找个落脚点。有亲友的投亲靠友，无亲友的便找一户农家，送房东些礼物，建立关系，然后通过关系拉主顾。牧民往往每年都去关系好的农户家中交换。牧民要给户主送些礼如酥油、奶渣、食盐等，在当地宰杀的牛羊的头蹄下水归房东。牧民走时，房东一般也送些礼物给牧民。"如果遇到盐等土畜产品交换艰难时，牧民可能将其存放在亲友或前述的房东家中，待第二年再去交换。②

在青藏高原的边缘地区（有学者称为藏边社会）③，相对较大规模的交换，商人常住"歇家"（甘青地区的称呼）或"锅庄"（康藏地区的称呼）。商人和歇家（或锅庄主）之间建立起熟人关系，甚至结为类姻亲或姻亲关系，歇家（锅庄主）成为商人的代言人。其他族群的贸易商对歇家（锅庄主）有较强的依赖性，因为游牧经济的季节性与长途贸易的不定期性，形成了赊欠制度与期货交易制度。④

藏边歇家对于藏边地区的族际沟通与融合，乃至现代族群地域分布格局的形成具有促进作用。藏边歇家具备歇家与主顾相熟识的一般特征，"藏商第一次住下的歇家，如无特殊原因，他们下次仍要住老歇家。歇家有时也外出经商，他们到达藏区后同样住在该藏商的家里，这样更

---

① 杨红伟：《近代甘青藏区市场空间分布研究》，《青海民族研究》2014 年第 1 期。

② 格勒、刘一民等：《藏北牧民——西藏那曲地区社会历史调查》，中国藏学出版社 2002 年版，第 98—99 页。

③ 张亚辉：《民族志视野下的藏边世界：土地与社会》，《西南民族大学学报》2014 年第 11 期。

④ 杨红伟：《藏边歇家研究》，《江汉论坛》2015 年第 3 期。

增进了他们之间的主客亲谊，建立起相互信任的贸易关系"①。而且，更因地域、族群、文化与贸易的特殊性关系，歇家与主顾之间建立起同乡、姻亲化与类姻亲化的关系（如"称一家人""结为兄弟"与"招娶藏妇"等），这既拉起一道乡土之链、血缘之链，也拉近了族际关系，一定程度上化除了由宗教身份与族群身份带来的交往障碍。由此，藏边穆斯林歇家得以逐渐深入高原腹地经商并定居下来，悄然改变着藏边地区的族际分布结构，形成了族际间经济上的和谐共生关系。藏边歇家的产生对自明初至中华人民共和国成立伊始的近600年间，对藏边贸易的发展、市场发育与市场网络沟通、城镇的形成、新经济组织的培育，均有着不可忽视的贡献。②

农牧互换增强了不同族群间的交流，拓展了不同族群间的互惠。藏边贸易区是多民族共存、多元文化共生的系统空间。例如穆斯林在经济上与藏族形成了相互依存的互补关系。③ 在"青藏高原边缘地带的其他民族和族群，通常都有自己的聚居区，同时也相互混杂居住。在那些作为民族通道（走廊）的区域，位于交通要道上的城镇往往是历史上的运输和贸易中转站。比如在这些城镇上（尤其是青藏高原的东部边缘地区），我们都可以发现回族、撒拉族、东乡族等穆斯林在其中的经济活动。穆斯林利用他们善于经商的传统优势，在藏区开饭馆、做生意，把内地的商品贩运到高原各地的城镇和农村牧区，藏区的牛羊收购、屠宰，茶叶、皮毛、药材、宗教用品、饰品等货物的运输和出售，也多是由走村串户或定居在藏区的穆斯林完成。直到今日，回族仍然基本垄断了拉萨市的屠宰和虫草贸易。保安族的铁匠、金银匠、鞋匠等，成为藏区牧民和寺院日常生活用品的主要生产者"④。

固定市场逐渐向农牧交错带集中，缩短了互惠的距离，也有利于市场发展。甘青藏区市场发展具有明显的地域选择偏向性，即具有农耕经

---

① 贾大泉、陈一石：《四川茶业史》，巴蜀书社1989年版，第356页。
② 杨红伟：《藏边歇家研究》，《江汉论坛》2015年第3期。
③ 段继业：《青藏高原地区藏族与穆斯林群体的互动关系》，《民族研究》2001年第3期。
④ 刘志扬：《青藏高原的生态、文化特征与族群互动》，《青藏高原论坛》2013年第1期。

济带与农牧交错经济带的空间选择偏向。这种地域选择偏向，不仅具有历史一贯性，而且历史越早偏向性越强。这表明甘青藏区三大经济带市场的发育具有农耕地带与农牧交错经济带率先发展，然后向游牧经济带逐渐推进的历史趋势。值得注意的是，在承担族群商品交换功能方面，农耕经济带的市场多为在国家权力监管下的治所型市场或堡寨型市场，具有较强的茶马贸易与互市色彩；农牧交错经济带的市场多为民间自发的族群间商品交换的产物。杨红伟统计，甘青藏区市场，分布于农牧交错经济带的，由清朝初年的5个增长到民国晚期的64个，增长数量最多（58个），高于农耕经济带（35个）和游牧经济带（26个），详细情况见表2—2。①

表2—2　　　清朝初期至民国时期甘青藏区市场空间分布　　（单位：个）

类别	清代前期	清代中期	清末民初	民国晚期
农耕经济带	8	18	26	43
农牧交错经济带	5	17	47	64
游牧经济带		3	7	26
合计	13	38	80	133

从农牧民自发形成的农牧交错带市场，可以看到农牧互换不断繁荣而且交易成本不断下降，较之于牧民深入亦农亦牧区，牧民的交易成本降低。

---

① 杨红伟：《近代甘青藏区市场空间分布研究》，《青海民族研究》2014年第1期。

第三章

净土健康产业发展的总体势态

青藏高原特殊的地理环境下,"资源开发导向型"的传统现代化道路以及"模仿与照搬内地汉族地区发展模式"都不可取。改革开放后,"隐性农业革命"在青藏高原渐次展开,高值农产品的比例在种植业中越来越高。产业扶贫以来,青藏高原净土健康产业发展迅速,逐渐建构起"以绿色发展为底色,以市场为导向,一二三产业融合发展,农文旅一体化"的产业结构形态(本章将这一产业结构形态称为净土健康产业)。其产业发展的进路是"点—极—面"(即示范点—微型增长极—区域)。净土健康产业发展有着很强的地理适应性,无论是种养殖产业,还是农文旅相结合产业,所发展的都是绝无仅有型和品质更优型;所发展的产业以市场为导向,满足市场需求。青藏高原地区净土健康产业发展的追求是将特色产业转化为优势产业。净土健康产业的发展中,政府有效引领是明显的发展性智慧。

第一节 青藏高原特殊的发展路径

青藏高原生态环境极为脆弱,规约了其现代化发展道路,使其产业发展有着不同于其他地区的规律。目前,青藏高原逐渐建构起"以绿色发展为底色,以市场为导向,一二三产业融合发展,农文旅一体化"的产业结构形态,我们简称为净土健康产业。净土健康产业主要包括种植业、养殖业、加工业及农旅产业等。它的第一产业是有机农牧业,第二产业主要是农牧产品加工业、可开发资源的加工业(如水资源加工业、太阳能产业)等,第三产业主要是农文旅一体化产业。净土健康产业融合了第一产业、第二产业、第三产业,延伸了产业链,提升了产品附加值。其中,特色农牧业和农文旅产业是发展重点,这是基于青藏高原特殊的地理环境和市场区位,也是地理适应性的集中体现。

青藏高原上由于市场区位劣势(如交通运输成本极高),加之很多地方是禁止开发区和限制开发区,工业产业发展严重受限,甚至不能像同为深度贫困地区的南疆四地州那样,大量发展劳动密集型产业加工业[①]。胡鞍钢考察西藏现代化发展的历程,认为以前基本上选择了两种不同类型的发展战略,一是计划经济时期"资源开发导向型"的传统现代化道路,二是转型时期"模仿与照搬内地汉族地区发展模式"的赶超现代化战略。"资源开发导向型"工业化战略作为唯一的道路选择,其主要问题是缺乏多样化。西藏是世界上最为著名的农牧业区之一,也是地球上生态系统最为敏感的地区,更是生态环境脆弱区、复杂多样的生物资源区、独具高原特色的民族文化区。正是由于自然生态环境脆弱性、高原动植物资源的多样性、民族文化生态的独特性,客观上决定了其现代化发展道路的选择具有多样化发展的特点。"应将以广大农牧民优先受益的农牧业及其相关的民族特色产业发展,作为寻求现代成长的再生之路;应立足于高原特色的农牧业及其相关的民族特色产业发展,构筑推动区域经济发展的产业结构体系。"[②]

西藏经济发展的根本原则,应该是"保证民族生存与持续繁荣发展"[③]。这一原则的基本内涵就是在充分体现高原自然生态环境特点,反映民族文化传统,继承发扬千百年传统民族文化技术,适当照顾民族生活习惯的前提下,充分发挥生物资源多样性以及民族文化多样性的区域优势,构筑具有高原特色、民族特色的本土化区域经济体系。21世纪,应从以往"办大项目"转向为广大农牧民"办大事情",从"办资

[①] 笔者2020年、2021调研得知,同为深度贫困地区的南疆四地州,其和田地区大力发展服装鞋袜、假发制品等劳动密集型产业,成效非凡。吸纳了大量的剩余劳动力,有力地促进了脱贫攻坚。

[②] 胡鞍钢、温军:《西藏现代化发展道路的选择问题(上)》,《中国藏学》2001年第1期。

[③] 陈锡康等:《农业与发展——21世纪中国粮食与农业发展战略研究》,辽宁人民出版社1997年版。

源密集型项目"转向办"特色资源密集型项目",从"办资源环境破坏型项目"转变为"办生态文化保护型项目",从"办资本密集项目"转向兴办旨在富民强区、提高农牧民收入、改善农牧民生活与生存条件的劳动密集型项目。为此,必须改变以往那种只有走资源开发为主的工业化道路才能够加速推进西藏区域经济发展的传统思路,重视农牧民家庭主要收入来源的农牧业发展,积极调整产业结构和产品结构,由重点开发矿产资源、森林资源转向对农牧业资源的开发和利用;由采掘、原材料为主的重工业化模式转向以特色化、民族化、本土化产业为主的轻工业化模式;围绕清洁无污染的生态环境资源、农畜土特产品资源、高原特色动植物资源及传统民族文化资源,充分发挥其传统文化技术优势、民族特色产品优势,重点发展具有高原特色的农牧业及其相关的无污染的农畜产品加工工业、传统民族手工业、民族医药加工业、民族文化产业、民族旅游业以及商贸、通信、信息、服务、金融、证券等劳动密集型产业。①

2010 年中央第五次西藏工作座谈会以中华民族的核心利益为出发点,站在国家安全和长远发展的战略高度,部署西藏工作,提出要使西藏成为重要的国家安全屏障、重要的生态安全屏障、重要的战略资源储备基地、重要的高原特色农产品基地、重要的中华民族特色文化保护地、重要的世界旅游目的地。② 应该说,这样的发展思路超越了"资源导向型"发展路径,已然站在自然—经济—社会—文化良性耦合的高度来定位青藏高原的发展。

换言之,正是经历长期的摸索,青藏高原选择了契合自然—经济—社会—文化的发展路径,发展净土健康产业。净土健康产业涵盖农牧业、加工业和旅游业等,它是在继承传统产业的基础上,在新的技术和市场条件下,将区域特色产业转化为优势产业。发展净土健康产业的基本定位是建设"特色产业型经济"。净土健康产业是青藏高原具有比较

---

① 胡鞍钢、温军:《西藏现代化发展道路的选择问题(下)》,《中国藏学》2001 年第 2 期。
② 王汝辉、柳应华等:《西藏旅游产业的战略主导性分析》,《中国藏学》2014 年第 4 期。

优势的产业,它的兴起是青藏高原主动建设"特色产业型经济"。"特色产业型经济"拥有区别于一般产业所拥有的优势,以及在一定时期内有着能为产业发展所利用的有利条件。特色产业的特征是"人无我有""人有我新""人有我优",表现出一种稀缺性,形成特殊的市场载体①。目前,"特色产业型经济"正由"点—极—面"的进路拓展。净土健康产业的发展不是突兀的决策,而是"隐性的农业革命"渐次展开的结果。

第二节　改革开放后,"隐性的农业革命"缓慢展开

黄宗智在分析中国农业发展模式时指出,"农业从低值粮食生产转向越来越高比例的高值菜果、肉禽鱼生产,从而形成了'小而精''新农业'的发展,推动了中国的'隐性农业革命'"②。所谓"隐性的农业革命"是和历史上的农业革命,特别是18世纪英国的农业革命和20世纪60—70年代的"绿色革命"不同,它不是体现于主要作物的单位面积产量的增加,而更多是体现于从低值农产品转向越来越高比例的高值农产品。③ 20世纪80年代以来,"隐性的农业革命"在青藏高原也在渐进发生,经济作物比例增加,缓慢趋向高值农产品种植,但更多的是为了满足农牧民日常生活所需而生产。与内地的汉族地区相比,进程相对缓慢,变化程度也没有那么深。通过改革开放后西藏粮食作物与经济作物比例的变化,我们可以看到西藏的高值农产品种植趋向,其中蔬菜产业的渐次发展最为典型。

1980—2010年,西藏粮食作物播种面积占农作物总播种面积的比重与国家水平上的变化趋势④一致,呈显著降低趋势。由1980年的90.3%,下降到2010年的70.8%,降低了近20个百分点。而与之对应

---

① 赤旦多杰:《青藏高原特色产业型经济发展研究》,《中国藏学》2006年第3期。
② 黄宗智:《"家庭农场"是中国农业的发展出路吗?》,《开放时代》2014年第2期。
③ 黄宗智、高原:《大豆生产和进口的经济逻辑》,《开放时代》2014年第1期。
④ 陈印军、易小燕、方琳娜等:《中国耕地资源及其粮食生产能力分析》,《中国农业资源与区划》2012年第6期。

的是，油料作物和蔬菜作物播种面积比例显著增加，分别从1980年的5.31%和3.49%增加到2010年的9.99%和8.87%。西藏农业种植结构逐渐向经济作物发展。① 1990—2012年，西藏粮食产量以2002年为界，出现先增加后降低的趋势；油菜籽和蔬菜产量显著增加。西藏油菜籽产量由1990年的17140吨增加到2012年的63047吨，增加了45907吨，2012年的油菜籽产量是1990年的约3.7倍。蔬菜产量由1990年的84545吨增加到2012年的655905吨，增加了约6.8倍。蔬菜的人均占有量由1990年的38.08公斤增加到2012年的212.96公斤，增加了4.59倍。②

青藏高原的蔬菜产业从无到有、从小到大，不断发展。蔬菜是重要的经济作物，蔬菜产业的发展在青藏高原有着特别的意义，因为它在很大的程度上改变着农牧民的饮食结构和生产方式。

青藏高原是高海拔地区，自然条件异常严酷，历史上蔬菜生产很少，许多地方无法进行蔬菜生产和贮存③，所以历史上很少生产蔬菜。例如在西藏阿里地区，历史上农牧民没有种植和食用蔬菜的习惯，只有少数的马铃薯、萝卜等。④ 但是，这并不意味着青藏高原的人们不吃蔬菜⑤，而是因为地理环境恶劣，蔬菜很少产出，也就种得少、吃得少。

---

① 刘合满、曹丽花：《1980—2010年西藏农作物播种面积与人口数量变化的相关分析》，《中国农业资源与区划》2013年第3期。

② 张爱琴：《1990—2012年西藏主要农产品人均占有量变化趋势分析》，《黑龙江农业科学》2015年第10期。

③ 闵治平、姚金萍、周军：《发展西藏蔬菜产后加工业的基本思路与设想》，《西藏科技》2002年第6期。

④ 白玛格桑、普布顿珠、加玛次仁、顿尼：《西藏阿里地区日光温室蔬菜生产现状和发展对策》，《中国蔬菜》2013年11期。

⑤ "藏族同胞非常喜食野菜，采食野菜胜过栽培蔬菜。据考察，山南地区野生蔬菜有10个科10个属20多个种。主要有青活麻、冬寒菜、当归、蕨菜等。"（参见杜武峰《西藏山南地区蔬菜资源考察简报》，《作物品种资源》1984年第12期）从这里，我们联想到西藏绝少产茶，却非常喜茶的现象。藏族人喜喝茶，藏族谚语表述为"一日无茶则滞，三日无茶则痛"或"饭可一天不吃，茶却不能一顿不喝"。藏族人喜茶，源于茶叶能优化传统的食物结构，但是青藏高原地区很少产茶。较早时期，茶叶基本由茶马古道输入青藏高原。现在，西藏、甘孜地区也开始茶叶生产，比如甘孜州炉霍县发展了俄色茶，九龙县有贡茶。曲水才纳示范园也试种茶树。

这并不排斥青藏高原不断引入蔬菜品种，缓慢地扩大蔬菜种植①。例如清代中期内地汉人在西藏居住，传入一些新的蔬菜品种，如"白菜、莴苣、菠菜、苋菜、韭菜、萝卜、茼蒿、四季豆、胡豆"②，在拉萨等中心城市小面积传播推广。③ 西藏和平解放前夕，"在拉萨，有来自青海、云南的回族、汉族人经营一处约为70亩的菜园（种植萝卜、土豆等），其他仅有一些零星菜地生产萝卜、葱、莲花白、白菜等，广大农村只有少量的萝卜和粮菜兼用的马铃薯"④。解放前的西藏昌都地区，只有贵族领主及喇嘛庙的庄园才种有几种蔬菜。⑤

西藏和平解放后，蔬菜生产成了迫切任务。1952年7月1日、8月1日，拉萨七一农业技术试验农场、八一农场相继成立。1953年拉萨农业试验场种植了引进的果菜、根菜、叶菜、花菜等33个种类154个品种。经过两年的露地、冷床、日光温室等栽培试种，成功种植番茄、辣椒、茄子、黄瓜、菜豆等。到1959年，从国内外引种成功各类蔬菜30多科属种。"西藏改革开放前，蔬菜品种除土豆、萝卜和白菜（小白菜和圆白菜）所谓的高原三大名菜外，其他精细菜种非常有限，尤其在漫

---

① 王川指出："唐朝文成公主入藏时，传入了一些蔬菜种子，教人引种，大多未得到传播，只有圆根（即'芜菁'）为西藏所接受，并开始在西藏各地种植，圆根是清代前藏区仅有的蔬菜品种。"（参见王川《民国时期内地蔬菜传入西藏略考》，《民族研究》2011年第6期）"西藏家萝卜"是山南地区各县主栽萝卜地方品种之一，藏语"家"即"汉"，据说是文成公主入藏时带入，故称为家萝卜（参见杜武峰《西藏山南地区蔬菜资源考察简报》，《作物品种资源》1984年第12期）。"清代以来，内地与西藏地方交往日益频繁，各类蔬菜也随内地官员、军队和民众的入藏而被引进。这一过程在民国时期（1911—1949）得到了继续。"（参见王川《民国时期内地蔬菜传入西藏略考》，《民族研究》2011年第6期）"清代多次向西康藏区徙入汉人，官兵不少与当地藏族妇女通婚，退役后营生路，有的开垦荒地，种蔬菜。'藏族人民还从这些汉族移民那里学得了种植各种蔬菜的生产技术，清代以前，种植蔬菜的人不多，清以后随着大量汉族官吏和兵丁退役定居，种植蔬菜才逐渐成了一种需要，受到藏族人民的重视'。"（参见格勒《甘孜藏族自治州史话》，四川民族出版社1984年版，第131—132页）至今，圆根依然是西藏、甘孜州等地普遍种植的蔬菜。"圆根，即擘蓝大头菜之属，比芦菔坚实，味如薯蓣，微带药气，以夷人歉岁作粮食，叶可饲猪。"参见（清）李心衡纂修、张孝忠等校《金川琐记》卷3《圆根》条，四川省阿坝州史志学会印，1998年，第202页。

② 《西藏记》下卷，《丛书集成初编》本，中华书局1985年版，第33页。

③ 王川：《民国时期内地蔬菜传入西藏略考》，《民族研究》2011年第6期。

④ 林珠班旦：《西藏蔬菜产业发展50年》，《西藏农业科技》2001年第3期。

⑤ 杜武峰、张宝玺：《西藏昌都地区蔬菜资源考察简报》，《中国蔬菜》1984年第4期。

长寒冷的冬日,西藏农牧民包括干部职工的餐桌上,基本只有冬储的'高原三大名菜'。"①

20世纪80年代,政府引进塑料大棚,为喜温蔬菜栽培创造了条件,全国能够生产的蔬菜,西藏都可以生产。尤其是1984年以后,蔬菜生产引入承包制,西藏自治区蔬菜种植面积逐年递增。1990年拉萨、日喀则、林芝等主要城镇商品蔬菜基地有菜地8400亩,菜地面积比1952年提高15倍,比1983年提高2.5倍,保护地比1959年提高35倍。20世纪80年代初期到90年代末,西藏蔬菜生产情况见表3—1。到2000年,西藏自治区的蔬菜种植面积为10.03万亩,其中保护地5000亩。2000年,七一农场蔬菜平均亩产由20世纪50年代的1500公斤提高到3000公斤,大棚蔬菜平均亩产高达6000公斤。西藏自治区蔬菜亩产从1981年的230公斤提高到1990年的695公斤,又从1998年的1251公斤提高到2000年的3000公斤。总之,西藏和平解放50年(1951—2001年),西藏的蔬菜种植得到了长足发展。②

表3—1　20世纪80年代初到90年代末西藏蔬菜生产发展情况

年份	人口（万人）	作物总播种面积（千公顷）	蔬菜播种面积（千公顷）	蔬菜产量（吨）	蔬菜平均亩产（公斤/亩）
1981	185.96	214.15	7.59	26085	229
1983	193.14	212.75	7.47	51070	456
1985	199.48	209.97	3.38	60244	1188
1987	207.95	209.52	7.48	80417	717
1989	215.91	211.75	7.73	83939	724
1990	218.05	213.71	8.11	84545	695
1992	225.27	214.99	6.61	51364	518
1994	231.98	216.46	7.80	96773	827
1996	239.30	225.02	9.29	123300	885
1998	245.39	229.40	7.35	137920	1251

---

① 罗绒战堆、曾薇:《从粮袋餐桌试析西藏农牧民的生计变迁》,《青海社会科学》2017年第2期。

② 林珠班旦:《西藏蔬菜产业发展50年》,《西藏农业科技》2001年第3期。

20世纪90年代，温室大棚种植广泛推开，西藏的蔬菜种植规模迅速扩大，品种不断增多。以日喀则白朗县为例，将1998年与2016年的蔬菜生产对比，可发现蔬菜生产的巨大变化，详细情况见表3—2。①

表3—2　2016年与1998年相比，西藏日喀则市白朗县蔬菜产业发展情况

	1998年	2016年	增长	年均增长
蔬菜大棚数量	10座	5428座	542.8倍	41.8%
蔬菜品种	10种	136种	13.6倍	15.6%
蔬菜产量	5万斤	7985万斤	1597倍	50.65%
实现收入	11万元	12000万元	1090.9倍	47.49%
带动农牧民人均增收	162元	2000元	12.3倍	14.98%
贡献率	11%	20%		

由表3—2可知，2016年比起1998年，白朗县的蔬菜大棚数量增长了约543倍，蔬菜品种增长了约14倍，蔬菜产量增长了1597倍，收入增长了一千多倍。2016年，白朗县蔬菜产量达到7985万斤，销售收入过亿元，蔬菜收入占到农牧民收入的20%以上。白朗县通过发展蔬菜种植，以全县1.28%的可耕地，产出了占农牧业总量41%的效益。2017年夏天，作者拜访白朗县的万亩蔬菜基地，那时正在建设。该基地位于白朗县巴扎乡那嘎村及查吾冲村，总建筑面积1087亩，总投资3.36亿元。该基地建设了不同规格的温室大棚218个、仓库2座、宿舍楼4栋、门卫房4栋、公厕4个、办公楼1栋（约766平方米）、食堂一个（约900平方米）、机井房9个、发电机房1栋（大约108平方米）。2018年夏天，作者再次拜访该蔬菜基地生产，亲见到众多蔬菜产品，产量很高。产品既在批发市场、实体店销售，还实现"订单配送"和中小学生"三包"配送。此外，蔬菜基地采用"互联网+"，建构了"白朗蔬菜App"客户端。

阿里地区被人们俗称为"西藏的西藏""世界屋脊的屋脊"，海

---

① 邓亚净、方晓玲、多庆：《西藏环境资源型产业发展路径分析》，《西藏研究》2017年第6期。

拔最高，生产生活条件最为艰难。即便如此，21世纪初期以来，日光温室蔬菜生产基地的建设，使阿里蔬菜生产迅速发展起来，目前可以向市场提供商品蔬菜。阿里地区2006—2012年日光温室蔬菜情况详见表3—3。①

表3—3　　　2006—2012年阿里地区日光温室蔬菜生产情况

年份	面积（公顷）	总产量（吨）	平均单产（吨/公顷）
2006	35.3	473	14.40
2007	58.1	740	12.74
2008	69.4	1227	17.68
2009	79.9	1327	16.61
2010	92.9	1513	16.29
2011	113.6	2072	18.24
2012	114.0	2122	18.61

由表3—3看来，2006—2012年，日光温室蔬菜生产面积逐年增加，由35.3万亩增加到114万亩；总产量随种植面积的增加而不断增加，由473吨增加到2122吨。

脱贫攻坚以来，西藏各县蔬菜种植方兴未艾。条件尚好的地方，自不待言，例如2016年，笔者在山南地区琼结县，看到位于下水乡的千亩连片蔬菜产业园正在建设。2018年，笔者再访琼结县，看到大棚蔬菜种植在琼结的各乡镇都有所开发，甚至大棚蔬菜种植的棚顶上还建设起光伏电站。即使是条件最为艰苦的珠峰脚下的定日县，2017年夏天，笔者也看到投资1.2亿元的蔬菜生产基地正在建设，这一蔬菜基地将蔬菜种植与乡村旅游结合起来，建设起游客接待中心。

---

① 白玛格桑、普布顿珠、加玛次仁、顿尼：《西藏阿里地区日光温室蔬菜生产现状和发展对策》，《中国蔬菜》2013年第11期。

第三节 精准扶贫中,净土健康产业"点—极—面"拓展进路

近几年来,在产业扶贫驱动下,净土健康产业的发展,凸显了"隐性的农业革命"中的剧变,即农牧民不再是为了日常生活所需而生产,而是为了发展(或者是"为了让人更幸福地生活"[①]),大规模地开拓新农业、加工业以及农文旅一体化。

青藏高原各地,在西藏自治区、各藏族自治州及县的三个层面,产业发展基本都采用了"点—极—面"的进路。例如甘孜自治州及其各个县城基本是产业发展的"示范点",在南路和北路[②]各自形成一些微型增长极,由"点"和"极"牵引,向全州域铺开。在西藏拉萨市曲水县,净土健康产业发展从"点"到"微型增长极",再到县域推广发展的"面"。才纳国家农业示范区是曲水县净土健康产业发展的"点",在此基础上,形成了才纳片区这一"微型增长极",并由此推动县域发展。净土健康产业的发展,经济效应、社会效应都很显著,后者如带动当地农牧民脱贫致富,培养农业工人,改变农牧民的生产生活观念等。曲水县才纳片区推广种植的,主要是经济价值较高的经济作物,包括药材、花卉、水果、苗木等;其中也有少量的粮食作物青稞,但试种的目的是科研,即考察优质青稞品种的适应性。

---

① 迈克尔·塞尼(Micheal Cernea)通过自己在世界银行发展部门30多年的工作经验指出,最重要的是人,要从人的角度来看待发展和传统,无论是促进发展还是维护传统,它们的目的都必须是让人更幸福地生活。Micheal Cernea, *Putting People First: Sociological Variables in Rural Development*, London: Oxford University Press, 1985.

② 318国道穿越甘孜藏族自治州南部,317国道穿越北部。甘孜藏族自治州的民众习惯将318国道附近的地区称为南路,将317国道沿线称为北路。在北路,通往西藏昌都地区的整条线上,甘孜县居中;甘孜县北接青海,西往西藏昌都,成为四川联结西藏、青海的枢纽。历史上,甘孜县是"康北重镇""康北粮仓"。如今,甘孜县成为北路的增长极。

一　点的示范、带动

拉萨市曲水县的基础产业是农业，为了发展净土健康产业，曲水县建设才纳国家现代农业示范区（以下简称才纳示范区），开始新产品种植，引进企业进行深加工，并拓展种植、养殖和旅游，形成了才纳片区这个"微型增长极"。在此基础上，全县实行有机生产和加工，农文旅产业也逐渐发展起来，净土健康产业逐渐在曲水县铺开。

才纳示范区是国家级示范区，位于曲水县才纳乡才纳村，毗邻贡嘎机场，机场高速、拉日铁路穿境而过。才纳示范区是中国农业科学院的产业示范基地、国家的现代农业科技（科普）示范基地、西藏藏医学院社会实践教学基地、拉萨市职业技术学院的实习基地。才纳示范区集种植、加工和旅游于一体，实现产、学、研相结合，综合发展，带动着曲水县的净土健康产业。

（一）才纳示范区发展历程与基本情况

2017年和2018年夏天，我们多次拜访才纳示范区，通过实地观察和访谈①，了解到才纳示范区在发展种植业和加工业的同时，已经成为国家AAA级的旅游区，每年吸引游客20万人。

才纳示范区的负责人CY描述了才纳示范区的基本情况和发展历程。"我们这里最初是一个净土产业基地，经过近5年的发展，现在已经发展成一个有18000多亩的产业园区。先有A区，后来有了B区。我们先在A区引进了很多新作物进行试种，试种成功之后，再找准市场，再向县里的农牧民推广，提高他们的收入。B区是我们的核心设施区，有加工厂、温室大棚、冷库等配套设施。示范区里的苗木繁育基地、中藏药材种植区、有机肥加工厂占地16000亩。我们整个才纳示范区形成了循环经济体系以及一二三产业发展的格局，还在朝着产学研一体化发展。现在，我们已经是国家的AAA级的旅游景区。"

"2012年到2013年，我们建设了园区的一期。2012年刚开始时，只有一期A区的500亩试验田。我们在这几百亩试验田里种了一些品

---

① 调研组访谈园区管委会的时间是2018年8月4日、5日。文中关于才纳示范区的资料，由示范区管委会提供。

种,之后我们发现,大田种植的话,需要有育苗的地方以及配套设施,比如冷库以及作物晾晒场等。2013年,江苏泰州对口支援我们2325万,帮我们建设了玫瑰加工厂、葡萄酒加工厂、冷库。后来,援藏资金又投入了2590万元,硬化道路,提供水、晾晒场,还修了10栋温室。我们争取农牧局项目和江苏援藏资金,建设温室,现在一共有122个温室。2014年,我们发现大田种植面积不够,因为需要试验,需要大一点的规模种植,才方便进行对比,所以,我们又开发了二期。二期是2014年新开荒的土地,我们建设了苗木繁育基地、中藏药材种植基地,还有奶牛养殖场、有机肥加工厂、百亩连栋智能温室。百亩连栋智能温室2018年就建成,里面有宾馆住宿、藏药材博物馆、藏药浴温泉、工厂化育苗、海洋鱼养殖区,这是集种植、旅游于一体的。我们园区的各种种植,都开展了采摘。"

(二)才纳示范区的种植、加工

CY跟我们讲述了才纳示范区的工作程序:"我们园区提前一两年试种,试种之后如果觉得该品种完全能适应我们曲水的自然条件,而且产品有市场,第二年我们就育种,并向老乡免费提供。老乡们种下去了,我们就派出技术人员进行指导。我们做的都是有机产品,我们申报了有机认证。"

1. 才纳示范区的种植

2011年,才纳示范区开试种了雪桃等,获得成功。几年间,经历"由加到减"地引种和筛选,目前已有中藏药材、水果和花草等种类。中藏药材主要有玛咖、雪菊、藏边大黄、灵芝、金银花、木香、牛蒡、马鞭草、藏红花、重楼、黄芪、当归、党参等;水果有葡萄、蓝莓、雪桃、西瓜、甜瓜、小番茄、苹果、水果黄瓜、桑葚、樱桃、车厘子等;花草有大丽花、薰衣草、唐菖蒲、月季、郁金香、玫瑰①等。

2018年才纳示范区内种植的品种及亩数。一期的A园区种植药材175亩,其中玛咖2亩、藏当归24亩、黄芪2亩、重楼13亩、木香20亩、黑枸杞3亩、红枸杞3亩、牛蒡15亩、藏边大黄9亩、金银花2

---

① 玫瑰本身可观赏,同时才纳示范区内的种植目的主要提取精油,制作玫瑰香露、面膜、纯露等。

亩、野生黄牡丹2亩、食用百合3亩、雪菊13亩、万寿菊17亩、唐菖蒲38亩、烟叶6亩、雪茄3亩；一期的B园区种植了122亩，包括唐古特大黄75亩、万寿菊7亩、藏当归40亩。二期大田种植木香2000亩、藏边大黄1000亩、牛蒡220亩、有机烟叶230亩、玛咖48亩、雪菊200亩、红枸杞100亩。

所谓"由加到减"地引种和筛选是指开始试验种植时，才纳示范区大量引种（不仅引种西藏本地的作物，也从其他省市引种多种经济作物，比较多的是从云南迪庆藏族自治州引进，因为地理环境比较相似），经过几年的试种，逐渐淘汰不适宜品种，并将适宜种植也很有市场的品种向种植户推广。2017年、2018年引进试种的品种相对减少。到2018年，经过试种之后，已经推广35个品种，党参、蜀葵等因不适宜，已经放弃种植。

2018年，已经推广，而且在园区依然种植的有12个品种，它们的种植面积、销售情况如下。（1）玛咖。2013年玛咖的市场价格很高，才纳示范区试种之后，向种植户推广。2015年种植面积最大，近万亩。2016年玛咖价格继续下降，种植减少；2017年，种植面积继续减少。2018年只种植50亩，亩产100公斤左右，主要是为了供应贵州茅台集团作为玛咖酒原料。（2）藏当归64亩，亩产量150公斤。2016年推广，是金哈达药业集团的订单产品。（3）藏木香是2018重点推广的作物之一，为多年生植物，一般2—3年可收获。2018年种植3020亩，亩产350公斤以上，由金哈达药业集团收购。（4）牛蒡315亩，2014年开始推广，为多年生，目前亩产达到500公斤，主要由金哈达药业进行收购。（5）藏边大黄1164亩，是2016年重点推广的作物之一，亩产达到500公斤，由金达哈药业收购。（6）枸杞548亩，2014年开始推广，亩产达到300公斤，由曲水县净土投资开发有限公司收购。（7）葡萄1000亩，亩产400公斤，2018年已经推广。（8）郁金香65亩，2014年起在景区推广，提升了景区的观赏性。郁金香是曲水县重点繁育的球根花卉，种球亩产4500颗，在拉萨市场上供不应求，前景看好。（9）雪菊213亩，2014年开始推广，亩产35公斤，雪菊的市场前景很好。（10）唐菖蒲35亩，2015年在景区推广，亩产切花4500枝以上。既可以鲜切花销售，也可提升景区观光效果。（11）玫瑰

1300亩，亩产500斤，由于加工后市场销售很好，2014—2018年，在全县推广。（12）万寿菊40亩，万寿菊是花坛布景花卉，有观赏价值。万寿菊有很丰富的叶黄素，可添加在藏鸡饲料中，提升鸡蛋黄的色泽。（13）灵芝4亩，曲水县灵芝种植工艺已非常成熟，亩产灵芝300斤，目前企业以950元/斤的价格进行收购，可推广给群众作为庭院经济。

  2018年，才纳示范区仍然在继续试种的19个品种及其简况如下。（1）黄芪2亩，黄芪是多年生高大草本植物，试种5年来效果良好，亩产可达到180公斤。目前尚未推广，主要是因为没有找到满意的购买商。（2）金银花2亩，试种了4年，亩产340公斤左右，仍需改进种植方式，提高产量。（3）野生黄牡丹2亩，试种3年，种植效果不理想，不适合推广种植。（4）雪桃40亩，试种6年，挂果量较高，每棵大约300斤。因其价格高昂，推广必须十分谨慎，目前尚未推广。（5）桃树397亩，已经持续6年试种。桃树种植可提升园区的观赏效果，更成为游客喜欢的采摘园，可在景区推广。（6）食用百合3亩，试种5年，生长良好，亩产达到500公斤。食用百合的市场前景较好，目前尚需找到稳定的买主，方可推广。（7）薰衣草3亩，试种3年，较为成功，亩产可达到3000斤。由于精油提炼技术较为娴熟，薰衣草可作为精油原料，还可以作为藏香原料。（8）油用牡丹235亩，试种3年，生长情况良好，亩产达到200公斤，因其花可观赏、根可入药、籽可榨油，目前尚在寻找销路，找到后方可推广。（9）彩色大丽花4亩，试种5年，长势很好，适合景区推广。（10）烟叶236亩，试种5年，亩产100公斤左右，适合高原地区种植，病虫害少。作为辅酶Q10胶囊及牙膏的原材料。（11）银杏27亩，2018年开始试种。（12）紫薯土豆125亩，2018年试种，其别具特色的形态可吸引一批消费者。（13）高产青稞5亩，2018年以不同的4个播种量进行编号试种，五号为黑青稞。试种主要服务于农业科研。（14）茶叶20亩，仍处于生长期，茶树成熟后预计亩产为50公斤。3500米高海拔地区生产的有机茶叶，有可能成为市场的新宠。（15）构树50亩，2017年开始试种，2018年还在成长期。构树耐干旱，在曲水的适应能力很好。构树叶子可作为饲料，根和种子均可入药，树液可治皮肤病，经济价值很高，找准市场后可考虑推广。

（16）车厘子 79.54 亩，2015 年开始试种，2018 年已经挂果，每棵挂果量为 15—30 颗。拉萨车厘子的价格高，供应量少，如果能作为水果采摘，将会受到市民的追捧。（17）藏红花 317.24 亩，试种 4 年，生长良好，亩产达到 400 克左右。藏红花一直是游客喜爱的藏药材之一，由本地生产出净土品牌的藏红花，能够给市民、游客提供放心的品牌产品，应该会很有市场。（18）重楼 13 亩，重楼为多年生植被，目前已经试种了 5 年，第 6—7 年可收获，试种效果良好，药材成熟后由维西县和发中药材种植销售有限责任公司进行收购。（19）香水百合 5 亩，试种 5 年，亩产切花 4500 枝左右，主要是作为景区观赏花卉，是游客市民非常喜爱的切花之一。

2. 才纳示范区的加工业

在有机种植的基础上，才纳示范区引进八家企业开发新产品，进行深加工，并拓展市场。近年来，各种深加工产品的市场销售状况良好。这些企业是曲水净土生物科技有限责任公司、曲水荣顺生物科技开发有限责任公司、曲水县玫瑰产业科技开发有限责任公司、西藏华盛农业开发有限责任公司、泽西生物科技开发有限责任公司、敏得农业开发有限责任公司、曲水净土无害化处理有限公司、拉萨蓝堆蓝旅游发展有限责任公司。

这些企业将才纳示范区种植的有机农作物加工成若干新产品，玫瑰被加工为玫瑰鲜花饼、玫瑰精油、玫瑰纯露、玫瑰面膜、玫瑰肥皂、玫瑰香露、玫瑰护手霜等；烟叶制作成辅酶 Q10 胶囊、牙膏（拥有自己的专利）、雪茄；玛咖被加工成精片、玛咖粉、玛咖酒；雪菊制作成雪菊酒、雪菊茶等。

曲水县与酒业"大佬"们联盟，加工出一系列产品，例如与茅台集团合作加工的玛咖酒，2017 年的销售总额达到 2015 万元。雪菊酒、葡萄酒的销量甚好。曲水县与茅台集团、白金酒业公司合作，生产鹿血酒等。

（三）才纳示范区的带动作用

才纳示范区的带动作用有些是显性的，可以用数据等展现出来。除此之外，有些作用是隐形的，难以用准确的数据展示。我们在曲水调研，才纳示范区的负责人为我们细数了带动作用。

1. 显性的带动作用
(1) 带动农牧民增收 3 亿元

在我们看来，才纳示范区的面积不大，怎样带动农民增收 3 亿元？CY 告诉我们："我们这里主要负责的是试种、育种、发放苗子和技术指导，其实有大量的种植都不在我们示范区，而是分布在全县各乡镇。"CY 跟我们讲述了推广过程及增收情况。"例如玛咖，2014 年种植接近一万亩，比较精确的数字是 9200 多亩，一亩产出 200 斤，收购价是 38 元 1 斤。由于市场价格在下降，2015 年的收购价是 35 元 1 斤，2016 年是 30 元 1 斤。市场价格不断在下降，所以 2018 年，我们只种植了 100 亩，也没有推荐给农民种了。因为是订单，我们园区今年种 100 亩，足够茅台集团的订单了。我们今年推广的是藏边大黄，因为金哈达药业集团公司给我们下了一万多亩的订单。"

"再说雪菊哈。2014 年推广种植，但是种植的人比较少，因为采收比较麻烦。当年种了 1000 亩左右，其中园区有 200 亩，其他的都种在四季吉祥村和三有村。雪菊每亩效益大概有 6000 元，干花 1 斤 85 元。雪菊的种植一直在延续，雪菊晾干保存，可以卖 3 年。去年的库存稍微有点多，所以今年种了 200 亩。今年就能卖完库存和今年种的，2019 年会根据原材料供给是否足够，也许就会调升种植面积。"

"2018 年，我们主推药材，主要品种是木香、藏边大黄、藏当归，现在长得很好。这 3 个品种是多年生的，要到 2019 年才知道效益。我们估计每亩收益 5000 元到 6000 元，推广的时候我们也跟农民说了的，如果它的效益跟青稞、小麦差不多的话，就没有推广必要。我们估算认为，收益最少是 5000 元 1 亩，最多的可以达到 7000 元 1 亩。当然，究竟效益有多好，既要看市场，还要看种植户的看护。"

CY 还跟我们推算了种植户的增收情况，她说："2014 年到 2017 年，我们推广种植玛咖，种植户每亩起码能增收 4000 以上。因为就算产出是 200 斤，以最低的 30 元来计算，也是 6000 元。他们种的苗子是我们免费给的，有机肥是政府免费供给很大一部分。老师，我们简单一算，都晓得这个收入肯定比种植青稞高得多，而且 4000 元的估算完全不会是过高的。其他的像雪菊啊，老乡们都是赚了钱的。"

（2）农牧民务工增收

才纳示范区每年用于农牧民的劳务支出都是上千万元。2013—2017年是才纳示范区的建设阶段，用工很多，即使是用工相对较少的2016年，也达到10.29万人次。才纳示范区附近的村民（包括易地扶贫搬迁的四季吉祥村），只要愿意，都可以在才纳示范区务工。

CY跟我们分享了用工中的一些细节："我们园区里的8个公司，必须首先用本地农牧民，这是我们这里的惯例。我们才纳示范区和里面的这些企业，惯例是先用本地的工人，我们园区临时工主要是才纳乡、南木乡等附近几个乡的。人手不够才到其他县去招，但是很麻烦，要派车去接。外地的来了，也未必就能适应我们这里的工作模式，所以，我们也喜欢用我们本地的。本地的也愿意来我们这里打工，因为离家近呀，不用背井离乡的呀，对吧？""我们园区的这些企业，不仅用当地人，还要纳税。"我们查阅了相关公司的用工及纳税。曲水荣顺生物科技开发有限责任公司2017年销售收入233万，上缴税金7万元；职工人数64人中，本地藏族职工50人。曲水玫瑰产业科技开发有限责任公司长期雇用当地建档立卡户人口13人，并收购易地扶贫搬迁村庄（三有村、四季吉祥村）种植的玫瑰；泽西生物科技开发有限公司长期雇工26人。

园区工人分为长期工（产业工人）和临时工。"我们园区有两种工人，从开始建设到现在都有很多临时工人，2016年，才有长期性的产业工人。光说临时工人哈，2013年到2015年，这个阶段是园区的修建阶段，用了很多的临时工。2016年刚刚开始建设二期，整地、翻地的用工很多，是10.29万人次，这一年，光是临时工的工资就发了1000多万元。目前为止，我们园区每年劳务支出都是1000多万。2018年要少一些，因为苗木繁育基地的劳务分出去了，再说我们的基本建设也少了一些。"

（3）培养了现代农业的产业人才

这几年来，曲水县有几十名来自各个乡、镇的科技特派员在才纳示范区学习，他们都成了现代农业的专门人才。此外，截至2018年8月初，才纳示范区培养了产业工人98人①。产业工人分为技术产业工人和

---

① 这98人中，有21位来自建档立卡贫困户。

其他服务人员。最为难能可贵的是，48名技术产业工人很好地掌握了相关种植技术。

我们请教科技特派员如何在才纳示范区学习，CY告诉我们："园区刚成立的时候有5、6个藏族干部，他们要学习种植技术。曲水每年都安排5乡1镇的农牧分管人员来这里学习。这两部分人加起来，一般是10多个。5乡1镇的这些工作人员都在这里学习一个月，他们学习之后，要去教村里的科技特派员。这些干部，肯定算是现代农业的技术人才。老师，我刚刚参加工作的时候，不是在园区，是在乡镇，我都在这里学习了一个多月的。"

如果说干部成为现代农业的技术人才，这个便于理解，我们更想知道从农民中培育出来的产业工人，我们便跟CY了解了很多情况。

CY跟我们讲述了这些产业工人的待遇等。"我们的产业工人是长期工，分为技术产业工人和服务人员。我们的技术产业工人有48人，其中女的23人。他们都是2013年到2016年在这里工作的，因为时间长了，他们都学习了很久，技能很好，也很懂得我们的运作。这48人，月工资是4500元，包吃包住，还买了五险。年底优秀产业工人有奖金，大概是5000元左右。优秀工人共有10个名额，每个种植区域2个。我们的服务人员主要包括保安、保洁、司机，一共有50人。司机有4个，其中2个是建档立卡户，每月3500元；6个保安都是建档立卡户，其余大约40个保洁人员。保洁人员和保安，他们每月的工资是3000元。"

CY高度评价了这些产业工人，她说："与临时工人相比，1个产业工人可以顶3个临时工人。因为临时工的技术不熟练，有的相对要懒散一些。"

了解了基本情况以后，我们请教CY，产业技术工人是如何培养出来的？CY告诉我们："2013年到现在，我们都在培养，这是一个很长的培训期。我们培养的方式是一对一的。在老师的带领下，他们工作时间长了，就熟悉了技能。我们从老员工中选了48人，都是初中以上文凭，汉语是基本没有问题的。我们的48个产业工人，至少是初中，还有大专生哦。他们接受新事物的水平比一般农牧民高很多。他们学到技术之后，再教其他农牧民的时候，更好一些。农牧民之间相互传递知识是最好的，最容易相互理解和接收。比如说，如果请一个清华的专家来讲，他们不一定能懂，但是农牧民的土专家教起来更容易些。刚开始，我们请企业的专家教当地的藏族干部，藏族干部学会之后，用藏语再教农牧民，农牧民之间再互相学习。如果用汉语讲授的话，有时候农牧民真的难以学得懂，我们有些农牧民的汉语理解能力还是有限的。用藏语教他们，他们更容易懂。现在，我们要指导在各个乡镇推广的产业，这48个产业工人不仅要做好我们园区的，还要下去指导，每周2次，长期负责。"

我们问CY，临时工是否愿意成为产业工人？CY说："临时工羡慕产业工人，都想进来。我们今年上半年筛选了13个产业工人，下半年又要筛选，他们都想进来。但是有的是文凭不够。文凭，我们起码的要求是初中。有个别的，干活干得很好，但是文凭不够。"CY的说法，被我们后来专门访谈的产业工人PCZM所证实。

我们在才纳示范区见到PCZM，她自我介绍："我家是才纳村的，我27岁，有初中毕业证，2015年来产业园工作。以前也在城里打工过，但是这里离家近，可以照顾到2个孩子。2016年，我被确定为产业工人，负责管理A区。我家有9亩地，8亩流转给管委会了，现在还有8分地，自家种青稞吃。我们用有机肥，尿素、化肥都不许用，有机肥还便宜一些，因为政府有补贴。"

等羞涩的PCZM介绍完，CY帮我们补充介绍："卓玛还是才纳村的妇女委员哦。"我们啧啧赞叹，觉得年轻有为。

问："你管理多少人？"

PCZM："我负责管理100多人。"

问："是怎么管理的？"

PCZM："我们分成三个组，三个组要轮换，要评比。轮换着干活，比如一组种地，二组就除草，三组就收割，轮换着。每一组有小组组长，小组组长管理组员。"

问："这100多号人，好不好管？"

PCZM："好管，都是这里人，熟悉，说话都还是要听的。"

问："你了不了解你的这些工人？"

PCZM："比较了解每个人，甚至临时工人的情况，我都基本了解的。了解了，就便于安排他们的任务，任务的安排符合每个人的性格和技术能力。"

问:"你的种植技术是怎么学来的?"

PCZM:"我的技术,我跟尼玛老师学,学了3年左右。我们原来在自己的地上种青稞,不麻烦。但是在园区种别的,就很麻烦。比如种玫瑰花,我就是慢慢跟着尼玛老师学的。"

问:"你管理的临时工有多大年龄?听不听你的管理?"

PCZM:"我管理的A区,临时工最大的50多岁,最小的19岁。女的多,男的少①,但是男的也不会不听我的。"

问:"你在这里工作,你爸爸妈妈帮你照顾家里?"

PCZM:"不,不,我的爸爸妈妈也在园区学种花,也是尼玛老师带他们。他们两个去年还挣了1万3哦。"访谈到这里,我们面面相觑,一般情况下,我们以为PCZM的父母年龄不小了,应该在家里照顾家庭,没想到还在打工,而且还在学习新的种植技术。

问:"村里人羡慕你不?"

PCZM:"大家还是很羡慕我的,因为我每天都能来上班。临时工的话,只有有活儿的时候才能来工作。"

问:"据说我们才纳村的好多家庭都有车,你们家有车吗?"

PCZM:"我们家有装载机、挖掘机、2个货车、洒水车、1个小车。之前贷款买,后来还完了。2011年我们家就开始从农行贷款买货车。"访谈到这里时,我们大吃一惊,没想到家境这么富裕,PCZM自己还出来打工,当产业工人。

问:"你家的这么多车,谁来开?"

PCZM:"我老公开装载机,我弟弟开挖掘机。货车和洒水车都是出租给别人开,我们收租金。小车是自家开起玩。"

问:"你们家这么富裕,那你怎么还出来当产业工人?"

PCZM:"我还是想做点自己的事情嘛,再说,我还是妇女委员,天天耍起,怎么行呢?对吧?"

问:"你家种地用什么肥?"

---

① 园区的工人,女性相对多一些。当地人告诉我们,因为男性喜欢开机械赚钱,或者去建筑工地,挣钱多一些。

PCZM："主要是有机肥，有机肥便宜一些，主要是有政府的补贴。"

问："如果允许你用化肥，你用不用？"

PCZM："如果有有机肥，我就不会用化肥的。"

（4）旅游及其辐射

CY 跟我们介绍了园区带动的旅游发展，她说："来我们园区旅游的每年有 15 万到 20 万人次。我们建设了一条商业街，可以带动就业。游客来了，中午要吃饭，还要买点东西。商业街的商品房全部卖完，出租的也全部租出去了。2013 年，才纳整个乡只有 4 个茶馆和 1 个小饮食店。现在，网吧、KTV、冷饮店、饭馆、火锅店，都有。现在店铺有 40 多家到 50 家。这些店铺，业主有的是村民，还有才纳乡政府和才纳村集体的，我们管委会也有店铺，对了，还有雄色寺的。有些农牧民家盖起小楼，自己开店。现在这里的商铺都很热闹的。"

2. 隐性的带动作用

当然，上面的成效是可以用数字来计算，也是直观的。此外，还有相对隐性的，但这或许是才纳示范区对当地最为深刻的影响，即农牧民观念的转变。CY 跟我们总结了这些年来，老乡观念的转变。

其一，由多用化肥到不用化肥。"以前，老乡们觉得多用化肥，才能多产出。现在大家都晓得了'不用化肥的才卖得很贵''不用化肥的东西才是好东西'，所以就都不用化肥了，用有机肥了。"后来我们的调研也证实了 CY 的说法，正是由于在全县推广有机种植，各个乡镇的种植户都在这几年中慢慢接受了有机种植。或许我们可以认为，正是示范园区的示范带动作用，为曲水县的全域有机生产，打下了坚实的基础。

其二，少品种、粗放型的种植转变为多品种的精耕细作。"以前，我们老乡只晓得种植青稞、小麦、土豆，现在各种各样的品种都在种了，中藏药材呀、蔬菜水果呀，他们都愿意种了哦。还有，以前种青稞啥的，都很粗放，现在不一样了，慢慢精耕细作了。"就此一说，确实我们在青藏高原地区的各地都有很深的感受。大概是地广人稀，不似内地的人地矛盾那么尖锐，所以青藏高原种植业的品种相对单一，经营也比较粗放。行走青藏高原，多次听到人们说，由于大棚种植，一年产出至少两季，而且技术要求高，所以种植者也会投入更多的时间和精力，更加精细。

其三，从相对懒散到很勤快。CY 告诉我们："以前我们这里只有几个茶馆，茶馆总是爆满，总有人一天到晚在茶馆闲聊。现在茶馆里只有爷爷奶奶们了，能打工的都打工去了的。"我们后来访谈才纳村的第一书记，她如是说："现在，我们这里的没有懒的哦。大家都会相互攀比的，对吧？你看哈，有些家，人家就在附近打工，家具换了，电器买了，还买了车来赚钱。要起能咋样？你比我，我比你，比来比去，就大家都比得要么去打工，要么买车子开。再说，大家都打工去了，挣钱去了，自己耍起都不好意思，对吧？"我们也跟才纳村的 PCZM 聊起此事，我们问她："你们村里人，相对都比较富裕，有没有在家耍起，不出去干活的？"PCZM 说："没有，没有哦，年轻的，有的开店，有的打工，有的开车，都没有耍起的哦。年轻的没耍起，老人还要帮着带孩子，也耍不成哦。"

二 田园综合体作为微型增长极

曲水县以才纳示范区为核心"点"，在才纳片区逐步建设起田园综合体，形成"微型增长极"，带动产业发展。田园综合体是集现代农业、休闲旅游、田园社区为一体的特色小镇和乡村综合发展模式，是在城乡一体格局下，顺应农村供给侧结构改革、新型产业发展，结合农村产权制度改革，实现中国乡村现代化、新型城镇化、社会经济全面发展的一种可持续性模式。① 才纳国家现代农业示范区所在地的曲水才纳乡片区便是这样的一个田园综合体建设的案例。

青藏高原的县域范围内，在哪里建设田园综合体？我们考察发现，主要有两种方式，一是县城及其附近，二是另辟他地。青藏高原各县，绝大多数属于前者，这是由于青藏高原地区县域人口都不多，县城都不大，历史上也往往是县的政治、经济、文化中心，所以一般是将县城建设成为"田园综合体"。这样的选择主要是基于产业发展的空间分布并

---

① 《中共中央 国务院关于深入推进农业供给侧结构性改革 加快培育农业农村发展新动能的若干意见》，《人民日报》2017 年 2 月 6 日。

与公共产品供给密切相关,① 县城周围的公共基础设施、公共服务的条件更为优越,可降低产业发展风险,减少运行和交易费用。② 一般情况下,通过产业发展,促进区域发展和扶贫,需要把扶贫规划、城镇化规划、综合交通规划和特色产业发展规划统筹起来。产业扶贫需要把扶贫与产业开发结合起来、扶贫与城镇化建设结合起来,探索"特色基地/规模园区/专业村群+扶贫龙头企业+专业合作社+贫困户"的"产业链式扶贫"。③

曲水县将才纳片区建设成为田园综合体。这得益于才纳片区优越的地理区位,它在318国道旁,位于拉萨市(贡嘎机场)到山南市的必经之地,距离拉萨火车站15公里,距离贡嘎机场20公里。才纳片区的核心区域是才纳示范区、才纳村以及因易地扶贫搬迁而来的四季吉祥村。

(一)剧变的才纳村

曾经,才纳是曲水县最为穷困的地区。可是,近些年来,由于各项建设,才纳成为发展最为活跃的地区。2018年到曲水,听人们多次说2017年年底才纳村集体分红是每人一万元,这在东部发达地区算不得什么,但是在深度贫困地区,分红这么多,这特别令人好奇。我们拜访了才纳村的第一书记拉珍,她告诉我们很多这些年来村里发生的翻天覆地的变化。

1. 村庄集体经济收入由少到多

由于最先听说的是集体经济的分红,所以,我们跟书记首先请教了集体经济的变化。我说:"书记,听说我们村的集体经济很强大哦,去年每人分了一万元,这个,确实很厉害哈。"听闻此言,书记笑眯眯地回答我们:"确实是这样的。"我问:"分这么多,老乡们肯定很开心吧?"书记哈哈大笑:"这是肯定的呀,每人一下子分这么多钱,有的人口多的家庭,一下子就拿到十来万,几辈子的人都没想到过哦。"

---

① 陈聪、程李梅:《产业扶贫目标下连片特困地区公共品有效供给研究》,《农业经济问题》2017年10期。

② 林毅夫:《新结构经济学——重构发展经济学的框架》,《经济学》(季刊)2010年第10期。

③ 全承相、贺丽君、全永海:《产业扶贫精准化政策论析》,《湖南财政经济学院学报》2015年第1期。

2. 村民由难以打工到就业充足，相对懒散到勤快

请教拉珍书记以前村里人打工的情况，她告诉我们："以前，我们村里的人，要打工就得背着铺盖卷去城里，才有可能，而且挣的钱也非常有限。打工的还算勤快，有些懒一点的，打不到工，就在屋里耍起，家里也贫困得很。""现在我们村里一般是男的开机械赚钱，女的都在净土健康产业基地工作，不限年龄。女的早晚可以干自己家里的活儿，白天在园区打工。女的当中，有一部分人是长期的产业工人，她们掌握了一技之长。现在老百姓的生活，确实很不错。""我们村的全部劳动力有1494人，其中在净土健康产业基地务工的，在旺季时达到400人；在苗木繁育基地务工的，旺季是100多人；在葡萄基地务工的也有100多；剩余的都是开机械了。"

我们请教拉珍书记，以前那些没出去打工的在干什么？拉珍书记说："以前打不到工的，除了种那点庄稼之外，就泡茶馆、晒太阳。现在基本都打工了，泡茶馆的都是老爷爷和老奶奶，年轻的基本没有空闲的。"

听第一书记说到这里，我在想，农牧民脱贫的内生动力究竟从何而来？当然，这是一个非常复杂的问题，具体到"业与勤"之间，究竟是什么样的关系？俗话说"业精于勤"，那首先得有"业"，"勤"方能成就"业"，如果无"业"呢？尤其是找不到"业"呢？应该说，从才纳村的情况来看，先有"业"才会"勤"。如果说，将"勤"看作是内生动力的核心因素，那么这首先要来自有"业"。换言之，产业的发展，有更多、更方便的就业机会，这是促进内生动力的硬核要素。

3. 村民由穷变富，从没有车到家家有车

我问："书记，老乡们的生活最大的变化是什么？"

第一书记："就是穷变富。以前，大家都穷，现在哦，大家都比较富裕。"

我问："大家是怎么富裕起来的？"

第一书记："村民们买机械，参与施工，村庄也有了较多的集体收益，村民们也变得富裕了。"

我问："村里有好多机械呢？"

第一书记："村里的机械很多，老乡总是不停地买卖，因为机械总

是与项目挂钩。有项目时，老乡就买机械，没有项目和工程就卖机械。买了机械，我们县有培训的，我们引导他们去参加培训，大多数都拿到了操作证。村民们赚钱的机械，主要是挖掘机、装载机，这两种机械，村里2017年有30多台，2018年有60多台，明年说不清，因为总是在变。"

我问："一台机械一年大概能赚多少钱？"

第一书记："这个啊，要看工程的情况。一个机械活儿多的年份，一年可以赚30多万元。"

我问："装载机、挖掘机，也不是家家都有。没有的家庭，咋个赚钱呢？"

第一书记："没有装载机、挖掘机的家庭，一个，他们都有拖拉机，有些大一点的拖拉机也在工程上干活赚钱。二个哈，他们都在附近的工地上或产业园打工。"

我问："他们买机械的钱是哪来的？"

第一书记："我们村三组、四组的土地被征用，他们拿补偿金买大型机械。"

4. 村庄由没有老板到"老板有点多"

第一书记说："以前我们村穷哦，哪里有啥子老板哦，现在老板多哦。我给你们数一下哈。有丹巴贡布、桑珠、丹巴仁增、旦增达瓦、江白。丹巴贡布本来是搞建筑业的，他在高速下来的那个地方开了餐馆。他是大包工头，工程比较大，有些工程在拉萨。他在聂达乡有木材加工厂。他家的机械多。他成立建筑公司后，我们把愿意去打工的贫困户送到他的工地上，2015到2016年，有七八个建档立卡贫困户家的人，在他那里打工，2018年有3个人。因为有的贫困户在附近打工了。他们几个都搞机械和建筑，另外，桑珠在拉萨有一个休闲娱乐的茶园。"

一个村子几个"老板"，在内地，也许真的算不了什么。但是，从自我纵向的对比来说，这种变化确实很大了，因为几年前大多不富裕，既没有"老板"，更没有"老板"的概念。更何况，与别的村庄比，有一些资产比较雄厚的"老板"，且这些老板能为村庄做出贡献，特别是因为贡献，所以"多"的感受在无意识中容易被扩展。

5. 村庄由脏乱到整洁

"过去脏乱哦，现在好多了。村里的党员要组织各户打扫卫生。以前是乡里的保洁队在负责，但是乡里现在越来越承担不起工资，原来乡里的保洁队有 15 人，每人每月工资 3000 元，乡里现在只有 4 人。保洁的任务就交给村里，我们正在讨论成立保洁队以及保洁队的内部规定，保洁队自然是首先聘用贫困户。"

上述这些或许都是容易看到的"显性"变化，除此之外，我们更想了解村民观念的变化，拉珍第一书记跟我们分享了这些变化。

6. 村民的观念变化

其一，由不愿意流转土地到非常乐意。由于产业发展，才纳村的土地很多流转了，或者被一次性征用。关于土地流转，村民的观念经历了从不愿意到愿意的变化。"刚开始不愿意流转土地，我们去做工作，进行引导，给他们讲收益比较。以前靠土地，种地饿不着，但光靠种地，下辈子都富裕不起来。我们就分析土地租金完全可以抵面朝黄土背朝天的收入，一亩地一年的租金是 1400 元，除了租金，自己还可以打工。老乡慢慢尝到甜头，就非常想流转。老乡们愿意流转土地，不愿意被征地。因为流转的话，土地还是自己的。被征用，就完全失地了。我们村的四组原有 800 多亩，其中 600 亩被征用了，占 80%。四组的，有的家庭只有几分地，有的家庭就完全没有了。剩下的 200 亩，有一部分流转出去了。"

其二，挣钱的想法由很淡薄到相对强烈。"过去，因为经济发展滞后，老乡思想简单，想赚钱的欲望很淡薄，没有积极主动想着办法去赚钱。后来，各种建设项目来了。我们分专班去做工作，对比过去和现在，告诉大家应该靠项目去打拼、去赚钱。现实中，由于买机械可以赚钱，于是大家变得特别积极，想贷款购买机械来赚钱。农村贷款分为金卡、银卡、铜卡，好多村民都是铜卡。他们过来跟我说：'格啦，帮个忙，帮我把铜卡变为金卡、银卡，我想多贷款，买机械。'于是我们了解情况，跟银行衔接，帮他们升级卡。他们贷款以后，都买机器。以前只有拖拉机的、小四轮的，现在都变成了大车。"

其三，由不太重视教育到特别重视教育。"以前，教育重视得不够，小孩不愿意上学的话，一周、两周在家待着的都有。我们还必须去家里做工作，告诉家长要让小孩读书。现在，不一样了，大家都重视教育，我们是无辍学的村。"我不解地问："为什么以前不够重视，现在就重视了呢？"书记说："首先，国家政策好，幼儿园到高中家里都不用给钱。自己的孩子，自己养到3岁后，上了幼儿园之后，一日三餐都是国家包了，学费包了、校服包了。离学校远一点的，都住校了，吃住都包了。"书记分析的结论是国家政策好，这个毋庸置疑。行走青藏高原地区很多年，确实直观地感受到我们藏族人越来越重视教育，原因既有条件的改善，更有对未来的期望。还有，家里有孩子上大学，在村里确实是一种荣耀。孩子上了大学，找到一个好工作，更是荣耀。

才纳村的第一书记为我们细数了才纳村如此大的变化，问题是这是怎么来的呢？用第一书记的话来说，就是因为"许多项目都落地在我们村的地盘上"，她说："这才是我们村最大的变化。"

（二）基础设施建设、现代农业产业聚集才纳片区

基础设施建设落户才纳，农业产业聚集在才纳，使得才纳在短时间发生巨大变化。近十年来，拉萨到日喀则的铁路、拉萨到山南的高速公路等重大项目都落户才纳村，还有贡嘎机场高速也通过才纳，才纳的地理区位变得很优越。同时才纳的村民想着法子购买机械，自己致富也带动贫困户。当然，对于这一点，无论是村、乡还是县，都是鼓励的。

曲水县重点建设的"几个万亩"、若干个上亿的投资项目都聚集在才纳。才纳国家现代农业示范园就在才纳，相应的建设也都在这里。曲水县政府工作人员告诉我们："我们的国家级的现代农业示范园在才纳，我们曲水建设了几个万亩，都在才纳。有万亩苗木繁育基地、万亩中藏药材基地、万亩花卉基地等，此外，还有比较大的奶牛养殖，还有有机肥厂。有机肥厂是我们西藏自治区最大的，产量最多。""我们建设了万亩苗木繁育基地，以前，西藏的'两江四河'绿化的苗木来自西藏林芝和四川，现在我们县做这个，以后苗木就由我们县来供应，目前已经很成熟了。万亩苗木繁育基地，除了提供苗木，还要发展旅游，以后要盖住宿的。我们西藏最缺树苗，绿色在西藏是最稀缺的资源。我们抓住森林这个资源，扩大它的作用，就不仅仅是提供苗木了。曲水有水，树就能活，曲水的气候也是拉萨市最好的地方。""我们在才纳投资1.2亿元建设百亩连栋智能温室，这是才纳园区二期正在做的。这个百亩连

栋智能温室,主要是考虑冬天拉萨旅游看点减少。百亩连栋温室里要盖一个藏医药博物馆,有温泉,有住宿休息的,包括育苗等,现在已经初步盖出来了,这也是上亿的项目。"

"我们现在重点发展的产业主要集中在才纳,都在四季吉祥村的周围,这个村搬迁而来的贫困户原来是少地无地的,一般说来就是人均2亩或3亩,少的只有几分地,很少。搬到才纳,这是一个新村,没有集体的土地,不能分地给他们,老乡们都靠打工。四季吉祥村要实现的就是农村社区化、农民产业工人化,学习技术,不再依赖土地。"

上述各个项目的实施,聚集了人力、物力、财力资源,才纳片区"微型增长极"的功效逐渐显现出来,区域内实现了产、学、研、旅相结合,而且各种产业向外延展。

在才纳,各个项目的实施牵引来大量的劳动力,尤其是拉萨市第一职业技术学校落户在这里,人员增加更加迅速,该校全部建成后,就有10000多人。而且,四季吉祥村搬迁到才纳村的附近,一时间就搬来了273户1256人。

在才纳片区,我们看到多种产业都在发展,"微型增长极"的功能逐渐显现,新产业不断地被尝试和推广,并逐渐形成规模。新产业分布在种植、加工、旅游等不断延伸的产业链上。种植业方面,新产业主要包括绿色经济作物种植业、苗木繁育种植、中藏药材种植。加工业方面,肥料加工厂是典型个案。我们可以发现:第一,这不仅仅是同类种植品种、种植技术的扩散,而且是扶贫的扩散,因为无论是公司还是合作社,都在进行扶贫。第二,产业延伸超越了种植业,延伸到加工业和旅游业等。

三 面的扩散:区域推进

在曲水县,净土健康产业的发展,以才纳示范区为"点"、才纳片区为"微型增长极"的基础上,在县域范围内全面推进。各个乡(镇)、村都根据自身特色,形成了最适宜的产业。我们在西藏拉萨曲水县时,对达嘎乡的调研相对仔细,在此我们呈现达嘎乡的达嘎村、其奴村、色达村、色甫村的产业发展。由此观察曲水县以才纳示范区为"点",形成才纳片区这一微型增长极,从而带动曲水县全域的净土健康产业发展。

（一）达嘎村主营服务业

在我们内地人的感觉中，西藏的很多县城人很少，有点冷清，来到曲水县城也有这种感觉。达嘎村是达嘎乡政府所在地，我们前后几次停驻或经过达嘎村，都觉得很热闹，与县城形成鲜明的对比。为什么达嘎村比县城还热闹呢？就此，我们请教了达嘎乡的毛乡长，他跟我们介绍说："达嘎村的地理位置，在历史上很优越。西藏第一个跨越雅鲁藏布江的大桥，就是我们的曲水大桥，就在村边。桥对面就是山南，那里有一座神山。一过桥，就进入山南，可以说我们直接联结山南。还有，沿着穿过我们集市的318国道过去，那边就是日喀则，也可以说我们直接联结日喀则。二十多年来，我们这里的老乡们自己做点买卖，达嘎桥头自然而然地就形成了一个小商品集散中心。有人说达嘎乡桥头比县城热闹，确实是的，我们这里每天人流量和货物进出量都比较大。以前有几家大户，有特殊进货渠道，东西很便宜。同样的产品，县城的价格比我们这里贵。附近的浪卡子县、贡嘎县、尼木县、仁布县等地的人都来这里进货。"

我们与毛乡长座谈，从一大早谈到中午，于是就在达嘎村吃中午饭，顺便逛逛这个集市。我们从乡政府走出来，实际上就进入了交易市场，中午虽然太阳很晒，但是人依然多，有点热闹。我问乡长："天天都这么多人吗？"乡长说："天天都有哦，这个还不算热闹的，要藏历新年前的一个月，那才热闹得很。"我问："我们内地的乡镇上，好多是赶集日才人多，这里呢？"乡长说："我们这里天天都是赶集日，哈哈。其实，我们这里不像内地，不分是不是赶集日。因为商客天天都进货、出货，人多，所以天天都有这么多人，所以就像是天天都在赶集一样。"聊着聊着，我们走近了乡政府出来左手边一排房子，乡长告诉我们："这排铺面是一家人的哦。"我们数了数，有十个铺面，边走边看铺面堆积的商品，感觉各种日用商品都可以在这里找到。我们看到街两边店铺、茶馆、饭店、小食店都很多。餐馆类，有藏餐、中餐、还有类似于西餐的。我们过街，走进一家门面比较小的商店，没想到里面的空间很大，从店面通到后院，大概有三十米。商家堆积商品时，按类别分成不同的商品区，商品非常丰富，我们感叹："这家的门面小，看起来很一般，没想到里面就是一个超级市场嘛。"在这里看商品，我们中一位安徽籍的同伴看到了来自安徽蚌埠的大米，非常激动，一边拍照片，一边感慨："没想到，隔着这么天远地远，我老家的大米都能在这里出现。"

逛了逛集市，我们进入一家既是茶园也是餐馆的店。我们要来清茶，乡长帮我们点餐，点的是各种不同口味的咖喱饭。等餐的过程中，我们跟乡长继续座谈。乡长告诉我们，这里桥头的商铺一共有170家左右，平时在这里干活的有上千人，既有本村的，也有附近其他乡镇的。这些干活的，有店主，也有运货的、卸货的、装货的。平时，这里卖货、拉货的有上千人，从外地来这里买货的商家与客人也有上千人，也就是说，平时都有2000人在这里进进出出。这里最热闹的时候是藏历新年前一个月，每天的商客平均有5000人。听到这些介绍，调研组的一位组员说："可不可以认为，县城是我们曲水的政治中心，这里是我们曲水的商品交易中心？"闻言，我们大家都笑了。

座谈中，乡长告诉我们："我们下一步的规划是建设一个新桥头小商品集散中心。政府正在修建一个新大桥，我们想把新桥头建成小商品集散中心。小商品集散中心的土地有54亩，但是现在土地没有置换下来。对于这个建设的小商品中心，我们准备实行政府投资、市场化运作，然后跟贫困户分红。小商品集散中心主营日用产品批发、小商品买卖、住宿。现在正在做设计，县里作为储备项目，之所以是储备，主要是土地还没有置换下来。"

聊着聊着，每人一份牛肉咖喱饭来了，安心吃饭，多嘴的我问了服务员一句："这饭多少钱一份？"服务员回答我："20块"。我"哦"了一声，其实心里想，这个饭真值，且不说味道很好，光说里面的这几块很完整、很好吃的牛肉，在内地，岂止只卖20元？

（二）色达村主营土豆有机种植

来曲水，早就听说有个神马土豆合作社，原来它就在色达村。

来到达嘎乡，乡长跟我们介绍："我们的色达村发展土豆，我们有个神马土豆合作社。"听乡长这么一说，因为好奇，我打断了他，问："咋的起这个名字，神马土豆？这个名字很有网络流行语的特点。"乡长说："其实，这不光是我们想借用网络上'神马'的流行，而是'神马'和'腾跃'都跟我们'达嘎'这个地名有关系，'达嘎'的藏语意思就是白马。"闻言，我们相视一笑。乡长接着介绍："神马土豆合作社是农业部的示范合作社，已经有两个认证：一个是有机认证，另一个是无公害认证。我们的土豆发展很久了，即便在2017年，拉萨、林芝、山南、那曲，这些地方都是我们的土豆销售地，形成市场知名度。现在，基本是别人来找我们订购土豆，我们不用出去销售。他们把订单发过来，我们把土豆发过去。目前，我们合作社的社员有372户，其中贫困户有37户，社员主要是色达村的，也有其他村的。我们坚持品质，抛弃小的、烂的，选种育种都很重视。选种是在原产地的日喀则南木林。我们不光是种传统的土豆，我们2011年还跟自治区农科院签订协议，培育新品种，有青薯9号、青薯10号。青薯10号比较成熟，口感好，产量高，跟原初品种的口感很接近。青薯10号基本能满足我们的要求，我们准备推广这个新品种。2016年我们实施有机种植，2017年与网络平台农基优盟合作，订购了600万斤。神马土豆合作社每年的销售量是几千万斤。土豆产量还是不错的，以前使用化肥，亩产6000斤以上，现在有机生产，产量3000斤到3500斤。我们的策略是先做有机，做好市场，所以我们现在价格基本没有提升，主要是做品牌。我们的追求是先把牌子树立起来。我们没有过多的能力做中间加工。"

其实，色达村的遍地土豆种植，我们不止一次见过，几次在这里来来回回，次次见土豆花煞是好看。

听完乡长的介绍，我们觉得了解还不够深刻，于是拜访了神马土豆合作社负责人（简称负责人），我姑且把当日的访谈记录放在这里，让读者跟着我们的访谈，更多地了解神马土豆合作社，也更多地了解我们曲水的土豆种植。

访谈记录：神马土豆合作社

WM："劳驾您介绍一下合作社的发展历程，好吗？"

负责人："这个合作社，最早成立于2009年，但是是一个空壳。2013年，乡党委召开了一个会，决定改组合作社。之后我们就重新选举了理事会，重新制定了章程、制度，当时有13个工作人员。"

WM："合作社有多少社员？社员交不交入社金？"

负责人:"自愿入社的,刚开始有 180 户,现在有 372 户。社员入社资金是 500—5000 元,他们自己决定。"

WM:"合作社做些什么事情?"

负责人:"我们从爱玛岗引进土豆品种,以前土豆合作社只是跟日喀则联系一下,运输都是老乡自己。改组后,运输、销售等都是合作社做。"

WM:"哦,你们帮社员卖土豆,老乡为啥不自己去卖呢?"

负责人:"开始的时候,是老乡自己去卖,大家都挤在一起,就只有那么几个收购商,老乡的土豆多嘛,就被压价了,价格就卖不高嘛。所以,我们就由政府引导,让合作社跟买土豆的商家联系。开始的时候,老乡还不愿意哦,说要自己去卖。因为他们不理解,他们觉得把土豆交给合作社去卖,不能马上拿到钱。"

WM:"既然老乡不愿意,那你们又是怎么让他们愿意了的呢?"

负责人:"我们主要是给他们说嘛,说'你们试一下'。第一年,好多人不把土豆给我们,他们自己去卖。但是也有图省事的,交给我们。我们卖的价格肯定比单家独户的价格要高一些嘛,也就是说,价格上去了,到了第二年,老乡也理解了,因为价格上去,他们也就愿意把土豆交给合作社了。我们设置了几个收购点,老乡们把土豆送到点上,就什么都不管了,只等着分钱。保管啊、销售啊,他们都不管。我们合作社就去卖,大约是一个月以后,就会把钱分一部分给老乡,因为渐渐地就卖出去了嘛。2014 年,也不是全部老乡都把土豆送来。到了 2016 年,老乡都自愿交给我们了。山南、那曲、林芝等一般是到了快要收土豆的时间,就是八月底就给我们打电话,说要好多土豆,大的多少斤,小的多少斤。然后我们就准备好,他们开车过来拉,或者是我们找车运过去,运费由对方给。所以,现在我们的老乡都习惯了,一到时间就把土豆送过来了。"

WM:"2013 年、2014 年,农民不愿意卖土豆给合作社的时候,你们有没有具体做些什么工作,改变这种局面?"

负责人:"做了的,我们去市场上看,看到有人在卖,就跟他们说最好交给合作社。开始他们不是很听,但是后来他们就愿意了嘛,因为自己开车出去卖,要吃要住,如果卖不出去,心里更焦急。"

WM："你们什么时候跟老乡分钱？"

负责人："我们也不是等到全部卖完之后，再跟老乡分钱，一般是一个月分一次。"

WM："为什么分次？"

负责人："因为如果分钱不及时一点的话，他们总是会跑来问：'什么时候能拿到钱？'"

WM："也就是收到土豆之后一个月，就开始分，每个月都分？"

负责人："分钱的时间是从九月中旬到次年的二月份，这是我们集中卖土豆的时间。从收到土豆就开始卖，直到卖完。在这段时间里，每个月分一次钱。"

WM："会不会卖不出去？"

负责人："没有，我们合作社还没有土豆卖不出去。我们合作社土豆堆积得多一点的时间是九月底到十月中旬。这个主要是九月份收回来的土豆很多，但是马上就是国庆节，国庆节放假，大家都不上班，买土豆的大概也没协商好要买多少。"

WM："每年卖几千万斤？"

负责人："合作社土豆总产量是2000多万斤，自己吃一些、留种子，小一点的喂牲畜。大致是8毛5一斤，我们合作社卖的钱大致是500多万元。"

WM："我们合作社对社员有哪些管理与服务？"

负责人："第一，技术上指导，科技特派员下地指导。第二，种子上优惠。我们买，成本73块1袋，卖给他们，我们只收65块到70块。就这个种子，每年我们要补贴2万多元。第三，保障。比如说试种的，如果卖不出去，我们就赔钱。第四，合作社的农机具使用，机器帮助收土豆。"

WM："那，合作社如何赚钱？"

负责人："每袋赚5毛，一袋100斤。我们卖的价格8毛5，兑现给成员的是8毛。说起来就是1斤赚这5分钱，其实这5分钱最终还是转化到合作社成员手上。你看哈，种子上要优惠，这个是钱，合作社的农机具也是要花钱的。"

聊到这里，乡长补充："我们合作社还是很粗放的，收的土豆放在那里卖,也就是说经营很粗放。其实,管理也很粗放,比如一斤挣5分钱,挣的这5分钱,除了7个工作人员的工资,还有就是联系商家,就是销售等。合作社有7名工作人员,在有工作的时候,每天发给他们100元。我们这里土豆附加值低,但是有市场。如果说想加工,确实没得条件,还有,我们这里的人习惯了吃原味土豆,最多是炸土豆,如果加工成其他的,反而未必有市场了。"

(三)色甫村将来主营旅游业

说起色甫村,毛乡长的概述是:"色甫村相对基础薄弱,地理环境比较特殊,在山沟里。农业土地少,产量低;牧业因草场有限,载畜量少。旅游产业发展,正在规划之中。"其实,色甫村是我们来到曲水后,首先去的第一个村庄,那是因为去看色甫村望果节的"尾巴",而且当日下午在毛乡长和村第一书记的陪同下,到色甫沟去走了几里路。当日的调研笔记可呈现色甫村现状及其发展方向。

调研笔记:参加望果节,游走色甫沟

记载望果节,目的不是描述望果节本身,而是叙述藏区农牧民真实的生活场景,这或许可以传达这样的意涵:在民族地区,传统在继承,却又融入了新的内涵。"望果节"是藏族农民欢庆丰收的节日,又称"旺果节",目的是祈求诸神护佑庄稼获得丰收。藏语里,"望果节"即"围绕丰收田野的歌舞","望"意为"田地"、"果"意为"转圆圈"。农民们根据农作物成熟情况,集体议定庆祝时间,大致是藏历七、八月间,具体日期是开镰收割的前几天。据史籍记载,望果节已有1500多年的历史。2014年11月11日,望果节经国务院批准列入第四批国家级非物质文化遗产名录。

今天,非常幸运,参加了曲水县色甫村的望果节,但是只看到了"尾巴",就是三天"望果节"中的最后一天,我们真切地感受到乡村的热闹和个人对村庄的奉献。

上午,我们驱车去色甫村,距离不远。到达村庄边缘时,见一家子一家子扶老携幼而来,他们有的坐小车,有的坐拖拉机,有的骑摩托车。好多女孩穿着藏装,非常好看。进帐篷城的路有些泥泞,我们将车

停在路边，步行到了表演台。村子的第一书记请我们在表演台的背后稍坐，我们开始访谈。边上，有村里的几位妇女在忙碌，烧茶、烧水，好些老人也跟我们在一起。他们一边喝茶，一边聊天。后来，我们和大家一起吃了一碗藏面，第一书记说，这是村民习惯吃的早餐。哈哈，这对我们来说是吃第二餐，因为我们上午八点半在县城吃了早餐。其实，这在我们的时间点上，接近午餐，因为时间已经是接近12点了。我们与村第一书记座谈了一个多小时，他跟我们讲述了色甫村的发展状况。

下午5点多，大家确实很累了。我们便去色甫村更深的山沟里，观看那条正在修建的旅游公路。由于一直是上坡路，加上我们刚刚上高原，所以走得很慢，边走，毛乡长指着各个地点跟我们分享，我们只有喘气的份儿，很少说话。

"我们现在正在做的扶贫项目，就是修色甫沟的旅游线路。这条路通往著名的楚布寺，是环拉萨一日游的一条线路。拉萨的居民周末可以出来，来色甫沟走走玩玩，一天时间，很舒服的。山南的去楚布寺转庙，走这条路的话，也近得多。从拉萨绕过去的话，要4到5个小时，从这条路去的话，用不了1个小时。楚布寺是拉萨地区很重要的寺庙之一。"

"我们修路，主要是想做乡村旅游。以前有人找我们谈旅游开发，有些构思比较好。我的要求是对方要先投入1000万元或2000万元。我们的构思是：第一个，利用原生态，做林卡。第二个，做藏家乐。拉萨人需要安静的休息地方，我们准备建设大大小小的房子做成藏家乐，分散在各个景点，可以住宿，也可以休息喝茶。路修好后，交通也方便了。山上已经搬迁了的牧户，他们留下来的房子，我们做成一个休闲站点，游客来了，可以歇歇，可以吃点东西，最重要的还可以看看在拉萨看不到的高山草甸风光，看看牦牛。第三个，我们自己的想法是在最高点5100米处，弄一个观光点，提供喝茶、休息点。我们准备收购搬走了的牧民的房屋，他们搬走了，不要了。我们甚至可以牵几匹马过去，骑骑马。我们想做成拉萨人来休闲的地方。我们提供一个下来喝茶、坐一下的地方，利润可能高，但总额不会很大。"

"我们村里还在跟我说，等路通了以后，在路两边种植油菜。种油菜花，这个啊，实惠又好看，因为就是现在老乡们也在种油菜。我们把一些弃耕地等有油菜生长可能的地方撒下油菜种子，不求收成，主要是美化风景。风景美了，来耍来拍照的就多一些。"

"我觉得这个前景比较好，拉萨周围除了达东村、南山公园等，城市边上没得耍的地方，一个普通的树林，搭建几个帐篷，没灵性，没看头，也没新意。要有山有水的地方，才有灵气。我们这里有高山牧场，有几千头牦牛。我想就是把牦牛、羊群放在路边上，旅客看看牦牛、羊群和雪山来的流水。我们这里有可能性，我们一点点地做。只要有人从这边过，停下来，我们就慢慢发展。有的地方争取大项目，上亿。我不这样认为，我觉得一群牛、一片油菜地就可以让过路的下来观赏、拍照，就可以慢慢发展起来。这也是受318国道的启示。我们乡政府门口就是318国道，一个月后，就是9月份，风景很美，树叶黄了，飘落下来，自驾游的停下来，还有旅游车也停下来，来这里拍摄秋景。我们这里什么都没做，但是人留下来。人只要留下来，吃住可以赚钱。如果不说吃住，就是多喝一杯茶，老乡都要赚几块钱。"

说实在的，色甫沟真的很美，有山有水、有树林、有草甸，路修好后，一定是拉萨市民周末游玩的好去处，自然也会有更多的人走这条路去非常著名的楚布寺。刚才，我将随手拍的照片和几个简单的色甫沟介绍文字发到朋友圈，就有好多人问："这是哪里？如何去？"甚至还有拉萨的好朋友们骂我："你好安逸哦，我们本地人都没有去过，你就先去尝鲜了嗦？这个周末我们就过来了哦。"

（四）其奴村主营种植

其奴村的情况，我们只是听了毛乡长的简要介绍，因为没有实地调查，不敢多写，只好将毛乡长的介绍罗列在这里。

"其奴村的特点是耕地多，村里新开发的就有8000多亩，而且基本是连片的，但是灌溉不是很好。这种情况虽然跟内地没法比，但是在西藏还是不错的。其奴村主要以发展农业产业为主。目前引进外面的人来种植，有三家企业来租地。第一个是拉萨市藏香协会，它租了1500亩，主要种植中藏药材，今年种植了500多亩木香。第二个是自治区农科院，2017年租了1600多亩，主要是进行农业科研种植，下一步他们把我们的这些地作为实验、培训、研究的基地。第三个是乡里自己的公司，就是腾跃公司租了2700多亩，种植饲草料，主要是青饲料玉米和紫花苜蓿。"

"其奴村的养殖业主要是奶牛养殖，有个合作社，规模小，只有87头奶牛。有兴趣的老乡自己组织起来的，我们给他提供场地。场地是我们2014年争取的奶牛养殖的项目，修了牛圈、仓库、挤奶车间、管理用房等，投资900多万元。"

第四节 净土健康产业的发展取向

由曲水县净土健康产业推进过程来看，净土健康产业发展的取向是"三高区间"产业。这些产业既有着较高的地理环境适应性，经过试种—改良，种养殖的是青藏高原的绝无仅有型和品质更优型产品。是否试种和推广，关键取决于市场，所以，绝大多数产业都有很好的市场空间。政府采用龙头企业带动，集体经济、合作社等力量培养农牧民新的种养殖技术，让农牧民乐意发展相关产业，增强社会适应性。

一 绝无仅有型、品质更优型及其绿色取向

净土健康产业发展的主要是绝无仅有型、品质更优型产业，是符合当地区域特征的地方性产业。绝无仅有型主要是指只有当地才产出的，采集业的很多产品基本属于这类，比如虫草以及其他药材；种植中的俄色茶、青稞等；青藏高原的文化旅游、乡村旅游。品质更优型是指内地有该类产品，但高原产品的品质更好，比如无污染的蔬菜、油菜、蜂蜜、紫皮洋芋、藏香猪、藏鸡等。品质更优型中，有的是本地出产，有的是外地引进。前者如油菜、蜂蜜、紫皮洋芋、道孚大葱等。后者如大棚种植的蔬菜瓜果、枸杞等，还有各地试验种植的百合、芍药等。

青藏高原有其独一无二的自然景观和文化实践，以此为基础的农文旅一体化，可以称为绝无仅有型产业。农文旅一体化本身意味着旅游业

向更广方面、更深程度地扩张。"农文旅一体化"的旅游区域，不再仅仅是风景区，而是延伸至乡村；旅游的文化体验将深入农牧民日常生产生活及其所呈现的文化，即农民在农村的生活、农业生产及其所承载的文化意涵。由曲水县净土健康产业发展的个案来看，才纳示范区发展的首先是种植业，其次是加工业，再次是旅游业。才纳片区作为增长极，首先发展的是种植业，包括园区本身、万亩苗木繁育基地、中藏药材种植基地等。以种植的农产品为原料，发展相应的加工业。其次是加工业，包括农产品加工、肥料加工等。最后，旅游业得以发展。才纳示范区本身就是 AAA 风景区，每年吸引 20 万人来观光。万亩苗木繁育基地、四季吉祥村等都成为旅游地，形成才纳旅游小镇。位于达嘎乡的色甫沟等也有希望成为拉萨市民周末出游的目的地。

　　青藏高原种植和养殖的都是比较耐寒的特殊物种，例如青稞和牦牛等。这些高海拔地区的动物（例如牦牛）是青藏高原农牧民重要的生产和生活资料，因此牦牛产业也成为青藏高原最重要的畜牧业。目前，牦牛业产值约占西藏牧业总产值的 50%，畜牧业产值占农业总产值的 55%[①]。青藏高原各地都在大力发展牦牛养殖，不仅在养殖阶段实施短期育肥，而且延伸牦牛产品加工、销售的产业链。牦牛的养殖，青藏高原地区由传统的散养，逐渐开始了短期育肥。迪庆藏族自治州的试验表明，注重宰前育肥，可有效提高牦牛的体重和屠宰率。[②] 四川阿坝州甚至将 2.5—3.5 岁的牦牛、犏牛运往低海拔地区进行冬春季短期育肥，带来良好收益。[③] 拉萨市实行"南草北运、北牛南育"，建构起牦牛养殖、加工、销售全产业链。2019 年拉萨市牦牛存栏 68.7 万头，出栏 15.45 万头，出栏率达到 23.9%。[④]

　　品质更优型主要是指青藏高原上从内地或地方引进品种，采用"试

---

① 洛桑顿珠、孙光明、姜辉、次旦央吉、张强：《西藏牦牛短期育肥技术研究》，《湖北畜牧兽医》2019 年第 9 期。

② 邹淑昆、和嘉华、都吉等：《中甸牦牛冬春季节短期育肥效果初探》，《当代畜禽养殖业》2020 年第 10 期。

③ 官久强、安添午、谢荣清等：《农区牦牛、犏牛舍饲短期育肥效益分析》，《中国奶牛》2019 年第 7 期。

④ 拉萨市农业农村局：《发挥资源优势 壮大牦牛产业》，《新西藏》2020 年第 6 期。

种—适应—改良"的进路，培育出更优质的品种。以才纳示范园来看，引进作物的区域基本是云南迪庆藏族自治州，因为这些品种已经长期适应了高海拔的环境。引种拉萨曲水，地理环境虽然有所变化，但能"活下来"，而且"活得更好"的，才可能推广。

无论是绝无仅有型还是品质更优型，都实行有机生产，这就是说，在环境适应性上，绿色是青藏高原产业发展的底色。学术界认为绿色产品才真正地适合人们的需求，有机农业是农业市场的发展方向。[①] 2015年，我国颁布《全国农业可持续发展规划（2015—2030）》，将"绿色""生态"作为农业核心概念。绿色的产业底色，显现了青藏高原地区产业发展过程中，自然适应性最为重要的特征，即保护自然环境，这是青藏高原产业发展最基本的准则。

净土健康产业秉持绿色发展的基本理念。由才纳示范区的个案看来，其种植业、加工业、旅游业都以绿色为底色，即坚持生态环保。种植业实行的都是有机生产，2014—2018年，试种的35个品种，全部实行有机种植。加工业不污染环境，旅游业也是绿色的。净土健康产业本身所追求的就是绿色发展，这正是这一概念的核心要义。

以蔬菜产业为例，我们可以看到其中蕴含的"绿色适应"，露头蔬菜种植并未破坏自然，采用温室大棚等技术改造了生产的"微环境"。蔬菜产业的发展，有着良好的环境适应性。蔬菜是生育期短、产量高，经济效益好的一大类作物，对农牧民脱贫有十分重要的意义。[②]在青藏高原，"绿色"成为发展蔬菜产业的天然优势，即青藏高原本身的绿色，使其成为绿色产品最佳生产区；青藏高原气候多样，适宜种植多种类型的蔬菜；具有生产反季节蔬菜的气候优势；有着便宜的蔬菜加工气候条件。

青藏高原的生态优势潜力巨大，是绿色产品最佳生产区。青藏高原是全球污染最小的地区，加之病虫害少，且光照和水源充足，良好的生

---

① 黄国勤、王海、石庆华等：《我国绿色农业的发展历程》，《江西农业学报》2008年第12期。

② 代安国、熊卫平、杨晓菊、刘玉红：《西藏蔬菜的现状及发展前景》，《蔬菜》1999年第2期。

态环境为绿色食品蔬菜的发展提供了天然的最佳生产区域。① 西藏当地工矿企业极少，人口密度低，土壤很少受工业和生活污染。农业生产中农药使用量远远低于内地，土壤中农药残留量较低，有利于发展高品质蔬菜。② 青藏高原生产的无公害蔬菜具有成本低、质量高的优势。20 世纪末期，国内生产的绿色食品，只能达到 A 级标准，而西藏生产的蔬菜可优先拿到国内的无公害身份证 AA 级标志，极大地增强了西藏蔬菜在国内、国际的竞争力③。总之，独特的气候资源使青藏高原在夏季就能生产优良品质的喜凉蔬菜、花卉，青藏高原是建立反季节蔬菜、花卉基地的最佳区位地，例如"西藏"就是蔬菜无公害绿色食品的天然品牌。④

青藏高原气候类型多样，适宜多种蔬菜发展。以西藏为例，西藏蔬菜生产分布在五个区域：一是高原寒冷干旱区，包括噶尔、改则、普兰等地，可种植耐寒性强或半耐寒性的大蒜、洋葱、芹菜、菠菜、豌豆、萝卜等；二是高原寒冷中湿润地区，包括那曲、索县、丁青、帕里、错那等地，可种植耐寒性的萝卜、圆根、大白菜、菠菜、莴苣等；三是高原温凉半干旱区，包括日喀则、江孜、拉萨、泽当等地，可种植大白菜、黄瓜、番茄、菜豆、茄子、西瓜、马铃薯等；四是高原温暖半湿润区，包括林芝、波密、米林、朗县等地，可种植黄瓜、辣椒、茄子、莴苣、菜豆等；五是高山峡谷亚热带湿润区，包括易贡、察隅、墨脱等地，可种植辣椒、冬瓜、丝瓜、苦瓜、大豆、芋头、生姜等。青藏高原有生产反季节蔬菜的气候优势。例如西藏年平均温度在 -5.6℃—20℃之间，气温比同纬度的我国东部平原地区要低 15—20℃，适合生产反

---

① 陈爱东、兰浩志：《关于西藏生态特色蔬菜产业发展的探讨》，《牡丹江大学学报》2014 年第 4 期；严国锋、严潜入、肖献国：《西藏地区礼品西瓜温室大棚立体吊蔓栽培技术》，《上海蔬菜》2014 年第 5 期；高尚军、严国锋、严潜、肖献国：《西藏地区水果黄瓜大棚高产栽培技术》，《蔬菜》2015 年第 2 期。

② 林祥文：《日喀则地区保护地蔬菜产业发展研究》，《上海蔬菜》2014 年第 2 期。

③ 代安国、熊卫平、杨晓菊、刘玉红：《西藏蔬菜的现状及发展前景》，《蔬菜》1999 年第 2 期。

④ 陈爱东、兰浩志：《关于西藏生态特色蔬菜产业发展的探讨》，《牡丹江大学学报》2014 年第 4 期。

季节蔬菜。①

此外，青藏高原有着蔬菜加工的优势。西藏空气干燥、紫外线强烈、无污染，这是规模化蔬菜生产加工、产品贮存、生产蔬菜晒干制品得天独厚的优势。自然条件下，产品不易腐烂变质，较少细菌侵染，无须真空或灭菌包装。② 随着非耕地设施蔬菜的发展，青藏高原地区的大量非耕地可用于发展设施蔬菜产业。③

二 以市场为导向

从才纳示范区来看，是否种植或养殖某一品种，首要的是考察是否有市场；是否向农牧民推广，完全取决于市场；产品加工取决于市场。

才纳示范区的试种、推广、加工，随市场变化而不断调整。才纳示范区试种、推广是市场导向性的，加工企业本身追求利益，由此形塑了种植业发展的试种—推广—变化—推广的过程。市场导向下，种植种类不断推陈出新。由上述资料可以看出才纳示范区试种的市场导向性。2014年推广玛咖、雪菊等，2019年主推藏药材种植，如藏边大黄等。推广什么，取决于市场需求。也就是说才纳示范区根据市场需求来决定试种什么、推广什么、推广多少。2018年种植的主要是藏药材，这是基于市场所需。2014—2018年，试种和已经推广的作物有35种，而党参、蜀葵由于市场前景不好，已经放弃种植。2018年正在推广并在园区依然种植的品种有13种，包括玛咖、藏当归、藏木香、牛蒡、藏边大黄、枸杞、葡萄、郁金香、雪菊、唐菖蒲、玫瑰、万寿菊、灵芝。2018年仍在试种的19个品种，包括黄芪、金银花、野生黄牡丹、雪桃、桃树、食用百合、薰衣草、油用牡丹、彩色大丽花、烟叶、银杏、

---

① 陈爱东、兰浩志：《关于西藏生态特色蔬菜产业发展的探讨》，《牡丹江大学学报》2014年第4期。

② 闵治平、姚金萍、周军：《发展西藏蔬菜产后加工业的基本思路与设想》，《西藏科技》2002年第6期。

③ 非耕地设施蔬菜是指在耕地之外的土地上，利用现代无土栽培技术，开展蔬菜生产的一种新型生产技术模式。近年来，我国在西北地区利用砂石滩、沙漠、戈壁等非耕地开展设施蔬菜生产取得了一定的效果。参见代安国、刘玉红、李艳峰《超越资源约束发展西藏非耕地设施蔬菜产业》，《西藏农业科技》2019年第4期。

紫薯土豆、高产青稞、茶叶、构树、车厘子、藏红花、重楼、香水百合，它们都有着较好的市场前景。

产业转变的过程，经历试种—推广—变化—推广等环节。受气候、水利、病虫等多种不可控因素的影响，农业产业既难以推广也容易失败。[①] 多环节不断循环，既是政府引领产业发展的主动行为，又有着不断适应市场的背景因素。

在才纳示范区，加工业的特点主要是：加工主体的市场化，加工企业都通过引进而来；加工品种多样，例如玫瑰就加工成了玫瑰鲜花饼、玫瑰精油、玫瑰纯露、玫瑰面膜、玫瑰肥皂、玫瑰香露、玫瑰护手霜；与知名品牌衔接，借助业界大佬的品牌来发展自己的产业，如与茅台企业合作，生产雪菊酒等。

三 将特色产业转化为优势产业

（一）从民族特色产业到优势产业

从地理适应性、社会适应性的角度来看，特色产业是具有很强地理适应性（独特性，独一无二型或品质更优型）、足够的社会适应性（与民族文化、农牧民生计方式相契合）的产业。具体到民族地区特色产业，有学者认为民族特色产业的特殊性及其特征主要体现在"市场属性、地域性、民族性与文化差异性、生态与可持续性"[②]，"不可替代性、地域特色、持续性、竞争性"[③]，"民族性、区域性及竞争力"[④]，"民族性、历史性、特需性、文化性"[⑤] 等。有学者认为民族地区特色产业是指依据民族地区资源、环境、文化等特殊条件而形成的具有地方

[①] 许汉泽、李小云：《精准扶贫视角下扶贫项目的运作困境及其解释——以华北W县的竞争性项目为例》，《中国农业大学学报》2016年第4期。

[②] 温茜茜：《绿色发展视角下我国民族特色产业转型对策研究》，《贵州民族研究》2017年第1期。

[③] 王岩、刘振江：《绿色消费主义主张下民族特色产业发展研究》，《贵州民族研究》2016年第12期。

[④] 安万明：《民族地区特色产业发展中的地方政府职能研究》，《内蒙古民族大学学报》2014年第2期。

[⑤] 张璞、郝戊等：《论少数民族特色产业创新与发展》，经济管理出版社2014年版，第20页。

特色的产业，大致有几种：第一，是指由于民族性质而生成的特色产业，这种产业往往是满足由民族文化而生成的各种需要，相关产品生产主要面向民族内部人群；第二，由于民族特殊条件而形成的特色产业，每个民族地区都有不同的环境条件，因此也形成了与地方特质、环境特征相适应的各种产品，如草原民族的马奶酒、藏族的酥油茶、青稞面等，这些产业是民族民众适应民族地区特殊环境条件而生成的产业；第三，由于民族文化和生活习惯而形成的特色产业，如地方戏剧、清真餐饮等①。尽管众说纷纭，但大家对特色产业的概念还是达成了以下基本共识：第一，民族特色产业依托本地区的特色自然资源；第二，民族特色产业承载独特的民族文化特征；第三，民族特色产业具有可持续发展潜力；第四，民族特色产业要不断扩大规模。②

在民族地区产业发展道路上，学者认为民族地区特色产业就是根据本地特色资源禀赋、地理区位条件、特殊气候环境和技术研发优势培育的特色产业体系，进而成为一个地区经济发展的重要产业支撑。③ 我们赞同这样的观点，认为民族地区经济发展必须推动特色产业成为优势产业，而特色产业要成为优势产业，还需要有比较优势和竞争优势。换言之，特色产业只有具备比较优势和竞争优势，方能成为优势产业。

经济学认为优势产业要有比较优势，例如生产要素相对丰富、生产成本较低以及有竞争优势。竞争优势理论指出产业定位必须立足于区域的绝对优势要素和比较优势要素，发挥竞争优势，规避竞争劣势，并在产业发展中不断累积竞争优势④。"杜能圈"理论，认为在物流成本较高的地区，物流成本是产业竞争劣势，但这类地区产业密度低，土地价格便宜，自然禀赋是产业竞争优势⑤。因此，这类地区必须生产高附加

---

① 王岩、刘振江：《绿色消费主义主张下民族特色产业发展研究》，《贵州民族研究》2016年第12期。

② 方青云：《经济人类学视野下的民族特色产业规模化发展的反思》，《云南民族大学学报》2019年第4期。

③ 申鹏、李玉：《农业供给侧改革下西部民族地区特色产业发展研究》，《贵州民族研究》2017年第6期。

④ ［美］迈克尔·波特：《国家竞争优势》，华夏出版社2002年版，第10—19页。

⑤ ［德］约翰·冯·杜能：《孤立国同农业和国民经济之关系》，吴衡康译，商务印书馆1986年版，第20—219页。

值的特色、优质和品牌产品，才能发挥自然禀赋优势，消除物流成本劣势。① 概言之，民族特色产业要成为优势产业必须具备比较优势和竞争优势。

(二) 净土健康产业强化着比较优势和竞争优势

由上述理论来看，青藏高原业已形成有地区特色的民族特色产业（如农牧业），青藏高原要将民族特色产业发展成为优势产业，应遵循以比较优势为基础，以转换结构为手段的基本原则，优化高原地区产业结构。高原产业结构必须与地区的自然、社会、经济条件相适应，充分利用高原有利条件，并通过地区间交换，使得地区优势得到最大限度地利用。有比较优势就需努力去创造竞争优势。②

"杜能圈"启示青藏高原的产业发展，应通过减少物流成本来增加竞争优势，为此需要发展"轻量高值"的产业，提升销售产品的附加值，以较高的利润来消化运输成本；运输成本由对方支付，例如发展农文旅产业，让旅游者支付交通成本，促进青藏高原发展。自然，"杜能圈"的启示只是相对微观的角度，以地理适应性、社会适应性维度来考察，即将"优势产业"置于区域自然、社会、文化相契合的语境下来思考，优势产业应该是：既有经济学意义上的生产要素相对丰富和生产成本较低，也广泛地被民众所认可，并乐意为之效劳（如种植青稞、土豆，饲养牦牛等），更要有在区际间交换中有着较高的符号价值（像虫草一样来自高原的洁净概念和符号，净土、营养价值）以及由此带来的市场交换价值。

自然，能否成为优势产业，核心的转换点在于是否有市场优势。即特色产业一般是区域性特有的产业，而且具有比较优势，要转化为绝对优势，就要具有市场竞争力。特色产业是具有较强环境适应性和生计适应性的产业，优势产业必须具有市场竞争力。青藏高原特色产业已经成为优势产业的，都很有市场优势。青藏高原上，曾有"净土产业"转化为优势产业。生态人类学家们认为，存在几千年的采集生计已经处于

---

① 赵禹骅、黄增镇：《全产业链视角下民族地区特色产业发展的对策分析》，《广西民族研究》2017年第3期。

② 赤旦多杰：《青藏高原特色产业型经济发展研究》，《中国藏学》2006年第3期。

濒危边缘，只留下纯粹的形式。然而，在今天的高海拔藏区，古老的采集业却在新的环境下，以不同以往的形式重新焕发生机。长期以来，青藏高原传统而稳固的生产结构是以种养殖为主，伴以少量野生药材（虫草、贝母等）和食材（菌类，如松茸等）采集。如今，在虫草主产区，虫草采集成为家庭的主要收入来源，牧民变成"草民"，部分基层政府甚至把虫草采集作为支柱产业。① 20 世纪 90 年代至今，虫草市场控制了虫草产出地的土地、劳动力和价格。② 虫草价格超过黄金，或许我们可以认为，这有着市场炒作的因素，但是在这背后，人们对青藏高原的"纯净产品"的心理偏好、消费偏好，显然也是有迹可循的。此外，青藏高原的旅游业因为其独一无二的自然景观、独特而深刻的文化体验，旅游者情有独钟，成为优势产业。

  青藏高原上的上述特色产业很有市场竞争力，根源于市场需要的升级，特色、绿色、原生态成为需求的新趋势。长期以来，人们对青藏高原上无污染的环境和各种产品很有好感。对越来越追求食品、保健品安全的内地人来说，也有很强的吸引力。民族特色产业从本质属性上看契合绿色发展的基本理念，促进民族特色产业绿色发展也能进一步开发民族地区区位与资源优势，促进经济效益与生态效益协调推进。③ 青藏高原的绿色产品，有较高的经济价值，经过适当的开发与品牌树立，也会有很好的市场前景。遗憾的是，由于产业化、市场化发展都很薄弱，青藏高原上的一些特色农牧产业等尚未成为优势产业，却有着成为优势产

---

  ① 范长风：《冬虫夏草产地的政治和文化传导》，《西藏研究》2015 年第 2 期；范长风：《青藏地区冬虫夏草的经济形态与文化变迁》，《民俗研究》2016 年第 1 期；阿沙：《四川藏区农牧民生计变迁研究》，硕士学位论文，华东理工大学，2015 年，第 36—37 页；尼玛扎巴等：《那曲虫草采集的相关问题研究》，《科技广场》2013 年第 12 期。

  ② 徐延达等：《三江源地区冬虫夏草采挖对草地植被的影响》，《环境科学研究》2013 年第 11 期；董彩虹等：《我国虫草产业发展现状、问题及展望——虫草产业发展金湖宣言》，《菌物学报》2016 年第 1 期；安德雷（Andreas Grnschke）：《从游牧到商人：青海玉树州藏族游牧民在虫草和市场作用下的生计转变》，《中国藏学》2013 年第 3 期；尕丹才让：《三江源区生态移民研究》，博士学位论文，陕西师范大学，2013 年，第 68—69 页；侯隽：《"极草"被叫停，青海春天会"失业"吗？》，《中国经济周刊》2016 年 4 月 11 日；范长风：《冬虫夏草产地的政治和文化传导》，《西藏研究》2015 年第 2 期。

  ③ 温茜茜：《绿色发展视角下我国民族特色产业转型对策研究》，《贵州民族研究》2017 年第 1 期。

业的巨大可能性。净土健康产业的发展正在弥补产业化、市场化不足的缺陷。

总之，在绿色消费主义主张下培育和发展特色产业就是把民族特色优势转化为经济、市场优势，是实现民族地区可持续发展的最佳选择①。正如胡鞍钢、温军所认为的，西藏畜牧业无论是比较优势系数、草场资源禀赋系数，还是畜牧业综合比较优势系数，均位居全国第一位。由此可见民族历史悠久、极富高原特色的畜牧业具有相当的发展优势，农牧结合资源在全国也具有相对比较优势②。事实也正是如此，例如西藏天然林保护和林区特色经济发展惠及百姓。西藏加强天然林保护，发展林业产业和林下经济。西藏74个县市中，有林县30个。截至2014年，全区森林面积1684.86万公顷，森林覆盖率14.01%，居全国第五位，森林蓄积居全国第一位。③ 林芝地区是西藏的主要林区，在生态优先、环保优先的前提下，发展生态、林下产业。2015年，林芝市的"林芝灵芝"（含野生）年产量达到2.5万公斤，较2013年增长40%；年产值达6000万元，比2013年增长50%。人工灵芝种植基地覆盖7县15个行政村，受益群众数千人，人均年纯收入1万多元。林芝天麻（含野生）2015年产量80万斤，比2013年增长20%；年产值4亿元，比2013年增长30%。人工天麻种植基地覆盖6个县区14个行政村，受益群众2000多人，人均年纯收入1万多元。林芝松茸平均年产量达600多吨，商品量在550吨左右，年产值1亿元以上。目前，林芝市已有"林芝灵芝""林芝天麻""林芝松茸""林芝藏香猪""米林藏鸡""墨脱石锅"6个产品获得国家地理标志产品保护；"林芝苹果""易贡辣椒"获得国家农产品地理标志登记保护；"林芝松茸""波密天麻"取得了中国地理标志商品。据统计，仅获得国家质检总局地理标志保护的林芝6个产品，2015年的产值就达7亿元，比保护前提高了

---

① 王岩，刘振江：《绿色消费主义主张下民族特色产业发展研究》，《贵州民族研究》2016年第12期。

② 胡鞍钢、温军：《西藏现代化发展道路的选择问题（下）》，《中国藏学》2001年第2期。

③ 陈志强：《永葆高原天蓝水绿山青》，《西藏日报》2016年1月30日。

30%以上,成为林芝生态、特色产业的重要支撑。①

第五节 政府引领的发展性智慧

深度贫困地区地理位置偏僻,缺乏产业发展的基础条件,然而,其自身的改善能力极为微弱,同时由于区位劣势明显以及公共产品的特性,使得市场机制难以发挥作用,因而深度贫困地区产业发展中,政府的引领作为极为重要。② 或者说,政府引领是深度贫困地区的发展性智慧,即不仅是为了维持生存的智慧,更是促进发展的智慧。

从公共产品供给的发展史来看,政府的发展干预,逐渐从基础性公共产品供给深入产业发展。因为产业发展是要从区域特色产业向优势产业转化,这需要政府提供一系列公共产品③,包括产业基础性公共产品、产业专用型公共产品、产业拓展型公共产品。政府应遵循产业价值链演化规律来供给公共产品:首先,确保产业基础型公共产品的供给,为贫困地区产业形成奠定基础;其次,针对特定产业环节提供产业专用型公共产品,形成区域特色产业;最后,提供推动产业融合发展所需的产业拓展型公共产品,使贫困地区的特色产业转化为优势产业。④ 精准扶贫极大地改善了后税费时代地方政府在乡村发展特别是贫困乡村发展中的注意力分配和公共投入上的缺失。⑤

学术界普遍认同中国农村扶贫最突出的特征就是政府主导。这不仅

---

① 杨军财:《西藏生态保护及产业发展的成就和意义》,《中国藏学》2016年第4期。
② 陈聪、程李梅:《产业扶贫目标下连片特困地区公共品有效供给研究》,《农业经济问题》2017年第10期。
③ 贫困地区(尤其深度贫困地区)的产业发展,需要政府以多种形式提供多种公共产品的认知,已是基本共识。参见李雪萍《公共产品供给促进反脆弱发展:甘孜藏区发展策略研究》,中国社会科学出版社2017年版;张春敏:《产业扶贫中政府角色的政治经济学分析》,《云南社会科学》2017年第6期;陈聪、程李梅:《产业扶贫目标下连片特困地区公共品有效供给研究》,《农业经济问题》2017年第10期。
④ 陈聪、程李梅:《产业扶贫目标下连片特困地区公共品有效供给研究》,《农业经济问题》2017年10期。
⑤ 荀丽丽:《从"资源传递"到"在地治理"》,《文化纵横》2017年第6期。

体现为扶贫政策的制定和扶贫资源的供给，更重要的是它构建起一个直接面对社会贫困群体，由纵横交错的科层组织、正式和非正式交织的制度规则和庞大的官僚群体组合而成的"扶贫工厂"，所有的扶贫资源都在这个工厂中生产、分配和消费。这一"扶贫工厂"的内部生产过程以及它与社会中贫困群体的互动关系就构成了中国式的"扶贫场域"①。

政府引领具有综合性，又突出体现在产业方向选择、产业推进等诸多方面。政府引领必须是综合的，因为单一依靠市场，净土健康产业难以发展起来，这既与市场的逐利性有关，也与市场力量在青藏高原的弱小相联系。于是，政府在净土健康产业的发展中，起到了引领性作用。首先，引领产业发展的底色，即绿色发展为根本；其次，引领产业发展方向，如增强市场适应性；最后，建构产业发展的社会基础。政府既是产业规划者、主要的投资者，还是技术试验与推广者，也是引入企业者以及市场推广者。在青藏高原，政府引进净土健康产业发展方向的共同点如下。

首先，政府引领农牧业生产的市场性发展。政府引领种植业的发展，主要增加新品种以及优化原有品种，增强市场性。增加新品种，主要做法是经过引进—试验，然后推广符合市场需求的品种。有的是本地野生植物驯化后种植（如藏边大黄），有的从别的地方引进，经过一段时间的适应，生长良好且有市场前景的，再向农牧民或合作社推广种植。例如，拉萨曲水县2015年来，试种、推广种植20多个品种，有药材（玛咖、藏红花、白肉灵芝等），花卉（玫瑰、百合、牡丹等），水果（雪桃、葡萄、蓝莓）等。甘孜县也在试种花卉（如玫瑰、百合）以及玉米（青储饲料）等，炉霍县试种枸杞及多种蔬菜、水果。优化原有品种，主要是指各县在保持传统优势产品（青稞、土豆）种植的基础上，优化原有品种（如脱毒马铃薯），并推广到更广阔的市场，例如甘孜州种植的有机蔬菜大量运往成都。为了增强养殖业的市场性，一是增加适应市场所需的养殖品种，如在养殖传统藏鸡的基础上，建设现代化的养鸡场。二是以组织化的方式促进牲畜出栏，逐渐改变农牧民

---

① 林雪霏：《扶贫场域内科层组织的制度弹性——基于广西L县扶贫实践的研究》，《公共管理学报》2014年第1期。

"惜售惜杀"惯习。在甘孜县，政府利用产业扶贫资金与农牧民一起建设了集体牧场，政府要求集体经济牧场按时、按比例出栏，农牧民在集体牧场出售的带动下，也自觉自愿地出售自家养殖的牦牛。

政府与企业一起找准市场，通过订单，让农户与市场联结，有利于农户稳定增收。政府从外地引进了企业或在本地培植了企业，企业与农户之间采用订单的方式联结。政府采用示范性诱导、优惠性措施等，逐渐引导农牧民。这里的引导，是"双向诱致性变迁"。[1]

其次，加工农牧产品，延伸产业链，提高附加值。养殖产品加工在不断延伸，如牦牛肉加工牦牛肉干、牦牛肉糖果；牦牛奶加工成奶粉、奶片、奶渣、奶茶等。种植业产品的加工日趋多彩缤纷。传统的青稞加工成炒花花、青稞酥、青稞酒等。例如曲水的玫瑰被加工为玫瑰鲜花饼、玫瑰精油、玫瑰纯露、玫瑰面膜、玫瑰肥皂、玫瑰香露、玫瑰护手霜等；烟叶制作成辅酶Q10胶囊、牙膏、雪茄；玛咖被加工成精片、玛咖粉、玛咖酒；雪菊被制作成雪菊酒、雪菊茶等。曲水县与茅台集团、白金酒业公司等合作，加工玛咖酒、雪菊酒、葡萄酒、鹿血酒等，销量很好。仅是玛咖酒，2017年、2018年的销售总额分别是3000万、4000万元。种植的藏边大黄等各种藏草药被加工成各种成品药，金哈达集团最有影响力的是8个国药准字号产品，其中独家品种3种（即七味铁屑胶囊、常松八味沉香胶囊、秘诀清凉胶囊）、2个药品已纳入医保目录、1款面膜具有国妆特字号。此外，金哈达集团生产12种藏香、9种藏医保健品和化妆品、87种医院制剂。这些产品销量很好。

再次，实施农文旅一体化。农文旅是以农业为依托，通过与文化产业、旅游业相互渗透、交叉等方式呈现新兴业态、崭新商业模式的动态过程。农文旅一体化以旅游业带动农业生产和加工，将旅游延伸至村庄及农牧民的生产生活，让农牧民生产生活及其承载的文化内涵成为旅游"新景色"，尤其是易地扶贫搬迁村庄。农文旅间的产业融合，延长产业链，出现新业态，可以有效提高农村居民收入，改善生活水平，推动农业转型升级。在西藏林芝，像鲁朗草原等，农文旅的一体化早已使得

---

[1] 强舸：《权力、技术变迁与知识再生产：当代西藏作物种植史的政治学叙事》，博士学位论文，复旦大学，2013年，第15页。

当地农牧民致富。

最后,建设田园综合体成为微型增长极,带动扶贫产业在县域以及周边地区推广。曲水县以才纳国家现代农业示范区为依托,将扶贫产业推广到各个乡镇,并使得易地扶贫搬迁户有了更多的就业机会。甘孜县被誉为"康北中心",它联结6个县和西藏、青海省,是区域性商贸、交通、旅游"枢纽"。甘孜县整合产业扶贫资金,建设了格萨尔王城、孔萨农庄等,形成了以县城为中心的"田园综合体",成为微型增长极。格萨尔机场通航,甘孜进一步带动了旅游、商贸在县域以及周边地区的推进。

第四章

地理适应性：净土健康产业的绿色底色

2020年8月，习近平在第七次西藏工作会议上指出：保护好青藏高原生态就是对中华民族生存和发展的最大贡献。要牢固树立绿水青山就是金山银山的理念，坚持对历史负责、对人民负责、对世界负责的态度，把生态文明建设摆在更加突出的位置，守护好高原的生灵草木、万水千山，把青藏高原打造成为全国乃至国际生态文明高地。在青藏高原，生态保护的价值是无限的。青藏高原的产业发展演绎着"绿色"逻辑，因为绿色产业是未来经济发展的趋势和主题。在区域产业发展中植入绿色，绿色经济成为主要成分，这是区域经济走向绿色的现实演化逻辑。无论是传统产业转型升级，还是发展具有生态特色的生态产业等，都是在绿色经济的逻辑下展开。绿色成为青藏高原区域产业发展的准绳和衡量区域三大产业的标准。青藏高原尤其需要通过提升区域产业的绿色竞争力来促进区域经济发展。[1]

目前青藏高原净土健康产业的发展方向，无论是有机种植业和加工业，还是无污染的旅游业等，都将绿色发展置于首位。绿色发展中，政府角色多样化。在净土健康产业的具体发展过程中，青藏高原地区实现了绿色的内涵式拓展和外延式拓展。外延式拓展主要是通过植树造林等，将荒地变绿地，例如琼结县的雅砻河滩变成经济观光林带、曲水县万亩苗木繁育基地及其所带动的绿色种植延伸至村庄和农

---

[1] 陈运平、黄小勇：《泛县域经济产城融合共生：演化逻辑、理论结构与产业路径》，《宏观经济研究》2016年第4期。

户。内涵式绿色拓展有两种方式，一是绿色拓展，即依托已有的绿色资源发展相关产业，包括扩展现有林地、湿地等，并将之发展为旅游扶贫基地；二是绿色覆盖，即实行全域有机生产和加工，将绿色的水资源、光资源加工成绿色产品，如饮用水和光伏电站等。绿色发展是青藏高原在产业发展中，原有地理适应性不断强化，凸显出产业发展的"发展性智慧"。

第一节　政府引领绿色发展方向

一　绿色产业的外延式和内涵式拓展

目前，青藏高原上各地的绿色农牧业、绿色旅游业、绿色资源业等得到发展，实现着内涵式、外延式绿色拓展。外延式拓展主要是从无到有的发展，例如将荒滩荒坡建设成绿色产业基地，主要方式是植树造林以及发展林果业。内涵式绿色拓展主要有以下几种方式。第一，将现有林地、湿地拓展为旅游产业扶贫基地。例如拉萨市曲水县将国有苗圃改扩建成青藏高原上少有的动物园，成为市民重要的休闲、学习之地；再如甘孜藏族自治州甘孜县将雅砻江湿地公园联结格萨尔王城，建设起旅游产业扶贫基地（即格萨尔王城）。它集山水观光、休闲度假、文化感受、民俗体验、格萨尔文化传承、宗教朝觐于一体，扩大了绿色覆盖区域。第二，将绿色的水资源、光资源加工成绿色产品，如饮用水和光伏电站等。西藏的饮用水加工、光伏电站遍布各县市。第三，青藏高原一些县市努力实现全域有机生产种植。例如曲水县已经实行全域有机生产，2016年曲水县获得玛咖、黑青稞等7个有机农产品认证证书，2017年又获得了葡萄等5种经济作物的有机转换认证。

我们将青藏高原上现有的"绿色制造""绿色拓展""绿色覆盖"作为绿色生产和再生产的几种类型，来呈现净土健康产业的发展。"绿色制造"主要是指将荒滩荒地变成绿色的草滩和森林等；"绿色拓展"主要是指将绿色林地拓展为民众休闲之地；"绿色覆盖"主要是覆盖区域的绿色生产（包括无污染的有机生产等）与加工、旅游业等。

二 绿色发展是青藏高原的普遍共识和共同实践

绿水青山是金山银山，这是中国人的普遍共识。青藏高原的各级政府及民众除了共同认同这一观念之外，还认为冰天雪地也是金山银山。因为青藏高原除了有绿水青山，更多的是冰天雪地。就此问题我们专访过西藏山南市琼结县领导，我们以他们的说辞作为例证。

在西藏山南市琼结县，有一位县领导曾说："我们这里，山上没有矿，地上没有厂，但是我们一定会无污染地绿色发展，让老乡们的幸福指数不断升高。"琼结县的整体发展思路是强调"绿色发展"，最近发展较好的产业基本是绿色的，绿色农牧业、旅游业、光伏产业、水资源加工业等。琼结的环保成绩突出，2017年申报自治区级生态示范县。"我们琼结县，第一是水资源绿色利用。我们跟5100西藏冰川矿泉水公司合作，在琼结建设规模很大的矿泉水厂。建成后，用水规模远远大于现在雅拉香布品牌的用水量，能增加就业，也会较迅速地提升我们琼结县的财政能力，估计可能由每年2500万元年提高到每年5000万元。财政收入增加，我们琼结县也就更有能力做民生工程。第二是光资源绿色利用。我们琼结的光伏发电产业将会进一步地发展，不会停留在现在的水平。第三是土地资源利用。我们琼结要发展提高土地附加值的绿色种植业。首先是藏药材种植，现在刚刚开始，种植面比较小，一旦见效，可逐渐推广，因为把握住市场是一件很难的事情，一定要稳妥。其次是千亩蔬菜基地建设，蔬菜可以销售到山南以及附近的曲松、桑日等，甚至拉萨市。再次是观光经济林带建设，有苹果、梨等，从下水乡政府附近一直延续到县城。第四是文化资源利用，这也是绿色的。我们琼结有那么丰富的历史文化资源，一定要发展起来的。""我们加麻乡除了生态建设之外，要大力发展特色农牧产业，例如中药材和酸奶；琼结镇围绕旅游，抓好5100和服务业；下水乡抓好菜篮子项目、光伏产业、生猪养殖、荞麦等特色产业；拉玉乡要发展好旅游，把青稞酒品牌推出去。"①

琼结县作为"泽当后花园"，绿色种植业、旅游业等绿色产业不断得到发展。当地领导告诉我们："泽当到琼结一线的产业规划上，我们

---

① 访谈记录编号 20170629－XZ－QJX－AXG。

琼结会体现出后花园特色。从泽当进入琼结的地盘，连接着的是蔬菜基地—花千谷—强吉村—果园等，全线是绿色生态产业，体现休闲观光。进入白那村就是蔬菜基地，蔬菜基地一定不光是纯粹的种植蔬菜，而是要集体验、观光休闲功能于一体。临近的花千谷，有花卉种植、销售、欣赏、采摘等。强吉风景区，既是风景极好的种植区，又有青稞酒品牌和庄园等。整个琼结河谷，我们都建设观光经济林带，直到县城。"

"旅游产业是我们后续发展最重要的产业。旅游产业的发展既要与泽当一体化，又要在点位上有所差异。我们还需要建设博物馆、展览馆等，要穿越历史、还原历史，技术上要有声光电等齐全地展现我们琼结的传统历史文化。我们还可以发展文艺演出，争取打造一系列古村落。"

"当然，我们琼结的产业取向还可以高端化，实现琼结与泽当的错位发展。我们可以发展大型的物流产业，建设物流仓储中心、商贸中心、电子商务、云计算中心等。因为如果高速公路到琼结，拉林铁路3年就修好，泽当—琼结的位置很好，东联林芝，西接拉萨。物流、仓储等这些东西覆盖整个西藏。"①

这两年，琼结县绿色产业发展主要有14个项目，这14个项目具体化为"三园六区"：千亩连片蔬菜产业园（位于下水乡）、绿色产业园（位于琼结镇，将手工业加工集中起来）、精准扶贫产业园（拉玉乡强钦庄园）；藏中药材种植区、光伏扶贫区、民族商贸区（民族商贸一条街）、特色建材区、农牧产业区、电子商务区。②

三 绿色发展中政府的多角色

在"绿色底色"发展的引领中，政府扮演了多重角色。首先，政府是规划者。做什么、怎么做等，由政府与当地民众一起决定。其次，政府是投资者。无论是绿色制造、绿色拓展还是绿色覆盖，政府都是最大的投资者。例如才纳示范区，2017年、2018年，政府的投入都是近5千万元。不过，可以认为这是盈利的投资，据估算，2018年的经济收益是9千万元。才纳示范区管委会负责实际运营，他们的管理便是事无巨细了。

---

① 访谈记录编号 20170713 - XZ - QJX - WPW。
② 2017年7月，笔者在琼结县调研时得到的材料。

在有机生产中，政府是规划者、投资者、引导者。即便是其中的引导者，其工作内容同样丰富，工作方式也是多种多样。工作方式主要是柔性引导，例如为了避免使用非有机农药，政府向农户发放杀虫板、杀虫灯、性诱剂等。而且，曲水要求该县的农药销售店不能卖农药给本县人。为了求证基层官员的说法，我们从极稀少的农药售卖店中找到了一家，假装要买农药。店主要求我们拿出身份证，我们假装迟疑，店主告诉我们："你们必须拿出身份证哦，如果你们是本县的，我们是不卖的。"政府这样的做法，看似笨拙，但实际上已经被大家接受。我们访谈当地老乡，老乡告诉我们："我们这里冷，虫害本来就少。我们，你们晓得的，本身就不爱打药①。我们本身晓得那些药不好，以前不用农药、化肥的粮食、蔬菜都很好吃。用了药的，不好吃。再说哈，我们现在更不得用那些药哦，因为不用农药和化肥的，才更值钱得嘛。"实际上，有机产业确实很有发展前景。在20世纪80年代以前，农作物不用农药、化肥，产品口感好，产量低，这是第一阶段。第二阶段是为了提高产量，使用农药、化肥，产品口感差，产量高。发展到如今，进入不用农药和化肥、产品口感好、产量高的第三阶段，势在必然。

第二节 绿色制造：生态产业的外延式拓展

一 荒地到绿野：从无到有的绿色种植

"制造绿色"是将荒地荒滩转变为绿地，属于外延式绿色拓展，主要方式是植树造林，包括发展林果业。例如西藏山南市琼结县在雅砻河谷的荒滩上栽种了12000亩的经济观光林。拉萨市曲水县建设了万亩苗木繁育基地，苗木繁育由此扩展到乡村，甚至深入农户等。绿色制造的生态效应、经济效益和社会效应并存。除了有生态效应、经济效益外，还有很强的社会效应，如惠及贫困人口等。

琼结县的经济观光林，现在已经成为既保护生态，又有经济收益的绿色河谷。2020年已经开始少量水果销售，之后会有所增加。经济观

---

① 这是当地民众受文化规约的习惯性行为。

光林地的收益权和管护权都归于村民,村民增加了收益,这是它的社会效应。

曲水县的万亩苗木繁育基地,首先是增添了大面积的绿林,有着积极的生态效应,当地秋冬季节的风沙小了很多。其次,产业效应与经济效益同时显现,万亩苗木繁育基地带动当地发展旅游业及苗木、藏药材种植业,产业发展效果显著,经济收益不菲。再次,社会效益突出,包括成为易地扶贫搬迁村庄(四季吉祥村)搬迁户长期的就业场地,该基地建设期间多方面惠及当地贫困户;是西藏种质资源保护库,社会效应不可估量;是林业科普教育、科技示范、实习及培训基地,更利于当地民众的学习与进步。

应该说,绿色产业的发展惠及了整个区域的农牧民,当然,在务工、就业等方面更多地照顾了贫困人口,例如拉萨市曲水县才纳片区的发展,使得易地扶贫搬迁的四季吉祥村有了很多就业机会,四季吉祥村的555个劳动力,已经就业的有489人,其中401人在周围的净土健康产业实现就业。2016—2017年,曲水县的建档立卡贫困户实现劳动力转移就业1986人,超过建档立卡贫困户劳动力的2/3。曲水的扎西在雅鲁藏布江的荒滩种植枸杞,既利于环保,也有了经济收益,也带动了村里的产业发展。

政府主导往往与适时交由民众集体管理、经营和收益相结合。初始阶段,政府是最为重要的规划者、投资者,甚至是实施者。曲水的万亩苗木繁育基地也是由政府规划、投资,由国有企业实施。琼结县的观光林带完全由政府规划、投资、实施。曲水的万亩苗木繁育基地建设中,政府协调用地,保障水电供给,还要修好道路,甚至直接委派县林业局的官员直接管理等。

二 雅砻河滩变成经济观光林带

雅砻河谷横穿山南市琼结县,雅砻河谷有很多荒滩,一旦大风吹来,刮起黄沙四处飞扬(在山南市雅鲁藏布江段就因为这个原因,造成江边山地成沙坡)。与治理环境相匹配,林业部门将雅砻河谷的下水乡段栽种各种果树,变成了经济观光林,增添了绿色,发展了水果生产,一段时间后,交由当地村集体经营、管理,村民由此受益。

位于琼结县下水乡的经济观光林带是雅砻河谷最大的经济观光林带。该观光林带位于雅砻河东岸，由北向南贯穿琼结县下水乡，起点是从泽当镇入琼结县域的第一村，即白那村，终点是琼结县城北路口。经济观光林带与泽当到琼结的快速通道基本并行，甚至可以认为，它成了快速通道的观光带。在经济观光林带里，2016年已经种植1600亩桃树、梨树、苹果树、刺槐，成活率95%。其中，桃树从甘肃买来，是生长了2—3年的比较粗壮的树苗。

经济观光林带对下水乡的村民的好处多多。经济观光林带今后将实行属地管理，将管理、经营交给村集体，这样，就能够壮大村集体经济，村里可销售水果，还可以开展旅游。2017年7月6日下午，乡党委书记带我参观了经济观光林带，确实很大很大一片。田书记带我走遍种植桃树、苹果树、梨树之地，书记怜爱树木之情以及看见小树长势良好的喜悦之情，洋溢在脸上。田书记说，在种植经济观光林的河岸上，以前种植了一些杨树（现在还有一丛丛低矮的杨树穿插在桃树、苹果树中），由于管理不到位，杨树长得不好，所以，就想出种植经果林的办法。但是，要种桃树、苹果树的话，土质就太差了，于是，栽种树苗时就从其他地方搬运来了一些质量稍微好一些的土。目前苹果、桃树之间存在的杨树不必立马就彻底铲除，而是要等到2018年果树长得很好了，才能铲除杨树。因为田书记担心，万一冬天果树被冻死，杨树又被铲了，就又变成荒滩。田书记认为，2017年最重要的就是保苗，2018年春天要给果树施肥，促进树冠扩展。在果园，我们看见桃树长得最好，比较高大粗壮。苹果树也很不错，进入苹果林，我们闻到一阵奇香，味儿很像熟透了的苹果，甜滋滋中却又透出一分清爽。我跟田书记开玩笑："看你喜欢这果树，苹果仙子已经给你送祝福来了。"2018年夏天，笔者再次来到琼结县，下水乡的田书记跟我说："等到明年春暖花开时，我们可以策划搞一个'春季到琼结来赏花'的旅游节。"

2017年7月8日，我们拜访琼结县林业局，了解到整个经济观光林带的人工造林面积达到12000亩，分三期进行。2017年为第一期，造林面积为1904.4亩，总投资1129.6万元。第二期、第三期实施时间为2018—2019年，投资规模为5900万元，建成15千米经济观光林带。拜访林业局，看到造林任务表、工程表等，由此也看到了经济观光林带建设的难度。

经济观光林带建设了相关的配套设施，包括管护设施、灌溉设施及其他辅助设施等。管护设施包括建设围栏网 20418 米、土工格栅网 2548 套；灌溉设施包括机井 5 口、蓄水池、水管、消防水管、阀门等；其他辅助设施包括燃料、简易管护房、简易挡风墙、简易生产道、生产工具、苹果防花期晚霜材料、基肥、追肥、客土、地膜等。此外，还涉及有害生物防治等。观光林带的造林任务具体情况见表 4—1。[①]

表 4—1　　　　　　　　琼结县造林任务一览表[②]

造林内容	造林单位	下水乡 唐布齐村	下水乡 唐布齐村	加麻乡 昌嘎村	下水乡 措节村、下水村	琼结镇 雪村	合计
面积	公顷	2.02	5.17	18.93	63.82	63.14	153.08
	亩	30.3	77.6	284	957.3	947.1	2296.3
苗木	新疆杨	0	3307	0	0	0	3307
	藏川杨	0	0	9685	0	0	9685
	旱柳	0	0	4843	0	3645	8488
	白榆	0	3307	9685	0	0	12992
	江孜沙棘	0	0	0	0	21227	21227
	光核桃	0	0	0	29508	0	29508
	刺槐	0	0	0	29112	0	29112
	苹果	0	0	0	0	12168	12168
	花椒	0	0	0	0	10128	10128
	白榆（中苗）	0	0	0	0	3645	3645
	新疆杨（大苗）	1034	0	0	0	0	1034
	旱柳（大苗）	775	0	0	0	0	775
	白榆（大苗）	775	0	0	0	0	775
	合计	2584	6614	24213	58620	50813	142844

注：树苗一般是 3—4 年树龄的。

---

① 近年来，琼结县造林工作成绩很好。五年来完成成片造林绿化面积 6246.5 亩以上，植树 312325 株，森林覆盖率由之前的 23.31% 上升为 24.5%，提高 1.2 个百分点。

② 相关数据来自琼结县林业局。

由表4—1可知，种植的树种多样化，有白榆、旱柳、新疆杨、藏川杨、花椒、苹果、刺槐、核桃、沙棘等，分布在下水乡、加麻乡和琼结镇。在林业局，我们还了解到植树的工程量和用工量，详见表4—2。

表4—2　　　　　　　琼结县植树的工程量及用工量　　　（单位：株、工日）

工程内容	造林单位	下水乡		加麻乡	下水乡	琼结镇	合计
		唐布齐一村	唐布齐二村	昌嘎村	措节村、下水村	雪村	
苗木	初植	2247	5750	21053	50974	45565	125589
	补植	337	864	3160	7646	5248	17255
	合计	2584	6614	24213	58620	50813	142844
用工量	整地	61	155	1136	3281	2429	7062
	定植	51	129	473	1596	1579	3828
	补植	24	62	227	766	758	1837
	灌溉	24	62	227	766	758	1837
	抚育	32	83	303	1020	1009	2447
	合计	192	491	2366	7429	6533	17011

由表4—2可知，观光林带建设，苗木种植了142844株，合计用工量达17011个，所有投入都由政府负责。

对下水乡党委书记的后续网络访谈得知，2019年桃树结了果，苹果树也挂了果。只是桃树和苹果树没到旺果期，结果的数量比较少，但是味道很好。2018年、2019年和2020年春天，花开的时候，泽当、琼洁以及附近的人们都来赏花。之后下水乡准备将在每年的花开时节举办赏花节，争取增加点收入。当然，经济观光林带，还有很强的生态效应，改善了环境。

三　万亩苗木繁育基地建设及其绿色扩散

从组织体系的角度，绿色制造者从国有企业扩展到集体（合作社），乃至农户。在曲水县，国有万亩苗木繁育基地生产苗木和保存种质，在它的影响下，由于市场前景看好，村集体也建设了苗木繁育基地

（青松苗木合作社），甚至也有个别农户在庭院进行苗木繁殖。由国企到村集体，再到个人从事相关生产，不断扩展着绿色。此外，曲水的绿色制造，既有种植树木，用于绿化，还有种植经济作物（如枸杞等），既绿化，也有经济产出。这些都使得绿色制造有很强的生态价值和经济价值。

（一）曲水县万亩苗木繁育基地

2018年8月4日下午，我们参观了万亩苗木繁育基地，并与负责人LBQP局长座谈。

LBQP是曲水县林业局副局长，派驻静鑫花卉苗木有限责任公司（俗称万亩苗木繁育基地）。刚到公司，我们先看了一个3D宣传片。我们了解到，该公司的主要任务是苗木生产、种质资源保存等。苗木生产规模很大，苗木存圃量4000万株，年生产各类苗木800万株，其中造林苗木780万株、绿化苗木20万株。各类苗木中，观赏植物达到3000多个品种，此外，还收集各类治沙植物100多个品种。种质资源保存方面，主要是建设种质资源保存库，通过低温设施保存西藏珍稀林木种质资源30多个品种；建设西藏珍稀植物园，收集西藏珍稀植物250多个品种；建设西藏药用植物园，收集西藏药用植物350多个品种。

看完宣传片，LBQP局长带我们去实地观看。出发时，局长特意强调："我们的苗木繁育中心，由国资委管理，国有控股100%，是国家的，不是哪个私人老板把钱赚走了哦。"在参观中，我们看到无数认识或不认识的树木，经LBQP局长的介绍，我们了解到有这些：新疆杨、藏川杨；竹柳、高山柳、旱柳、藏垂柳、细叶红柳、班公柳；川西云杉、云杉；榆树；圆柏、大果圆柏、侧柏、小果香柏等；高山松、乔松、云南松、樟子松、落叶松；红花槐、刺槐、国槐；核桃、光核桃、水蜜桃；秀丽水柏枝、蔷薇等。站在观景台上，局长指给我们看各个园的位置：玫瑰园、樱花园、桃花园、牡丹园、梅花园、海棠园、枸子园、蔷薇园、忍冬园、沙生植物园。介绍完各个园，LBQP局长总结说："我们这里的观赏植物有300多个品种，沙生植物也不少哦。"

在观景台上，我问局长"我们如何赚钱？"局长指着各个园，如数家珍："老师，我们现在有几个园已经卖树苗了，有桃花园、蔷薇园，还有沙生植物园。我们进入政府单一采购的目录，不愁销路。还有，我们在这些园里套种藏药材，有天麻、木香等，很多其他种树的地方都没有套种林下药材，我们已经开始做了。还有，我们正在准备发展旅游哦。你看，我们现在正在修的地方有住宿，还有花卉。有绿色，大家就愿意来，再说，我们这里的旅游资源很丰富的。老师你看那个山，你数一哈，是不是五座山峰？老乡们都说是'五峰山'"。我没有数清楚，因为不是一字排开的，大大小小的山峰交错着，但是确实很好看。局长带我们走到观景台另一边，他用手指着山坡上的一个绿树成荫的村庄说："老师，你看，这上面一点就是村子，走过去的这段路，很适宜骑马。我们在设计，喂点马，等游客一过来，把车停了，就可以骑马去上面那个村子走走，老乡些可以给游客牵马，可以赚点钱。还有哈，如果游客愿意在上面老乡家吃点饭，老乡也可以做点，老乡就赚钱了嘛，对不？"看到这里，我跟局长开玩笑："哦哟，你的赚钱渠道多呢！"局长有点得意地笑了笑，说："还有哦，老师，我们准备办成'移动森林'。"我不解，他跟我解释："就是短时间用树木、花卉的，比如布达拉宫用树木、花草等，我送过去，等它用完了，我们又拉回来。"后来，我们请教曲水县领导，他认为万亩苗木繁育基地的旅游完全有发展起来的可能，因为西藏最缺的就是绿色，而且才纳离拉萨很近，完全可以成为拉萨市民周末以及平时游玩的好去处。

参观完毕，我们就在办公室跟 LBQP 局长座谈。通过参观和讲解，我们觉得公司的各方面效益完全可以预期。局长说："就凭这些，经济效益肯定是有的哦，刚才说了，有好几个渠道的。我们早在 2015 年就测算过，等我们的项目建成后，预计年销售收入为 3.71 亿元，相当于曲水县 2015 年国民经济总产值的 38.2%。今年不得行，苗木还在种，卖得很少。2019 年苗木可以销售柳树、杨树、榆树，但是数量有限，2020 年才相对量大一点地销售。"

我接着问："那么，社会效益呢？"LBQP 局长喝了两口水，接着说："社会效应方面嘛，一是增加就业机会嘛，我们这里常年的工作岗位有 1500 个。2017 年到现在，我们雇工 4 万人次。他们主要搬运树苗、挖坑、除草、种树。我们边上的那个四季吉祥村的，都是搬来的，都在我们这里打工。2017 年到 2018 年 7 月，我们兑现当地农牧民机械费用和劳务费用1500万元,其中机械费900万、劳务费600万。劳务费中,我们统计了一下,发给四季吉祥村的就有300多万。机械费嘛,主要是用车,我们如果用车,跟村里的车队联系,告知用工数量,他们内部安排。我们工地是才纳村的地盘,主要用才纳村的车队。"说到这里,局长问了一句:"老师,交税算不算社会效益?"我们相视而笑,点头。局长接着说:"我们2017年到现在,我们交税880多万元,因为是11%的比例,我们没有享受税收优惠的哦。"我们因为看了展板,跟局长一起聊起社会效益,觉得这里还是林业科普教育、科技示范、实习及培训基地等。局长说:"对噻,老师你们看到展板的,上面说了,作为科普基地,可以让人们了解森林的多种功能、森林与环境的关系、林业的生物技术等,展示西藏林业生态建设成果,推动西藏林业产业化进程。还有,我们这里还有科技示范功能哈,我们预计的,种植葡萄、苹果、车厘子等名优水果,年产1100吨。""还有哦,大中专学生可以来我们这里实习,另外哈,我们还有一个计划,下个月,就是9月份哈,我们要专门请农科院的老师来,来培训四季吉祥村和才纳村的30户,把他们培育成技术工。平时,我们有自己的技术人员,都是西藏的,是我们聘请过来教我们的工人。"

当我们一起归纳生态效应时,LBQP局长说:"我们刚刚来这里的时候,那个沙子哦,硬是吹得迷眼睛,睁都睁不开。今年简直好多了,老师,你们在这里半天了,有没得沙子?"局长所说,我们切身感受,确实没有。因为拍摄了展板的材料,在座谈时,我们翻看手机,跟局长说:"生态效应,这里写得很清楚哦。保护西藏稀有树种资源,拯救西藏珍稀濒危植物;搭建起西藏科学引种的工作平台,可有效防止由于盲目引进域外种苗带来的有害物种的威胁。还有,项目建成后,该区域形成一个新的多树种组成的复杂的、多层次的群落结构的森林生态系统,提高西藏地区的生物多样性;为乔木或者灌木树种的定居创造良好条件,方法是增加土壤厚度,提高固土能力,改善土壤肥力,增强蓄水保持功能。"LBQP局长笑了笑,说:"你们都拍了,我就不说了噻,嘿嘿。"

接下来,我们请教了局长有关公司内部管理的问题。他慢慢跟我们分享:"我们的管理人员3人,我、一位研究生、一位退伍军人,我们都是林业局的编制。明年想找专业团队来管理。"我们询问了投资来源，他说："我们贷款13.9亿元，9.6亿元贷款到位。我们向国开行贷款，利率很低，是1.08%。"我们询问开支情况，LBQP局长找来总会计，合计了一下，告诉我们："目前总共花费了2.4亿元，基础设施建设1.4亿，买苗木、种苗木花费了1亿多。"我问："那政府在你们的发展中起到什么作用？"LBQP局长说："政府主要协调用地、水、电、道路问题，此外还有一些项目，例如供水设施修建上有3000万元的项目，道路修建的有800万元的项目。"

我们询问了土地的具体来源，局长告诉我们："我们所用的土地10266亩，全部是才纳村的。2017年租金200元/亩，因为是新开发的土地，每5年涨价50元，其中有300亩是承包了的基本农田，对方已经同意流转，价格是一亩1500元。我们只需要跟村委会谈，不是跟每个农户谈。因为租金是他们的集体经济。"或者可以认为，流转土地本身也有增加当地民众收入的社会效益，自然，将荒地变成林地，生态效应是明显的。

（二）苗木繁育的扩散：青松苗木合作社的产生与种植

应该说，苗木繁育带动了周围的农民学习种植技术，更大胆地从事相关产业。这样行为既有有组织性的合作社，也有个体性的。①

我们了解到在聂当乡德吉村九组，就有一个青松苗木合作社种植各种苗木。2014年，扎西联合4位村民成立了该合作社，到现在，种植规模由最初的50亩发展到现在的210亩，产值由不足10万元到盈利20万元，从柳树等绿化树种扩展为果木等。合作社帮扶的农户由20户增加到30户，2014年分红给农户1800元/户，2015年、2016年是2800元/户。合作社培养了3名技术员。每年2月底到5月底用工最多时，合作社雇用村民达到45人左右，工资180元/天。2017年合作社有纯利润20多万元，其中9.6万元上缴县扶贫办进入扶贫资金分红池统筹。合作社每年以低于市场的价格或者免费发放树苗给当地群众，支持群众绿化和发展庭院经济。

---

① 在描述这些个案时，我们不仅想呈现产业的扩散，还想介绍他们如何带动周围的贫困户。

（三）绿色增加：在雅鲁藏布江河滩种枸杞

这些年，枸杞种植在曲水县不断地扩展开来，不仅有大规模的公司种植，还有相对较小规模的合作社种植等。我们在茶巴拉乡的柏林村，了解到谢军成（藏语名字叫扎西）种植枸杞的过程。在雅鲁藏布江的江滩，扎西种植了枸杞，既是将河滩从荒芜转变为绿色，也有了较高的经济产出，扎西带动并惠及了当地村民。总之，扎西种植枸杞的个案，可以看作青藏高原上生态保护＋特色产业＋带动贫困户的典型案例。

个案　扎西在茶巴拉乡柏林村的枸杞种植

（1）初遇扎西

2018年8月13日上午，次旺开车带我们来到柏林村村委会，稍等了五分钟，一位藏族大叔告诉我们："你们要找的扎西来了。"潜意识里觉得扎西应该是藏族，乍一看，扎西却是一位汉族人。突发的现象，让我突发地问："扎西啦，你是这个村的村民？怎的是汉族？"扎西憨实地笑着说："我是汉族人，名字谢军成，我是甘肃天水人。1996年来西藏当兵，2004年退伍，退伍就退到柏林村。"出于好奇，我接着问："你咋一退伍就退到柏林村，没有退伍回甘肃？"扎西告诉我："我媳妇是这个村的，我就退伍到了这个村。"哇，我心里想着，原来是在柏林村成家了，于是接着问："你是怎么认识你媳妇的？"扎西也真是老实，跟我们说："我的部队就在村子前面那个地方，就是你们来的路上。每次节日，村里都会去慰问，所以就认识了。"哈哈，我发自内心地感慨了一句："哦，这真是军民一家亲，汉藏一家亲。"没想到扎西接了我的话，说："是的，我被评为自治区的民族团结先进个人，我家还被评为拉萨市的民族团结模范家庭。"这下，真的是更感慨了。村委会的大叔还接了一句："今年，扎西当上了自治区的人大代表哦。"此刻，除了赞叹还是赞叹了。很快我们就转入了访谈的正题。

（2）扎西开始种枸杞

"2015年政府平整了我现在所用的这块土地，这是政府的项目，是村集体的土地，当时我也没想到用。2015年年底，村里组织党员去净土公司参观。参观学习中，我就想到把这个土地用起来。当时我在想，做小了，做不走，做大了，我也做不了。还有，种普通的农作物效果不好。因为这个地方是河滩的沙地，种植树木的话，可以防沙固沙，还有点收益。我把这里的土拿到青海做了检验，结果是土质适合种植枸杞。土质是适合了，但是雨水又适合不呢？我跟青海的说我们西藏7月中旬到10月中旬是雨季。对方说，关系不大，因为这个时候已经挂果了，不怕了。我们西藏的特点是晚上下雨、白天出太阳，日照能达到要求。"

"2016年3月，我找村书记和主任，他们特别支持，一下子租给我200亩，第一年村里给免了100亩的租金，另外100亩是1亩地200元，共2万元。2017年，全交了，是4万元，2018年也是，以后都不免了。我们是2016年签约的，是3年。2019年到期，我准备10年、10年地签。"

扎西说到这里，我问扎西种枸杞的地方远不远，扎西说过去几分钟就到，于是我建议先去看看，有了感性认知，可以更深入地了解。

（3）扎西带我们看枸杞种植地

穿过拉日铁路的桥洞，我们很快就来到了扎西种植的200亩枸杞地。

枸杞地里，几位妇女蹲着在采集成熟的果子。我顺手摘了几颗放在嘴里，觉得不是很甜，跟扎西说："怎的没我想象的甜？"扎西说："你摘的那些，都没怎么熟透，我摘几个给你尝尝。"于是扎西动手摘了几个给我，真的比我自己摘的甜多了。扎西说："熟透了的，确实很甜的，因为这是有机的，又不打农药，也不撒化肥。再说，我们西藏日照时间长，昼夜温差大，枸杞的含糖量很高的，品质也很好。"扎西的说辞，我极为赞同。

看着扎西的地里枸杞树长得不是很密实，我问他这是为什么？扎西说："刚开始是这样的，枸杞树一年一年地长，过两年就密实了。"因为不懂，于是请教扎西，一棵枸杞树能够存活多少年？扎西告诉我："枸杞一棵树可以生长60年。丰果期一般是第5到35年。"内心直接觉得，这枸杞树还真活得够长久的。

走在地里，不是我想象的那种只有枸杞树，没有几根杂草的种植基地，于是问扎西："怎的杂草有点多？"扎西说："这是上个月才除了草，现在才8月中旬，又长了这么多。因为是有机的，都是用手拔，不能用除草剂，所以，拔了，很快又长起来了。"在枸杞地待了一会儿，我们往回走。看到扎西的枸杞地旁边还有很多很平整的地，生长着野草。

(4) 枸杞的收成和销售

回到村委会，我们跟扎西聊起了收成和销售。

"2016年，我从青海买回苗子，种到地里。当年没有挂果，也没有收入。去年，枸杞结了果子，但是只有一点点，晒干了，送亲友了，也没有收入。老师，我们刚才去地里看到的，是今年采的第二茬。第一茬是上个月底采的，晒干出来有600斤，品质特别好。现在正在采集第二茬，比第一茬估计能增加4到5倍，最好的产量估计有3000斤。"

由于不懂，我们问扎西枸杞一年可以采摘几茬。扎西说："枸杞一年最多可以采四茬，但是一般情况下，第四茬没人采，因为第三茬的品质不太好，第四茬就更不好了。"

顺着上述思路，我们请教扎西每亩的收益可能是多少。扎西跟我们分析："按今年的估计，每亩纯收入大约1万2，因为1亩地产干果最少200公斤。按此算来，也就是说，1公斤60元，每亩1万2。"我问扎西，这个60元/公斤是怎么得来的？扎西告诉我们："如果全靠自己去卖，确实比较艰难，这个价格是净土公司的收购价格，是批发价。当然哈，净土公司的这个价，也不是瞎定的，据我们了解，今年内蒙古的价格是30元1斤，格尔木的是20元1斤。"

我问："你自己今年产的果子也以这个价卖给净土公司吗？"扎西说："我今年还没怎么卖，就是第一茬的600斤，现在刚刚卖出去400斤，主要是战友、亲戚在网上向我订购的，因为是有机的嘛，卖得稍微贵一点，是50元1斤。"我继续问："你的第二茬就要出来了，你愁销路吗？"扎西说："现在还没愁哦，估计今年的3000斤，卖出去也不成问题。可以卖给净土公司，实在不行，我的朋友在青海有枸杞加工厂，我可以送过去的。"

(5) 用工

扎西跟我细数了这几年用工的情况：

"2016年3500个工，付了35万工钱。有的人工资高一点，有1万多。这1万多的有5户，都是建档立卡户。我这里，每天来的人数不一样，多的时候有60多人，主要是栽种树苗、除草。平常日常管理5、6

个人，也有10多个的。2016年发放工资35万元，其中有15万多是发给建档立卡户的。我们村里有82户人家，我这里带动的建档立卡户有10户、边缘户有12户。"

"2017年，用工有2300多个，发了23万工资。高一点的1万多，贫困户少了，只有7户，因为有3户搬到了三有村。23万里面，有8万多发给了建档立卡户和边缘户。"

"2018年到现在（8月13日），用工900多人次。今年有收入了，我准备提高工资，120元1天。我估计今年的用工少一点，都是家里人干得多。刚才在地里摘枸杞的，就是我的家人。"

说到用工，扎西告诉我们："我们这里的用工原则，首先就是建档立卡户。我们村里有人说我：'你总是找他们，不找我。'我就给他们说：'你们能力强一点，可以在外面挣钱，我必须先照顾他们。具体情况是，建档立卡户和边缘户，只要有空就来干活。不管活多不多，我都给钱。'""还有哈，其实不光是发工资的事情，建档立卡户在我这里做事，我会反反复复跟他们说：'只有干，才行。你看，我是汉族人，我也来这里努力干活。只有好好干活，日子才会好过'"。扎西说的这个，我们可以理解为是一方面照顾建档立卡户，一方面是用自己现身说法，坚定建档立卡户劳动脱贫的信心。

（6）投资239万元

通过扎西的讲述，我们很清楚地知道，扎西还在投资阶段。我们询问了扎西的投资情况，他说总数是239万元，还跟我细细讲述了每一年的投入情况。

"2016年，我投入最多，有170多万元。第一个哈，是土地二次平整，包括捡石头，打田坎，修水渠，这些花了13万5。第二个，我从宁夏固原购买树苗回来，然后栽下去，这个花了我95万4。第三个哈，土地租金2万。第四个哈，是平时的管理，要浇水、除草、施肥，这个花了36万；还要剪枝和重新修水渠的主渠道，这个花了14万5。肥料方面，上的羊粪，基本上是我自己去买的。"

"2017年投入了五十四万九千元，主要是浇水、除草、施肥、维护、租金、购买有机肥。有机肥是在聂当乡买的，花了6万元。"

"2018年花了9万多元，浇水、除草、上肥料。县上有机办会免费给我18吨，价值4万元。"

（7）技术学习和扩散

我们知道最初种枸杞时，扎西自己都不会，便问他，技术是从哪里学来的？扎西说："2016年我进苗子的时候，请来2名青海的师父，他们是种枸杞十几年的技术人员。青海的师父从3月到11月一直在我这里指导。我自己也去青海、宁夏学习。"我们也知道，一个种植园，光靠扎西一个人学习技术，估计技术力量不够，便问："就你一个人学习技术？"扎西说："不是哦，我们一起学习的还有几个人。我们一起从2016年开始学习剪枝、施肥等日常管理。到现在哈，我的种植基地里，日常管理比较成熟的有3个。我自己出去了，半月一月不在家，他们完全能够管好。他们的技术也基本是学到家了的。这3个中，1个是远亲，其他2个都是村民。"由扎西的讲述，我们可以认为，枸杞的有机种植技术，在普通老百姓中，也逐渐扩散开来。

（8）政府的支持

在我们的预设里，扎西枸杞种植一定离不开政府的支持，扎西掰起指头跟我们罗列了政府的支持。"第一，政府支援我有机肥，4万元的。第二，扶贫办正在帮助申报一个二期发展的项目，项目资金170万元，估计有希望。第三，农牧上，我们被评为示范合作社，2016年奖励3万，2017年3000元。第四，净土办补助我十六万三千元，2018年5月资金下来了的。"扎西还说："除了这些可以算钱，其实还有其他帮助，比如净土公司，即使资金方面帮助不了，但是销售和技术方面都会帮助。"

（9）未来的打算和扎西的憨厚老实

因为听到刚才说有"二期"，我问这是咋回事？

扎西说："老师，2019年，我们准备做二期，有140亩。这140亩，就是刚才看到的枸杞地的边上，有很大的空地。我跟村里商量了，村里很支持。我今年自己育了点苗，不够，准备明年去宁夏买那种当年就能挂果的苗子，现在我都联系好了。"闻此言，我心里非常替扎西欢喜。

没想到这个时候，扎西却问了我一个意想之外的话题："老师，你怎的没问，我投资的钱是从哪里来的？"我哈哈大笑，因为一般情况下，尤其是在内地，问别人的钱是从哪里来的，别人未必开心，所以渐渐就不太敢问这个了。没想到在这里，扎西自己提出来了，看来，扎西在西藏待久了，真的是"藏化"了，其实，这是我非常热爱藏区的原因之一，就是坦诚、真诚。前面说的发展净土健康产业，其中包含着"净心"，这"净心"或许不同的人有不同的阐释，但是在我看来，藏族同胞们的这种坦诚、真诚，真的就是很干净。或许，这也是"净心"的一个内容吧。

于是扎西跟我讲了他的钱的来源："2016年前，我长期带我们村民出去打工。工程包括本地的铁路、部队的建设。我是联系人，收入要稍微多一点点。2012年、2013年、2014年都带人出去。我们夫妻两个，长期积累100多万元，亲友借贷30万元，办起了合作社。"

我回应扎西："确实哈，带大家出去打工，大家有机会挣钱，这是做好事呢。扎西，你现在在村里还做些什么好事呢？"

扎西简单说了一些："每年吧，我都要慰问建档立卡户，主要是帮他们弄点他们最需要的，例如柴火啥的，因为冬天冷，最需要柴火。钱的话，确实没给。还有，2018年，我买了90个垃圾桶，给每家每户，还有幼儿园、文化站、诊所都发了，大概花了2万多元吧。"

透过苗木繁育和枸杞种植延伸的个案展现，我们可以发现：第一，这不仅仅是同类种植品种、种植技术的扩散，而且扶贫的扩散，因为无论是公司还是合作社，都在进行扶贫。第二，产业延伸超越了种植业，延伸到旅游业等。

第三节 绿色拓展：绿地从块到片的内涵式发展

绿色拓展是生态经济内涵式发展的方式之一，它包括绿地的扩大以及集种植、养殖与旅游于一体。绿色拓展发展的产业多重效益相互交织。曲水县动物园便是绿色运用的典型案例。

一 亲历曲水动物园

2017年夏天，我们来曲水考察，就在动物园感受热情，后来继续关注曲水，也不断关注曲水动物园。

（一）初识曲水动物园

2017年7月23日，我们参加国务院扶贫办关于西藏减贫的调研，初识了曲水动物园。长期行走青藏高原，对卫藏的过林卡、康藏的耍坝子，甚为喜欢。那一日上午，在曲水动物园的调研异常开心，花草树木总是令人赏心悦目，古树参天，绿茵浓郁，悠悠溪水缓缓轻流，自然也是轻快的。

在动物园里，我看见了各种正在救助的动物，有猴子、狼、狐狸等，它们受伤了，饲养员精心护理。在园里，我们看到多种藏地特有的动物：藏羚羊、牦牛、盘羊、黑颈鹤、藏鸡等。自然还有一些从内地运过来的动物，例如羊驼、孔雀。

听说将来还会有大象入住动物园，我真的是惊讶了。大象，热带地区的动物，在我们这么高海拔的地方落户？工作人员告诉我们，县里正在联系，也许会梦想成真的。因为历史上，西藏是有大象的。

确实，在我们青藏高原，最缺的就是绿色。如果绿色中，还有各种无论是大人和孩子都喜欢的动物，那一定很吸引人的。

（二）2018年5月1日，网络上观看动物园盛况

在拉萨，我有几个好姐妹，她们五一节都带孩子们去了曲水动物园。她们跟我描述了当日曲水动物园观赏的盛况。一说人山人海，拉萨、山南，甚至日喀则的家长们都带孩子来动物园了，西藏地广人稀，这种人山人海的状况确实不多见。二说孩子们看到了好多以前没见到过的动物，异常欢喜；孩子们在动物园里跑来跑去，在各个场馆挤来挤去，总担心出状况；孩子们赖在动物园不想走，好不容易才拖回来。三说停车难，连停车的地方都找不到，动物园外的318国道上，几公里的路边停满了，走了好一阵才走到动物园，在西藏出现这样的状况真是太稀罕了。

当然，她们还告诉我，孩子们最喜欢的动物就是大象尼菩了，因为如果不去内地的动物园，基本不可能看到大象。其实，在我看来，孩子们喜欢大象，不仅是因为在西藏没看到过，而且还因为大象在民间意识中，总是很吉祥。尼菩是一头28岁的成年亚洲象，高2.9米，体重5吨。

(三) 曲水动物园是什么样的存在？

动物园的张总跟我们简要介绍："我们这里原来是曲水县林业局的育苗基地，提供苗木，2015 年成立金鑫花卉苗木有限公司。2017 年 5 月，变成了曲水动物园。"

曲水动物园是"西藏拉萨净土健康动物保护园"的简称，它位于曲水镇，离县城 5 公里，离拉萨市区 45 公里，离贡嘎机场大约 20 公里，毗邻 318 国道。

曲水动物园占地 1200 亩，建有高原动物保护救助区、高原植物观赏区、猛兽区、林卡区和儿童乐园、水上乐园、庄园酒店等。它是西藏第一家高原野生动物、高原濒危动物保护园；也是西藏第一家集动物保护、驯养、救助、休闲、娱乐、旅游观光、健康疗养、科普教育于一体的高原动物园。2018 年 5 月 1 日，动物园正式开园，热闹非凡。

二 动物园面面观

2018 年 8 月 7 日、8 日，我们与动物园的张总座谈了两天，谈了很多，基本情况记录如下。[①]

(一) 功能变迁：提供苗木到多方位服务

由曲水苗圃变为动物园之后，功能多元化。以前作为苗圃，主要是提供树苗。现在主要是动物救治、养殖与展览以及与此相关联的休闲娱乐。苗圃变成动物园的背后，有着多方面的变化，首先是减贫功能在短期内突出显现，其次是当地企业急需学习经营管理等。

几十年来，苗圃提供树苗。"原来是苗圃嘛，任务就是提供苗木嘞，这几年，我们仍然还是在不断提供苗木。2016 年 3 月，我们向县里的'两江一河'提供 73 万株苗木，主要是杨树、柳树。2017 年为曲水县的补植补造提供 10 万株苗木，我们自己在新增项目的地块上种植了 40 万棵树。2018 年我们就主营动物园了。"

目前，最主要的是保护、救助野生动物，饲养各种动物。"野生动物获取救助的方式是老乡、派出所、森林公安打电话给我们，我们去

---

① 曲水动物园面面观的访谈资料来自 2018 年 8 月 7 日、8 日的访谈，特殊指出之处除外。

接。接来后就治疗、喂养。动物好了之后，条件比较好的放回原生地，实在不行的就留在动物园，让它们颐养天年，也增加了动物园的看点。"动物园的张总掰着指头跟我们细数2016—2017年野生动物的保护、救助情况。概括起来，主要是：救助了狐狸4只，医治好了后，2只放回那曲，2只放到野外；救助秃鹫2只、猴子5只、黑颈鹤3只，目前生活在动物园；救助藏野驴1头，老乡送来了2只骡子陪伴着，一起生活在动物园；救助金嘴雕1只、岩羊2只、盘羊1只、狼11头，目前都在动物园；救助小藏羚羊2只，已经放回野外。

为了进一步发展动物园，政府投资引进了大量的其他动物，但以高原动物为主，目的是保护高原动物。"2017年动物园里有梅花鹿、孔雀、骆驼、猴子、牦牛、藏鸡等。2018年新进来的老虎、狮子、环尾狐猴、小熊猫、大象等。尼菩是2018年4月20号进来的，6月底运出去，照顾得不好，主要是游客扔带包装的食物给大象。园里安排了3个人看守，也没防得住。2头小象目前在老挝，2018年9月会运进来，相关手续已经办好。动物园里现在养殖了几百头梅花鹿，已经割了鹿茸，逐步形成产业。"

动物来了，就有更多人来休闲娱乐。"我们这里办成了动物园，老师，你们看了环境的，好巴适，有树林、有溪水、有草地，我们搭建了帐篷，修建了住宿的，建了林卡，这就为拉萨的人们提供休闲娱乐、家人团聚的场地。过林卡的有了很好的环境，节假日，子女回家了，带上老人和孩子一起开心地来动物园，看看动物，过过林卡，一家人在一起，多安逸的。"

基于对青藏高原的了解，我请教张总，动物园对西藏社会文化的积极作用是什么，他说："这些方面的影响就很多了。从大的方面来说，可以让人们重新认识西藏。旧时代统治阶级养动物观看动物，新时代也可以有。西藏没啥动物园，现在建设一个，供大家观赏。还有哈，国家致力于环境保护，为野生动物营造一个保护的环境也是很重要的。老师，你晓得的，我们这里，由于受到传统宗教文化的影响，老乡们对动物的偏爱是其他地方达不到的。所以，办动物园还是很有意义的。在人文宣传等方面，使得人们对西藏有新的认识，真切地看看西藏人民过的是什么生活。说到这里，老师，我硬是不得不给你说，那些来看大象的，都非常爱大象，说得不好听点，爱得有点过分了，使劲地喂啊喂。恼火的是，他们喂火腿肠，但是不拆袋子，大象吃了就病了噻。还有，喂狮子、老虎的，以前我们可以让游客买点肉来喂，现在不敢了，咋个的呢？我给你说，硬是把我气惨了。有一次哈，发现老虎不停地吐，吐的都是肉。我就问了是啥子原因？原来是游客一下子买2000块钱的肉给老虎，老虎吃肉吃得太多，吃吐了，不停地吐。我硬是气得要吐血，所以，现在不让游客喂了。"

闻言，我们不好意思大笑，但是还是实在忍不住，笑着追问了一句："这是大的方面的意义，小的呢？"张总笑眯眯地跟我分享："小的方面，我硬是都数不清楚了，比如让孩子进入自然，感受动物，同时也普及相关知识，提升自然环境保护以及野生动物保护意识。在这片林地里，让大家知道种活一棵树多么不容易。对了，老师，我们动物园的建设用了好些援藏资金，这也可以向所有人显示，援藏建设也确确实实在为老百姓做实实在在的事情的，对不对？老师，我拉拉杂杂说了好多，总体来说哈，动物园就是扩展我们大家生活空间，提高生活质量，让西藏人民生活在有实践性的生活环境中。以后增加滑雪场、水上乐园，增加生活乐趣和认知，让以前体验不到的东西在西藏得到体验。"

在我看来，动物园是以旅游为核心的产业发展，于是请教张总，动物园拉动旅游发展的可能性，他慢条斯理地跟我分析："第一个哈，动物园本身就是一个最佳旅游景点，你晓得的，今年五一劳动节，来了7万人，空前地多啊！这可以说是我们曲水县一次性来人最多的时刻。来了，你就会买点、吃点、花点，这就拖动曲水本地的商品交换了噻。第二个哈，把动物园与其他的联结起来，就可以把曲水建成拉萨的后花园噻。老师，你们晓得的，我们曲水才纳那里的净土健康产业，发展得不错，目前已经吸引了拉萨市民来耍。还有跟我们同一个公司的那个万亩苗木繁育基地，也准备扩展为旅游基地，他那里可以哦，有寺庙、有村庄，就是有绿色噻，西藏人最喜欢的就是绿色了。还有，我们县上的几条山沟，那都是很巴适的，目前也正在打造。拉萨附近可以耍的地方不多，来曲水耍个周末，那是很安逸的噻。第三个，如果我们可以把拉萨人吸引过来，就可以把外地进藏的游客吸引一些过来耍，这应该是可以预期的，对不对？"

（二）促进区域发展及减贫

动物园促进区域发展与减贫的功能，主要是通过曲水动物园与当地民众的各种利益联结方式来实现的。

1. 就业。仅仅就建档立卡户的而言，张总告诉我们："来我们动物园的建档立卡户，2016年来了10户，脱贫了；2017年，又来了11户，年底也脱贫。加起来，也就是说这两年有21户通过在动物园务工而脱贫，这21户的人至今还在我们动物园工作。"当然，动物园的建设，不会仅仅惠及这21户，还以多种方式惠及当地民众。

2. 用工、设备使用惠及当地。（1）长期用工73人。"曲水动物园长期员工有73个，都是曲水县人。雇工的方法是我们向人社局申请，人社局去招聘。长期员工的工资是每个月的基础工资3000元，另外还有绩效，每个月加起来4000元是肯定有的，另外，他们都有五险的。"（2）临时用工时多时少。"我们的临时用工，有的时候多，有的时候少。我们把建筑施工承包给了当地的那些公司，公司用工肯定也是有用当地的农民。每年我们把建筑施工分包给了3个公司，它们每个用工都大约30人吧。我们为了管理，要求临时用工的都办了临时工作证，就是现在哈，我们办了112个临时工作证。"（3）设备使用惠及当地："我们用工的主要是附近的村庄，也就是曲水镇曲水村的扩母组，还有曲埔村、茶巴浪村等。发放用工工资加机械设备租赁费用，2016年是170多万，2017年是220多万；2018年1月到7月底，发了100多万。"

3. 林下种植惠及当地老乡。动物园通过林下种植天麻，带动周围群众增收。"我们这里林下种植主要是天麻和菌子。第一个，我们教会37户人在林下种植天麻。2016年年底，我们请来技师，教会37户。这37户原来来这里长期务工，家里人谁有空谁来学，学习半年。学习期间，公司还是给他们发工资哦，每个月3000块。这37户的收益是每户1万8。第二，我们无偿将花粉、菌棒给这37户，价值40多万元。第三，回收成品。2017年11月回收一次，果实比较小，市场没打开，比想象的差，但是他们每户的收益也有7000—8000元。"

4. 购买动物饲料，惠及易地扶贫搬迁村庄。张总告诉我们："我们这里哈，首先是购买草食动物的草料、饲料。我们在曲水县各个乡镇都购买草料、精饲料，这几年的支出是：2016年20万元到30万元，2017

年是80万元，2018年1月到7月是50多万元。其次是购买喂养猛兽的动物，这个嘛，主要买三有村养鸡场的那些太老了不能下蛋的鸡，2018年4月20日到7月底，我们买鸡都买了20多万元的。三有村是扶贫移民搬迁村庄，购买他们的鸡，也算是扶贫嘛，对不对？"经张总一问，我们笑哈哈地点头称是。

5. 交税。"我们作为国有企业，每年按时上交税收，2016年上交40万元，2017年交税48万元。"

（三）科普教育及动物饲养的专业技术人员培养

张总是一位健谈的人，我们不停地问，他不停地跟我们谈："我们西藏离内地太远了，不是每一家的孩子都能到内地的动物园看看动物。让家庭条件不好，不能到内地见到野生动物的，来亲眼体会、观看、认识，可以扩展眼界，也可以提高保护意识。"听张总的讲述，我们回应："这个确实是哦，我们西藏离哪里，距离都不近。"张总继续说："我们很快还要建设标本馆，展现那些没有生存在西藏的其他动物。让我们这里很难去别的地方的人晓得，还有其他动物生存在其他地区，直观地增加大家的知识。"

我们询问了张总有关动物园长期员工的一些基本情况。他告诉我们："我这里长期员工有73个，其中有9位培训了的饲养员和2位兽医，他们的工资是每月5000元，签了5年以上合同；有12位是从拉萨职业技术学校畜牧兽医专业的，一毕业就来工作，工资是每月4000元，签了3年合同；其他普通饲养员是每月3000元到3500元，签约1或2年。"

我请教张总如何培训9位员工的，他说："我们选了9位附近村里的小伙子去昆明动物园、西双版纳野象谷等地学习1年零9个月，学习费、住宿费等都由我们公司交，他们学习期间的工资是每月3500元。当然，学习完了之后，就在我们动物园工作了。"我接着问："这9位都是藏族？"张总说："我们这里哈，都使用藏族员工，主要的目的是服务当地民众，还有呢，就是让他们有服务意识，也增加动物养殖的相关常识嘛。"

听到张总的介绍，我插了一句："能够学习，工作又稳定，是不是周围的人都抢着来我们动物园？"哪知道张总笑了笑，说："不是哦，

不是哦，我们招收动物饲养员，开始的时候招不到人哦，都不愿意来。"我疑惑地看着张总，问他为啥？他说："一个呢，是因为味道太重。老师，你不晓得，在动物园工作，家里的猫啊狗啊之类的，都不敢靠近我们，因为我们身上沾染了狮子老虎的气味。老师，这个味道很重的。我们动物园狮子老虎进来的时候，我天天在那里守着。惹得一身的味道，回家我都只能睡客厅的，我儿子都嫌我身上味道太重。我们藏族人喜欢动物，并不代表天天跟动物在一起嘛，对不对？二一个呢，可能是他们觉得自己知识不够，文化水平限制嘛。他们觉得做不了详细记录啊之类的。但是这个又必须做，因为一旦动物有了啥问题，它又说不来话，医生要判断病情，就只有依靠各种记录了嘛，对不对？"

在我们看来，真正让当地人学习到技术，成为行家里手，这是相关产业可持续发展的最为核心"软件"，它的重要性不言而喻。

（四）向企业学习经营管理

我们请教张总动物园的经营方式，他告诉我们："第一个，我们把大门口承包给旅行社，让他们经营，承包费160万元，年底有分红。第二个，动物园内的酒店、林卡，都承包给餐饮公司，年承包费100万元。分红是把他们收入的60%分给我们。但是，老师，你晓得的，2018年5月1日以前，没有收过门票，也没有酒店，林卡也是免费的。所以，现在我们还没有分红。"我们问："如果这两个公司的收益都有限，失败了，你们也没得相应的收益，这个咋个整呢？"张总调皮地跟我们说："这个嘛，没得关系，他们如果失败了，我们正好挖掘到这其中的原因，就能避免了嘛。他们是我们的小白鼠，对吧？"

如果说学习技术是"核心软件"，同样，我们也可以认为"管理技术和管理能力"也是"核心软件"，其重要性不亚于学习技术。

（五）政府的各种支持

在西藏，政府的支持是企业存在和发展的重要条件，动物园也不例外。张总给我们细数了政府在人员、设备、环境、资金等多方面的支持，他说："第一个，人员上，一开始2016年林业局提供技术人员和管理人员，连我都是县林业局下派的工作人员。第二个，县发改委提供耕地、设备。第三个，环境整治方面，我们的土地到现在为止是1400亩，其中国有土地900多亩，是以前林场原有的，政府无偿给我们动物园使用;有 178 亩是我们今年向国土局申请得到的。具体是由国土局向农民征用土地,出让期 50 年,我们支付了 715 万;300 亩是租用老乡的土地,就是附近村子里的扩母组的。第四个,资金方面,2016 年前都是政府投资;2016 年、2017 年都有绿化防沙治沙项目 1700 万元,两年加起来就是 3400 万元;2017 年向国开发银行贷款 4000 万元。我们动物园是政府控股的,说白了,就是政府的企业。没得政府,我们企业怎么存活得下来哦。我们下一步还要建设水上乐园、滑雪场,没得政府的支持,肯定搞不成。"

(六)动物园面临的困难

1. 技术人员缺乏。虽然动物园自己培养了一些本地的技术人员,但技术人员的缺乏,依然是动物园首要的困难。我们请教张总,是否有向内地引进的想法,虽然我们觉得这种做法确实不是很现实。张总的说法印证了我们最初的判断,他说:"我们在内地招收应届毕业生或干了 2—3 年有经验的饲养员,但是人家不了解高原,担心高原反应等,也不可能拖家带口地来。我们动物园曾经来了 3 个,干了 2—3 个月,悄悄走了。应届毕业生不敢用,眼高手低,难以踏踏实实地工作下去,而且他们都想考公务员哦。"

2. 物质资源不足。目前动物园依然处于建设阶段,资源的缺乏是明显的,其中仅仅是饲料供给这一项,都会比较困难。张总说:"尤其是冬天,饲料特别匮乏。我们这里离内地路途遥远,好多东西都是从内地运进来,运输成本很高。"

3. 动物的适应性以及很多方面都需要探索。如果说上述困难还在我们的意料之中,受知识结构的限制,张总所描述的养殖的复杂性就是我所没有料到的。他说:"有些动物,不是我们高原上的,硬是恼火得很哦。特别是气候条件,因为是高原,内地动物是否适应? 不适应的话,如何调节? 这些都是问题。我们的大象馆,要供应氧气、负氧离子等。还有,饲养中,如何保持安全距离、领地范围、视觉距离等,都是要探索的问题。"

第四节　绿色覆盖：全域有机生产的内涵式发展

全域有机生产是生态经济的内涵式拓展方式之一。2017 年，曲水县的净土健康产业产值是 15 亿元，2020 年为 50 亿元。净土健康产业发展直接培训农牧民群众 800 人，为农牧民群众提供 2000 多个就业岗位，农牧民年均增收 15000 元。在曲水县，净土健康产业的深入发展，就是实行县域内的全域有机生产。①

一　曲水县全域有机生产的历程

农牧局工作人员告诉我们曲水县全域有机生产的发展过程。"2012 年、2013 年，我们县在示范区开始做有机，种植玛咖、雪菊等。2015 年县里就想做全域有机，于是就制定了规划。同时，我们带土样、产品的样品到委托公司去检测，2016 年在国家认定检测委员会答辩，申报有机转换证书。2016 年年底，在全县的种植业推广有机种植，包括青稞、土豆等大宗农产品。2017 年，全县推广有机种植，都不用农药和化肥，这一年我们的青稞、土豆等都减产了，即便减产了，我们还是继续坚持。2018 年、2019 年，我们继续按有机产品的方式去种植，每年都要送产品去检测，通过检查后，方可得到有机认证。2016 年，我们县成功获得玛咖、黑青稞、玫瑰、土豆、牦牛肉、野生鱼、雪菊 7 个净土产品国家级有机农产品认证证书，2017 年又获得了葡萄、牛蒡、车厘子、油菜、玉米 5 种经济作物的有机转换认证。"

实行有机生产，带来农业生产技术的巨大变革，对种植户来说，是逐渐实现精耕化、精细化、精作化；对农业部门来说，相应的指导工作是"以前化学措施多一点，现在农业技术措施多一点"。

有机办的负责人跟我们讲述了精耕化、精细化、精作化。"精耕化吧，其实有很多的。比如说播种，以前播种之前，就是犁地，犁地之后

---

①　对曲水县有机生产的相关资料，来自访谈记录编号 20180809 - XZ - QS - NMJ - NMCR。

就撒种，只需要一道功夫。现在，播种之前要进行两次土壤处理。第一次是翻地、浇水，让草长出来。第二次是马上播种之前，再翻地，把草压在土的下面，这样，草就减少了。不过，这肯定增加了老乡的劳动量了。以前一遍，现在两遍。""精细化，主要是田间管理更多，比如说除草吧，以前可以打除草剂，现在除草全部都是用手拔。""精作化吧，也还是主要在日常的田间管理方面，什么时候该灌水、该除草，都得精心管理。"

总体来说，实行有机生产，种植户投入的劳动力会更多。我们担心因为劳动投入更多，老乡们不愿意搞有机生产，就这个问题，有机办的负责人告诉我们："现在啊，至少有70%以上的农乡，已经基本认同了有机农业，因为得到了好处。"

有机生产是净土健康产业的基础，有机产品生产出来以后，适度的加工可提高附加值。食饮品方面，曲水县引进贵州茅台、上海华宝、中国东方邦信等30余家与净土健康产业相关的企业，生产出贵州茅台玛咖酒、玛咖饮品、鲜花饼、葡萄酒、藏边大黄酒等40余种享誉区内外的产品。此外，与金哈达、西藏求本生物科技有限公司等合作，已有8个药品具有国药准字号、2个药品已纳入医保目录、1款面膜具有国妆特字号，相关产品销路很好。即便是大宗产品的青稞，县里引进了加工企业。

二 减产不减收

农牧局的相关工作人员告诉我们，有机生产之后，各种作物的亩产量都有下降，小麦由900斤下降到600斤，青稞由600—650斤下降到450斤，马铃薯由5000—6000斤下降到3000—4000斤，油菜由330斤下降到250—280斤，马铃薯的产量下降得最多。

有机了，减产了，但就一定减少收入吗？相关人员跟我们算了一笔账，种植户的收入不会减少。而且哪怕稍微有所减少，农牧民也不会特别计较，这与藏民族素来的习惯有关。

（一）有机产品即使不经过加工，价格优势及生产中的比较优势都是可预期的

农牧局的相关负责人告诉我们："原来没有搞有机产品时，青稞价

格最高的是2块钱1斤，一般是1块5到1块6。现在有机了，都是订单，都是4元1斤。价格翻倍。"应该说，价格翻倍了，种植户直接得到好处，愿意实行有机生产，这是非常好理解的，但是如果有机生产了，产量下降了，价格没有上涨，农户还愿意种植吗？

马铃薯是曲水县的大宗产品，调研时，好几个人都告诉我们，达嘎乡的神马土豆合作社基本控制了拉萨、山南、那曲、林芝土豆销售的定价权，销量是每年几千万斤。我们拜访了乡长和土豆合作社负责人，他们告诉我们："由于县里的全域有机生产，我们的土豆也是有机产品。2017年，我们的有机土豆没有涨价。目前，我们最主要的是在做品牌，先把品牌树立起来。2018年9月底，开始收今年的新土豆，或许会涨点价。我们虽然说没有涨价哈，但我们已经跟网络平台的农基优盟合作，将土豆卖到广东，我们提出了两个条件：一是以后每年会有所增长；二是宣传必须以我们的品牌来宣传，包装也是按我们的来做。"①

2017年，有机马铃薯的价格即使没有上涨，但是由于是订单生产，不愁销路，村民们依然在种植，而且价格的上涨是可预期的。其实，我们对于产量下降，而价格不涨，农民还是愿意种植，很有疑问，因为感觉上，这毕竟是种植户受到损失。我们问乡长："种植户有没有不种土豆了，或者是找你们闹的？"乡长告诉我们："都有，都有，但是情况分几种哈。第一种，有的老乡跟我们说气话，说不种了，但是我们下到地里一看，老乡还是种了，为啥子呢？我们的感觉是，老乡嘴巴上说不种土豆了，但是他自己心里还是会盘算的，不种土豆又种啥子呢？因为即使减产了，但是还是比种其他的赚钱，比如确实比种青稞的收入要高一些。第二种哈，他们找我们抱怨，抱怨的不是减产了，而是化肥的问题。老乡说：'以前我们不用化肥，你们喊我们用。化肥用得好好的，现在又喊我们不要用。'我觉得哈，我们西藏的农牧民分析问题的角度不一定是经济效益，老乡对钱没有太多的想法，特别是土地里长出来的，他认为只要长出来了，就好了，没有那么多的思考。"②

---

① 调研记录编号 20180807 – XZ – QS – DGX – MX。
② 调研记录编号 20180807 – XZ – QS – DGX – MX。

青藏高原的农牧民不是那么计较土地的经济效益，这或许确实比较符合当地农牧民的思维习惯，一如对牦牛的惜售惜杀等①。如果以理性小农和道义经济的经典理论②来分析，我们或许可以得到几点认知。

第一，青藏高原地区，道义经济的特征依然很显著。青藏高原上生存环境极为恶劣，在历史上，道义经济甚至镌刻为"部落的道德"，今天，"部落的道德"因国家的现代化建设和发展而衰落，但道义经济的特征依然很明显。

第二，种植业的路径依赖。即使土豆不涨价，但是能保障自己生存需要，那么经济效益的高低或许就不完全是唯一的考量。因为是否继续种植土豆，还有着路径依赖。其一是习惯了种植土豆。土豆是青藏高原地区传统的种植品种，千百年来一贯如此。老乡种植的技术娴熟，虽然说实行有机生产，但核心的种植习惯变化有限，老乡愿意种植下去。其二是绿色种植的习惯延续。虽然减产，种植户从内心认同有机生产，这也是青藏高原上农牧民更为长期的种植惯习。据调查，青藏高原地区的种植业使用农药和化肥的历史，差不多也就是最近四十年。在此之前，人们都不惯于使用农药和化肥。

第三，虽然不是非常计较土地产出的经济收益，但是，这并不意味着青藏高原农牧民完全没有经济收益的计算，经济收益的计算肯定是有的，只是没有计算得很"精"。同样是有机生产，才纳示范区的负责人告诉我们："我们才纳示范区曾经推广的玛咖、雪菊都赚了钱，老乡些都愿意种植的，今年春天就有很多人到我们示范区要求领苗子。但是因为市场，我们今年不推广种植玛咖了，而是藏边大黄和木香，他们到了时间就来领大黄和木香的苗子了。所以哈，现在土地有必须种青稞的底

---

① 李雪萍：《转型期藏族农牧民生计适应的复杂样态与内在逻辑》，《江汉论坛》2018年第9期。

② 理性小农与道义经济是学术界研究农民行为的一对经典论题。理性小农的主要代表是舒尔茨、波普金，他们将农民视为一种理性人，即农民的行为都是基于成本—收益模式，以效益最大化为行事原则的理性计算行为（Popkin, Samuel L. 1979, *The Rational Peasant: The Political Economy of Rural Society in Vietnam*. Berkeley: University of California Press）。道义经济理论则认为农民的行为根本无法完全用经济理性人假设来涵盖，他们往往并不是基于单纯物质利益的考虑而行动，而是遵循着生存伦理的基本原则，实质上属于乡村共同体的伦理范畴（斯科特：《农民的道义经济学：东南亚的生存与反叛》，程立显、刘建等译，译林出版社2001年版。）

线，如果没有这个底线，估计很多人都愿意种植这些有机的经济作物，因为能赚钱嘛。"① 这就是说，种植户对有较好经济收益的种植趋之若鹜，农牧民并不是不爱钱。那么，有机种植后，土豆的产量下降了，种植户还继续种植，其实也有收益的考量。其一，种植土豆，自己不愁销售，省心省事，直接节省了销售成本。由于神马土豆合作社帮助销售，自己不愁销售，只需把生产的土豆交给合作社，这是很省心的事。如果自己去销售，还要支付交通运输成本、销售期间的生活成本等。其二，2017 年价格没有上涨，并不意味着以后的价格就不会有所上涨。

（二）有机种植会获得各种补贴②

首先是只要是有机种植，就有补贴，补贴标准是小麦、青稞 200 元/亩，马铃薯 250 元/亩，油菜 150 元/亩。

其次是肥料补贴。曲水县有机办的工作人员告诉我们："原来的化肥是 46 元 1 袋，现在有机生产，都是免费发有机肥。农户自己还堆肥。少数不够用的农户去买有机肥，也是 46 元 1 袋，跟原来的化肥一样的价。实际上，有机肥的市场价格是 80 多元 1 袋，这中间 40 元的差价是政府补贴的。"

应该说，上述减产不减收，主要都是经济效益的算计，如果从生态环境保护的角度，全域有机生产的生态效应和社会效应是难以估量的，尤其是对于作为"亚洲水塔"的青藏高原，意义更为重大。

---

① 调研记录编号 20180804 - XZ - QS - CNSFQ - CY。
② 拉萨市为了促进特色产品种植和养殖，先后颁发和执行了《拉萨市人民政府关于加快推进净土健康产业发展的若干政策意见（试行）》实施细则 2014 年标准、《拉萨市人民政府关于加快推进净土健康产业发展的若干政策意见（实施细则）（暂行）》2017 年标准。拉萨市和曲水县对特色产品的种植和养殖都有多种补贴。

第五章

净土健康产业发展的社会基础

2020年12月28—29日中央农村工作会议上,党中央指出,全面建设社会主义现代化国家,最艰巨、最繁重的任务依然在农村,最广泛、最深厚的基础依然在农村。那么,在乡村产业发展中,最深厚的社会基础又是什么呢?

净土健康产业总是在一定的社会基础上发展起来的,其发展也需要适宜的社会基础。产业转型与发展的"社会基础"内涵非常丰富,包括多种社会性因素,甚至"交往的细节"等①。不同文化语境下,集体性与私人性的差异,往往是导致区域社会经济发展差异的真正原因,②集体与青藏高原的产业存续、发展有深度关联,也是理解净土健康产业发展不可忽视的因素。③ 本章聚焦于集体经济与产业扶贫的关联,即净土健康产业发展依托企业、农户,在乡村层面更强调以"集体"的方式来发展。④ 换言之,集体经济是净土健康产业发展的社会基础之一。集体经济成为净土健康产业发展的重要组织方式,这体现了青藏高原产

---

① 付伟:《农业转型的社会基础:一项对茶叶经营细节的社会学研究》,《社会》2020年第4期。

② 在反思中国的反贫困比其他国家更有成效时,有学者认为集体的传统和集体经济是"中国道路","靠资本不如靠集体"。参见严海蓉、何焰《中国反贫困的经验与反思——靠资本不如靠集体》,中国文化网,详细网址:http://www.cncul.org/guoxue/guoxuezixun/guoxue-guandian/2018-03-24/95297.html

③ 肖龙等认为,目前学术界对于村级集体经济发展的研究,主要围绕村庄共同体的重塑、村庄治理转型和乡村社会再组织化三个方面的问题展开(参见肖龙、马超峰《从项目嵌入到组织社会:村集体经济发展的新趋势及其类型学研究》,《求实》2020年第3期)。

④ 产业发展中,注重集体经济并不排斥私有经济(私有企业或个体经济)的发展。脱贫攻坚中,产业的培育与发展,既指涉企业、村集体,也指涉家庭等个体。

业发展在社会适应性方面的特殊性。这种特殊性在于，青藏高原地区的村庄，较之于内地省市，具有更强的"集体性"，而这种集体性经历了千百年的长期沉淀。曾经的合作化契合了"集体的责任"的社会底蕴；草场承包后的联户经营，是农牧民的智慧，政府给予支持；牧区，至今仍有人民公社在延续，集体经济活力依然；脱贫攻坚中，村庄集体经济得到发展。

青藏高原净土健康产业发展过程中，依托产业扶贫资金等，不断地新增添集体经济。新增添的集体经济主要由政府投入、村集体所有、村民参与而形成的更加强调益贫性的集体经济。新增添的集体经济是益贫的重要组织方式。"此集体非彼集体"，它专注于发展产业，强调市场导向；它将"小农户对接大市场"转变为"农户组织化对接大市场"；它旨在"再造和重塑共同体"。新增添的集体经济有两种类型：政社耦合型在地集体经济、政商社耦合型的飞地集体经济。新增添的政社耦合型在地集体经济所发展的产业是既有市场，又符合村庄禀赋的产业；投资者是政府和村民；运营者可以是村集体，也可以是市场组织；管理者是基层政府和村集体；直接受益者是全体村民，受益最多的是建档立卡贫困户。新增添的政商社耦合型飞地集体经济建构起超越本村、本乡的更大范围的集体，促生区域内"共有—共享"的治理格局。透过新增添的集体经济，发现政府引领产业发展的多层意涵：最直接是产业发展方向引领，传统优势产业与新兴产业齐飞；潜藏其后的逻辑是联结着益贫性的集体化和进一步组织化，拓展了公共性。

第一节　集体：青藏高原地区深厚的社会底蕴

群体性互惠是青藏高原上农牧互补的社会基础，也是藏民族的生存性智慧。群体性互惠的重要组织形式之一是"合作"。合作是"以社区为基础的发展"，在适宜的条件下，也是产业发展的重要方式之一。

一 曾经的合作化是契合了"集体的责任"的社会底蕴

历史上，在广大的农村地区，曾经的"农村合作化运动是来自乡村和国家两种需求的交集"。中华人民共和国成立之初的土地革命后，在一定程度上恢复了重建传统村落社区的一些基本条件，即平均的土地占有、农户经济、延续的血缘与地缘基础，基本实现政治与经济权利平等。在 20 世纪 50 年代初期，农村常见的不同形式的互助共济，正是在村落内部重新生长出的生活共同体的萌芽。这些村落内部若干农户之间自发的经济、社会合作与联合情势，在一些地方还发展成更大范围和更高层次的合作形式，即通常所说的"初级社"，它是以土地和农具"出资"并共同使用为基础进行分配的"股份"合作。20 世纪 50 年代初期和中期的农村合作化是比较成功的，因为它契合了村社内部自身的需求（农民自发性尝试）与政府的鼓励和支持。村社内部的合作或互助是因为农民的生产、生活有很多现实困难。经历长年的战争破坏和农村衰落，土地改革后，贫农、雇农以及一部分下中农虽然分得土地，却没有足够的能力耕种自己的土地，更难以发展生产；土地改革实行农具和农畜分散所有，面临最多问题的是劳动力少、底子薄的农户，在当时，这样的农户不在少数。土地改革后，一家一户的生产积累很慢，生产条件很难改善，遇到灾害和家庭变故，一些农户很难翻过身来，甚至面临再次破产。在西部民族地区，合作层级更高的人民公社，农民很少抵制（哪怕是消极的抵制），这是因为国家对西部民族地区采取了不同的政策，即不是作为主要的征收对象，特别是西部山区的少数民族，还经常得到来自国家的补助。同时，人民公社集体与西部的传统更容易契合，在此之前，西部的许多民族地区，家庭私有的制度就比较弱。[①]

上述是就国家和西部地区的整体性论述，对于青藏高原来说，曾经的合作化更是来自乡村和国家两种需求的交集。青藏高原家庭私有的制度更加薄弱，尤其是牧区。历史上，青藏高原地区的"集体性"与

[①] 黄平、王晓毅：《公共性的重建（上）》，社会科学文献出版社 2011 年版，第 37、35、34、190—191 页。

"合作"有着更深厚的遗存,牧区普遍浸透着"部落的道德"。人民公社化的"政社合一"乡村治理体制,将农民和国家利益牢牢地联结在一起,国家治理深入农村基层;实行家庭联产承包责任制后,农民与国家的利益通过农业税联系在一起;免除农业税后,乡村治理主要是国家对农村的扶持和农民自组织共同作用。① 有学者认为,"人民公社权力体制促进了中国政治的一体化,强化了国家政权对乡村社会的动员和控制。遗憾的是,人民公社化也破坏了乡村社会的传统'权力文化网络'"②。与此不同,在青藏高原,虽然国家政权建设不断深入,但并未彻底破坏其传统的"权力文化网络"。反而通过公共规则的建设和实行,农牧民将"部落内部的共同"延展到"部落之外",即通过国家政权,联结到更广阔的区域和范围,"公共"的范围和领域不断拓展。

二 草场承包后的联户经营:农牧民的智慧与政府的支持

家庭联产承包责任制实施后,西藏的拉萨、山南等地,集体经济在不同程度上得以保存和发展。③ 甘孜州村庄的"统少分多"是明显的,但日常生产生活中的合作与互助是常见的。在牧区,联户经营的"合作"是农牧民的生存性智慧,政府默认它,并为其创造各种条件。

家庭联产承包责任制后,青藏高原牧业单户经营出现,联户经营也普遍存在。20世纪80年代起,政府通过牲畜和草地的承包到户、修建围栏、人工种草、修建居民房等方式,明晰草地产权,出现了单户经营。但在实践中,因草地分配不公以及分配界限不明,纠纷增多、寻找草料和水的流动性受阻、制度移植的不适应等,④ 联户经营

---

① 张春华:《乡村治理成长与农民组织化再调适》,《兰州学刊》2011年第9期。
② 徐勇:《现代国家的建构与村民自治的成长——对中国村民自治发生与发展的一种阐释》,《学习与探索》2006年第6期。
③ 李雪萍:《西藏城镇社区发展与公共产品供给》,华中师范大学出版社2013年版。
④ Harris R B., "Rangeland Degradation on The Qinghai-Tibetan Plateau: A Review of The Evidence of Its Magnitude and Causes", *Journal of Arid Environments*, vol. 74, no. 1, 2010, pp. 1–12.

同时普遍存在。① 例如在甘南州玛曲县，1993 年政府将草场使用权落实到村民小组，把草场分成小片划分到户。1995 年，玛曲草场实行草畜双承包责任制。到 2003 年，96% 的可利用草场承包到户，参加包产的牧业人口占全县牧业人口的 96.2%。联户经营是牧户在缔约条款下，集体使用内部草场资源，并获得和承包权相对应的经营收益。② 玛曲县的联户经营主要有两种形式，即牧民自发组织的联户和国家引导和扶持的合作社，前者是传统的延伸，后者是国家与牧民都认同的策略。玛曲的默日部落是 70—80 户的联户组织。夏季，70—80 户共同使用夏季草场；冬季，相互之间有亲戚关系的 7—8 户组成一个联户，共同使用冬季牧场。③ 在黄河源地区，单户经营的大致占 1/4，联户经营的达到 3/4。联户经营的户数平均为 6.76 户，其中最常见的是基于血缘关系的联户，占到 77.69%，远远高于社会关系联户体的比例。④ 在四川阿坝藏区，一般是 3 户到 7 户联户经营；在若尔盖县，牧民或通过联户协商进行大户承包草场，或以联户补偿方式为贫困户提供一定租金，贫困户增收的路径之一是出租或转租牧场。⑤

应该说单户经营有其优势，也有其内在困境。要想真正实现草场承包到户，确实有很多现实困难。在甘孜州，基层政府官员为我们描述了

---

① 在其他牧区，也广泛存在联户经营。在甘肃凉州，具体的承包方式是由若干农户（几户到几十户不等）为一个承包单元，每单元由承包户推选一名代表，代表所有承包户签订承包合同，各承包户享有同等权利和义务。参见强文军《凉州区草原承包实践与探索》，《草原草业》2016 年第 15 期。张美艳等的调查显示：在华北亦农亦牧区，联户承包成为首选形式。例如丰宁县的联户承包面积占总承包面积的 92.6%，没有单户承包。河北省联户承包面积占 72.4%，单户承包占 15.4%，其他形式的为 10%。参见张美艳、张立中《农牧交错带草原确权承包问题探析》，《农村经济》2016 年第 1 期。新疆的草原畜牧业正由单户经营转变为联户经营、家庭牧场（养殖大户制）、合作社、"公司 + 合作社 + 养殖户"等多种经营模式。在新疆，由于小规模散户很多，为了降低成本和整合资源，很多牧户采用联户经营。参见杨奎花等《新疆草原畜牧业经营模式及转型路径研究》，《草食家畜》2015 年第 1 期。

② 宗鑫、张起梁：《草场单联户经营模式的交易费用分析》，《枣庄学院学报》2011 年第 3 期。

③ 格藏才让：《应对草场退化：藏区草场管理中的产权主体及其实践》，《西藏民族学院学报》2015 年第 1 期。

④ 李惠莲等：《黄河源地区草地联户经营模式及其影响因素分析》，《西南大学学报（自然科学版）》2017 年第 3 期。

⑤ 沈茂英、涂卫国等：《生态扶贫的牧区实践与发展》，《精准扶贫》2016 年第 5 期。

草场划分到户的不现实性。"首先,一旦分到户,牧民之间就会由和平共处转变为矛盾冲突,牧民不会完全配合承包到户的,因为放牛的话,哪里可以完全圈定哪一块小地盘是哪一家的呢?"其次,边界冲突会急剧增加。"不能太强求承包到户,因为有一个严重问题就是边界问题。在草原上做点事情,必须得非常注意边界,一旦不合适,矛盾纠纷就来了。我们的一个草场紧挨邻县,几百年前曾经是以水沟为界,现在水沟的位置和方向都变了,矛盾纠纷也就不断了。而且只要是草场,边界就不是完全清楚。现在一般勘界只到乡,村之间没有勘界。耕地的边界很确切,草场就不一样。"再次,行政成本极高。"没法确定草场面积的啊,确定草场面积的工作量极大,需要政府至少做5年,经费不晓得要用多少。农田承包是可行的,牧场很难。我们甘孜的是自然草场,植物有200多种,草场也是药材生产地。即使分到户,大家修了围栏,但是大家都会去采草药,也会破坏围栏。"最后,难清家底。"再说哈,草场承包到户还面临家底不清的问题。外省以草定畜,以14.8亩养一只羊为单位,算出超载20%,实际上远远不止。我们县的牦牛很可能有60万头,超载数额也是巨大的。畜牧业的家底真的不容易搞清楚。"①

从政策设置与结果的角度,甚至有学者认为草场承包到户的初衷与结果相悖,即牧场承包后,难以可持续发展。因为草场承包后,公共产品供给更加困难:公共设施因无人管理而荒废,或一些现代的机械化设备因为分散生产派不上用场而被丢弃,生产力水平反而倒退;交通、通信、信息等基础设施建设需要更大的代价;教育、医疗卫生和牲畜的病害防治以及科技推广的难度加大。② 从生态的角度来看,承包到户使得在原本浑然一体的天然草场上,竖起了纵横交错的铁丝网和水泥柱,其不利影响是明显的:小范围内牲畜的践踏加剧草场退化;妨碍物质循环和能量流动;不利于草种传播,草种单一化;围封恢复的草场,由于没有牲畜的干扰,抗践踏能力比较弱,若保护不当,容易再次退化。③

---

① 调研记录编号 20140729 – GZX – NMJ – GHB。
② 冉光荣:《西部开发中西藏及其他藏区特殊性研究——西藏及其他藏区特殊性研究文集》,黑龙江人民出版社2003年版,第137—141页。
③ 乌仁格日乐等:《锡林郭勒草原围栏之效益分析》,《生态经济》2009年第1期。

学者们普遍认为，联户经营有着其深厚的社会、经济、文化底蕴，它是农牧民长期积累的地方性知识，符合牧民意愿及文化传统、地缘、血缘关系造就的易联性等。① 联户经营是在承包制下，在小范围内回归传统草地共管方式，是农牧民主动适应草地退化的表现。联户经营能扩大放牧半径，降低单位面积草地压力，可相互协定控制牲畜数量，较好地维持草畜平衡；联户体内相互协作，为劳动力转移提供了新动力；联户经营有利于草地恢复和保护，方便寻找水源，减少纠纷。② 从成本—效益的角度来考察，联户经营中的私人成本和政府成本都会降低，这是因为将运营成本内化在集体行动中③，即共同承担租金，利用公共草场，节约劳动力并降低草地维护成本，也深化了基于血缘和社会关系产生的相互帮助等。④ 基于实证研究，有学者甚至认为，"以社区为基础的草地管理"可能是对草地国有化或者私有化的有效替代，它能够以更低成本减缓草地退化。

基层政府是积极的社会行动者，很多官员也认同牧业生产的地方性

---

① Mariaef G., "The Role of Mongolian Nomadic Pastoralists' Ecological Knowledge in Rangeland Management", *Ecological Applications*, vol. 10, no. 5, 2000, pp. 1318 – 1326. Bellf W., Mitigating the Tragedy of the Commons. *Southern Economic Journal*, vol. 52, no. 3, 1986, pp. 653 – 664. 王晓毅：《互动中的社区管理——克什克腾旗皮房村民组民主协商草场管理的实验》，《开放时代》2009 年第 4 期。韦惠兰、鲁斌：《玛曲草场单户与联户经营的比较制度分析》，《安徽农业科学》2010 年第 1 期。韦惠兰、孙喜涛：《制度视域下草原退化原因分析》，《新疆农垦经济》2010 年第 6 期。

② Mariaef G., The Role of Mongolian Nomadic Pastoralists' Ecological Knowledge in Rangeland Management. *Ecological Applications*, vol. 10, no. 5, 2000, pp. 1318 – 1326. Bellf W., Mitigating the Tragedy of the Commons. *Southern Economic Journal*, vol. 52, no. 3, 1986, pp. 653 – 664. 王晓毅：《互动中的社区管理——克什克腾旗皮房村民组民主协商草场管理的实验》，《开放时代》2009 年第 4 期。韦惠兰、鲁斌：《玛曲草场单户与联户经营的比较制度分析》，《安徽农业科学》2010 年第 1 期。韦惠兰、孙喜涛：《制度视域下草原退化原因分析》，《新疆农垦经济》2010 年第 6 期。田艳丽、乔光华、乌云：《完善草原家庭承办经营——对联户经营模式的思考》，《乡镇经济》2009 年第 4 期。李惠莲、阎建忠等：《黄河源地区草地联户经营模式及其影响因素分析》，《西南大学学报》（自然科学版）2017 年第 3 期。

③ 宗鑫、张起梁：《草场单联户经营模式的交易费用分析》，《枣庄学院学报》2011 年第 3 期。

④ 李惠莲、阎建忠等：《黄河源地区草地联户经营模式及其影响因素分析》，《西南大学学报》（自然科学版）2017 年第 3 期。

知识。对于联户经营,在一般情况下,基层政府的策略是默认、创设制度条件,并改善农牧民生产生活环境。在甘肃玛曲,民间合作机制与政府制度改革良好结合,形成了萨嘎联户机制。萨嘎联户机制是政府和民间都确认每个人对草场的使用权,在此基础上由村委会每年核算牲畜数量,以此确定惩罚过量家户以及补偿牲畜量少于使用权的家户。此外,租金价格差异甚大,对内优惠,以此增加部落的凝聚力。① 在甘孜州我们了解到政府"将承包落实到纸上"。某位农牧局干部告诉我们:"我们这里啊,没得办法哦,草场承包只能落实到纸上哦!要完全把草场承包到户,这个啊,既不现实,又不科学。我们这里把承包到户在纸上,按照纸上的面积落实优惠牧民的政策。"②

三 至今依然延续的"人民公社",显现集体经济的活力

1978 年家庭联产承包责任制成为中国农村改革突破口后,"去集体化"成为强势的"改革话语"③。家庭联产承包责任制实行以后,全国各地很多村庄因"统少分多"而沦为"空壳村",基本没有或很少有集体经济收入。"空壳化"是"空心化"④ 的表现之一。行走青藏高原,

---

① 格藏才让:《应对草场退化:藏区草场管理中的产权主体及其实践》,《西藏民族学院学报》2015 年第 1 期。

② 调研记录编号 20140729 - GZX - NMJ - GHB。

③ 肖龙、马超峰:《从项目嵌入到组织社会:村集体经济发展的新趋势及其类型学研究》,《求实》2020 年第 3 期。

④ 乡村空心化的研究成果很多,学者们研讨了内涵界定、形成机制、引发问题、治理途径等。地理学(聚落空间形态)上的空心化是"人走屋空";人口经济学的空心化是指大量人口流向城镇,乡村失去了主力军;政治学认为空心化是乡村"资金、技术、知识、人才和需求等资源大量流失所导致乡村治理手段的匮乏以及乡村发展的困境"。社会学分析了"乡村生活的空心化"、社会关系断裂等。综合性地概括空心化,即"农村人口外流所导致的农业生产、农村经济、社会管理、公共服务、基层民主乃至社会心理等方面出现的迟滞、弱化与退化现象"。参见刘彦随等《中国农村空心化的地理学研究与整治实践》,《地理学报》2009 年第 10 期。宇林军、孙大帅、张定祥等:《基于农户调研的中国农村居民点空心化程度研究》,《地理科学》2016 年第 7 期。唐丽桂:《我国西南山区农村空心化现状及影响分析》,《农业经济》2012 年第 9 期。徐勇:《挣脱土地束缚之后的乡村治理困境及应对——农村人口流动与乡村治理的一项相关性分析》,《华中师范大学学报》2000 年第 6 期。王晓毅:《乡村振兴与乡村生活重建》,《学海》2019 年第 1 期。刘祖云、姜姝:《"城归":乡村振兴中"人的回归"》,《农业经济问题》2019 年第 2 期。陈家喜、刘王裔:《我国农村空心化的生成形态与治理路径》,《中州学刊》2012 年第 5 期。

我们发现其内部存在有趣的差异。整体上来说，西藏自治区村庄的集体经济发展较好，甘孜州村庄的"空壳化"比较明显。作者调查发现，西藏自治区的"村庄越富有越集体，越集体越富有"，最典型的个案是那曲地区双湖县嘎措乡，至今依然保持着"人民公社"的集体经济。①在甘孜州却是"越贫困越空壳，越空壳越贫困"。这或许与不同地区选择不同的发展路径有关。不过，即使是甘孜州的乡村，很多村庄的草场依然是集体使用。

2009年，作者实地考察了拉萨市城郊接合部的扎细社区以及山南地区乃东县的六个社区，它们的集体经济都在不断发展。扎细社区原来是纳金乡的一个行政村，是贫困村。1993年，村支书索朗巴珠在自有资金67万元的基础上，向银行贷款25万元，办起了综合服务部，有度假村、茶园、旅馆、小餐馆等项目。2006年，村集体由"综合服务部"改建为"物业管理服务部"，服务内容扩展到旅游、运输、加工、手工业等。村集体房产的建筑面积也由1993年的1400平方米扩大到2009年的1.5万平方米。人均收入由1993年的200元增长到2003年的1万元。扎细社区2008年被评为拉萨市首个万元村（居），2009年被评为全国民族团结先进集体。2009年扎细社区投资1500万元，修建了一栋商业大楼和45间门面，用于出租。2009年出租以前已有的45间门面，年租金50万元；"物业管理服务部"年收入500万元，集体经济的年收入达到550万元。1993—2008年，扎细社区年底分红给居民共计1600万元。2008年年底，每位户籍人口分得4200元。集体经济不光是分红，户籍居民举办婚丧仪式等，还可以免费使用集体的设施。2008年，山南地区乃东县的乃东社区的集体经济收入有166.3万元、泽当社区265万元、结沙社区178万元、赞塘社区9.66万元、金鲁社区30.2万元、郭沙社区23.8万元。它们的收入来源有村集体经济企业、集体房

---

① 西藏双湖县嘎措乡的故事参见该乡党委书记白玛久美在"2018食物主权年会"上的发言。他的发言题目是"为什么藏北的集体经济大锅饭从不养懒汉？"关于嘎措乡的资料基本来自于此。参见环球视网，详细网址：http://www.globalview.cn/html/societies/info_28074.html。

产的租金等。①

　　人民公社体制的失败并不可能同时证明集体经济制度的失败。② 西藏那曲地区双湖县嘎措乡至今沿袭着的人民公社的集体经济，成为集体经济与产业共同发展的典型案例。③ 西藏那曲是中国五大牧场之一，由于单位草原产出率低、牧民惜售惜杀，加之灾害严重，用当地人的话来说，就是"三年一小灾，五年一大灾。任何人的单打独斗都赢不了大自然"。西藏那曲地区嘎措乡因为草少人多，1974 年从申扎县南部搬迁到北部无人区，1976 年国家在这里设立了双湖办事处，2012 年国务院批复成了双湖县④。嘎措乡一直保持着人民公社集体经济体制。1982 年，西藏和全国其他地区一样，改变人民公社制度。通过村民投票，70% 的嘎措社员保留了集体经济体制，至今是西藏自治区唯一仍然实践人民公社制度的乡镇。

　　嘎措乡草场面积 4100 万亩，其中季节性草场面积 1644 万亩，接羔育幼草场面积 232 万亩，防灾、抗灾预留草场 192 万亩，退牧还草以及草补禁牧面积 1022 万亩，其余 1020 万亩为轮牧草场。牲畜分为母畜群、幼畜群、成畜群、出栏群等。2017 年年底，嘎措乡全乡存栏牲畜 34456 头，包括牦牛、绵羊和山羊。嘎措乡适龄母畜占牲畜总数的 57%。通过补饲和暖棚保育，幼畜成活率达到 90% 以上，比全地区平均水平高出 5 个百分点。

---

① 比起内地省市，西藏的城镇都非常小。乃东县泽当镇是山南地区首府所在地，2009 年，城区面积很小。乃东县泽当镇的六个社区都是亦农亦牧村庄。村民既种植青稞、土豆，也养牛。最靠近城区的是乃东社区、泽当社区、结沙社区，它们的集体经济逐渐发展起城市服务业（如宾馆、茶馆、菜市场等），集体经济收入相对较多。离泽当镇几公里、十几公里的赞塘社区、金鲁社区、郭沙社区，它们还是典型的雅砻河谷地区亦农亦牧区乡村，集体经济收入相对较少。具体情况参见李雪萍《西藏城镇社区发展与公共产品供给》，华中师范大学出版社 2013 年版，第 139—141 页。

② 吴重庆：《无主体熟人社会及社会重建》，社会科学文献出版社 2014 年版，第 49 页。

③ 丁玲、戚莉霞、严海蓉：《藏北高原上的牧业集体社区——那曲嘎措乡的乡村振兴之路》，《经济导刊》2018 年第 1 期。以下关于嘎措乡的资料主要来自丁玲等的这篇文章，特别指出之处除外。

④ 双湖县是我国最年轻的县，也是海拔最高的县。脱贫攻坚中，嘎措乡实施易地扶贫搬迁，2019 年搬迁到贡嘎县森布日等易地扶贫搬迁点。贡嘎县森布日搬迁点的海拔比双湖低了 1000 多米，位于雅鲁藏布江河谷，气候温润，离贡嘎机场仅十公里。

嘎措乡实行草场统一管理、牲畜集体所有、草场统一管理、工分记账、按劳分配的经营模式。嘎措乡建立了覆盖生产经营各个环节的管理体系。嘎措乡共有 564 人，全部为集体经济组织成员。每年 3 月，嘎措乡对劳动力进行一次统一调度，分工周期为一年。这次分工后，每四个月还会进行一次辅助性调整。集体安排人员到各个放牧点，每个放牧点工分记账标准不同。每年年末，社员们根据自己全年的工分，从集体分配到现金和奶制品、牛羊肉等实物。酸奶和燃料（牛羊粪）不按工分来分配，而是按人均和户均进行分配。

工作分配上，照顾贫弱群体。对于缺少劳动力的家庭，集体会把他们的主要劳动力安排在工分比较高的岗位上；对于有长期病号的家庭，集体会尽量安排他们的子女学习兽医、驾驶等技能，增加这些家庭的收入。嘎措乡为牧民提供退休的基本保障，使其能安心养老，也能继续参与力所能及的劳动。

嘎措乡实行生产的生态化，保护生态环境。其一，牧民们保持传统的放牧方式，从不轻易给牲畜施用疫苗或兽药。其二，减少草原载畜量。根据国家权威部门测试，嘎措乡的草原资源可畜牧 21 万只绵羊单位，但是嘎措的畜牧总数保持在低于 5 万只绵羊单位，而且实行了严格的轮牧时间表。

2014 年，嘎措乡注册了"普若岗日牧业发展有限责任公司"，近几年对两个行政村的剩余畜牧产品进行统购统销，提高了村集体在畜牧产品上的收益。但嘎措乡依然以内需为导向。嘎措乡的生产依靠自身的劳动力，生产出的牛羊肉、酥油、酸奶等大约 70% 用于满足本乡民众的需求。即使成立了牧业公司，也没有把市场凌驾于内需之上。牧业公司把一等肉留给辛苦的社员们自己消费。2017 年，嘎措乡一村按工分，分给社员的黄酥油、白酥油、奶渣、肉分别占该村总产量的 63%、95%、89%、72%，一般能满足社员家庭的日常所需。如果有额外的实物需求，牧民可向集体购买，价格则远远低于市场价。

2016 年嘎措乡人均现金收入 18494 元，远高于那曲地区的人均 8638 元，也高于同年西藏各地区农村人均可支配收入水平。18494 元中，集体经济分红为 11145 元，占纯收入的 60%，政策性收入占 40%。2017 年，全乡人均现金收入 19461 元，其中集体各项分红所得 12125

元，占纯收入的 63%，政策性收入占 37%。

嘎措乡现有风干血肠加工、藏式家具加工、足浴盐生产等集体经济项目。在那曲地区，班戈县的一些乡村借鉴嘎措乡发展集体经济的经验，也取得了明显成效。

四 脱贫攻坚中，部分村庄原有的集体经济不断发展

20 世纪 80 年代实行家庭联产承包责任制，土地依然是集体的，有的村庄有了征地等机会，集体经济就有了更多收入。此外，实行家庭联产承包责任制时，有的村庄没有把所有的资源都承包给农户，而是留下来一部分作为集体经济。"留下来"的主要有集体草场、集体门面房等。如甘孜州的格上、格下村（以下简称格村）当时就留下来 200 多亩草地。脱贫攻坚开始后，西藏很多村庄"留下来"的集体经济都有所发展。2017 年夏天，作者在琼结县加麻乡白松村调研，驻村工作队的卓玛队长跟我讲述村集体分红。她说："我们白松村的集体经济能力比较强，在我们琼结县都算是名列前茅的。2017 年 2 月 22 日，我们村集体经济年终分红，一共分了 46 万元，这是 2016 年集体经济挣来的。46 万元主要来自绵羊短期育肥合作社的收益，还有出租村集体土地的租金，还有集体种植玛卡的纯收入。分红标准是 46 万元除以全村土地面积，得出每亩 404.6 元。然后我们就按每家每户土地亩数来分，例如拉姆卓玛家有土地 11.53 亩，分红收入为 4665 元。""分红当天，村两委班子成员、第一支部书记、驻村干部一起，将分红款、分红发放表整齐地放在茶几上，然后挨家挨户地发钱、签字，井然有序。村民们都很开心。"

西藏拉萨曲水县才纳村是原有集体经济不断发展的佼佼者①。西藏拉萨市曲水县才纳村，集体经济收入来源于征地补偿和店铺租金，形成了村、组两级的"双层"集体经济。首先，征地补偿形成集体经济收入。才纳村第一书记告诉我们："我们的集体收入跟高速公路和铁路的修建没有关系。这些年，落实到我们村的建设项目有几个，我们的收入

---

① 2018 年 8 月 8 日，作者在才纳村调研。下述关于才纳村集体经济的资料，皆来自此次调研。

是这样的：第一，苗木繁育基地租用我们的土地 10266 亩，每年租金 200 万元，每 3 年每 1 亩递增 50 元。第二，净土产业公司租地 1300 亩。第三，拉萨市第一职业技术学校征用 1200 亩，是一次性买断，补偿金是 2300 万元，其中村集体经济的是 1500 万元。这 1200 亩，包括 500 亩耕地、700 亩林地，还有老乡的耕地和林地。第四，乡卫生院占用村集体土地 60 亩，补偿金是 36 万元。藏医学院下一步落户到我们村，也要征我们村里集体的土地，县里正在洽谈。"也就是说，土地的集体所有制是才纳村集体收入的根本性来源。其次，集体经济收入来源于店铺租金和粮油加工店的收入。第一书记告诉我们："我们村还有店铺租金和粮油加工店的收入，一年大约 30 万元。我们村里，有高速公路下来的店铺，还有村子门口的商铺，这些店铺出租给村里人，价格相对低一点。我们有这方面的收入。另外，我们村里有一个粮油加工店，也有一些收入。"

关于才纳村的双层集体经济，第一书记告诉我们："我们村的集体经济分为两种，一种是村集体经济，另一种是组集体经济，这些集体经济的主要来源是征地补偿。村集体经济大约有 5000 多万元，是多年的积累，村里去年底分红了。""小组的集体经济少，只有两个组有一点，最多的是四组，大约有 300 多万元，也主要是征地补偿。去年四组分红了，分得不多。藏医院征用我们村三组的林地 24 亩，补偿金 28 万元，每亩 1 万 2，这也是组集体经济，与村集体无关。村里的六组、七组、八组，在山沟里，没有征用和租赁。"依照第一书记的描述，我们可以知道，集体经济形成了村和组的双层结构，且在各个小组之间不均衡，原因在于土地是否被征用和租赁。

第一书记介绍了村集体经济的分配与未来发展的预期："2017 年，村里的集体经济的收入和历年积累，加起来总共有 5000 多万元。去年年底，按户籍人口数，每人分了 1 万元，分了 2300 多万。目前村集体的账上还有 3800 多万元。我们村主任、书记、监督委员一起讨论很多次，希望这 3800 万元用于投资。但是，我们老乡和村委人员都不希望投入到风险大的产业。这是集体的钱，是大家的钱，考虑不周不行。我们现在拟定一个小项目，与县扶贫办对接。因为拉萨市第一职业技术学校、藏医学院建设在我们才纳，人员密集，我们准备建设一个集住宿和餐饮一体化的宾馆，一部分是我们村投入，另一部分是县扶贫办投资。分配要带动贫困户，按比例分红。"

就才纳村集体经济如何惠及建档立卡户，我们请教了第一书记，她告诉我们："这个嘛，首先是跟大家一起分红，自然就超过了贫困线，比如去年分1万元，就这1万元使大家都超过了贫困线。"我觉得分红没有专门针对建档立卡户，于是就此请教，第一书记说："专门针对贫建档立卡户，有过年过节的慰问，还有哈，贫困户生病了，也要去慰问。这些都有专门照顾的，这些钱是由村集体经济给。另外，就是村里的铺面，如果建档立卡户去租，租金要便宜得多。"

总之，在广大的农村经济个体化倾向明显，且逐渐市场化的今天，西藏乡村的"集体性"特征，与很多"空壳村"形成鲜明对比。应该说，在青藏高原极其严酷的自然环境下，集体经济使得力量羸弱的个体和家庭在面临市场风险、自然风险时，有更强的抗逆力。但是，相对说来，集体经济尚需不断强化。强化的契机是产业扶贫，中央强调发展集体经济，于是在青藏高原上，很多村庄都新增添了集体经济。

第二节　脱贫攻坚中，新增添的集体经济

恰逢大规模的精准扶贫，国家增大了对青藏高原产业扶贫的投入，基层政府在有所反思的基础上，与乡村"合意"，增添了新的集体经济。"新增添的集体经济"是指在脱贫攻坚过程中，主要由政府投入、村集体所有、村民参与而形成的更加强调益贫性的集体经济。政府利用扶贫资金等为村庄增添和发展起来的集体经济，它既积攒了村集体收入，还助力于当地产业发展。新增添的集体经济有两种：在地集体经济和飞地集体经济。

一　新增添集体经济的由来：基于益贫的组织形式

产业扶贫不完全是"资本（运作）"的事，而是政府、企业（尤其是龙头企业）、乡村（村集体、合作社、村民）紧密关联的事。政府在产业扶贫时，同时采用两种方式：引进或培育龙头企业带动产业发展，

发展集体经济。两种方式都能发展净土健康产业，也能带动村庄，且惠及村民。

政府对引进的龙头企业有优惠，也有很多规制。政府会给予龙头企业很多支持、帮助，也会有不少的要求，比如使用当地劳动力、分红、回收农产品等。在龙头企业落户的村庄，西藏、甘孜州等地的基层政府往往要求企业雇佣本村人、使用本村的运输队等①；如果政府有扶贫资金投入企业，政府会要求龙头企业按一定比例为贫困村分红等。

政府的扶贫资金输入乡村，新增添了集体经济。脱贫攻坚过程中，青藏高原地区的县级政府一般会分配产业发展资金到贫困村，少则 20 万元，多则接近上百万元（有的试点村是 80 万—100 万元）。政府为了使易地扶贫搬迁村庄实现搬迁户稳得住、能致富，便给予更多的产业发展资金。据笔者的调研，有的易地扶贫搬迁点，整合多种扶贫资金来发展产业，有的上千万元，甚至还有几千万元。

近年来，基层政府真切地感受到了乡村公共性消解及其危害。② 在甘孜州调研，一位县领导曾经说："现在，国家的很多资金都是直接打到老乡们的卡里，当然这避免了中间环节出现一些问题，但是，这也让一些乡镇的、村庄的公共事务没有了经济支撑。而且，感觉现在的情况是，老乡们无论什么问题都得找政府，就是村里某位老乡需要关照也会找政府。以前集体经济比较扎实的时候，好多问题都不需要政府出面去

---

① 2017 年 6 月，笔者在西藏山南市某县交通运输局当"影子局长"，跟随副局长，观察他处理各种事务。因为相互之间很熟悉，不设防的摆谈是最真实的调研材料的来源。7 月的一天，我跟随副局长去处理一段乡村公路修建停工两天的事情。停工是因为施工所在村的运输队运送材料的价格过高，修建公路的施工队不同意，双方僵持，停工两日。副局长得知后，不得不前去调解。谈判过程是艰难的，后来以村运输队稍微降低价格而收场。在回程的路上，我问副局长："为什么施工队不可以选择价格相对可能便宜一点的运输队？"副局长告诉我："我们西藏一般是一个村或几个村联合起来成立一个运输车队。政府规定了，如果村里有运输车队，在村里实施的建设项目就必须用这个村的，其他的不能参与运输，因此价格比较高。"我知道政府确实有相关规定，目的是项目建设惠及当地民众，直白地说，就是让本村人在项目实施中挣点钱。为了解决价格过高等问题，西藏各县在 2015 年成立了优化办公室。副局长告诉我："优化办专门处理强拉强卖、钉子户以及村里跟政策不合适的事情。成立优化办以后，每次下乡去协调价格过高这些问题，要比以前好一些。"（调研记录编号 20171622—XZ—QIX—JTJ—LBCR）

② 吴理财等：《公共性的消解与重建》，知识产权出版社 2014 年版。

解决，集体自己就解决了。我倒是觉得集体经济这个问题，确实值得重新探索和研究哦。"① 经历反思，政府不再将产业发展金直接分发到农户，而是发放到村集体，由其自己选择产业并壮大集体经济。

有资源禀赋和能力、条件的村庄，自己发展。但是，绝大多数村庄因自然环境、市场区位、经营能力等原因，难以壮大集体经济。政府采用各种办法帮助村组织发展集体经济，既有在本村地域内发展的集体经济（我们称为"在地集体经济"），也有离开村庄，在本村、本乡之外发展的集体经济（我们称为"飞地集体经济"）。净土健康产业发展中，这两种集体经济都不断增长。无论是在地集体经济还是飞地集体经济都与龙头企业紧密相关。在地集体经济的若干环节，例如产品销售等，会与龙头企业发生关联。只是关联度不如飞地集体经济。飞地集体经济发展中，村庄与龙头企业的联结更加紧密，有的村组织仅参与分红，有的既分红也参与经营。

二 "此集体非彼集体"：新增添的集体经济的特征

新增添的集体经济推动乡村脱贫，也促进产业发展。它既不同于历史上的合作社、人民公社，也不同于家庭联产承包责任制。首先，新增添集体经济是在家庭联产承包责任制的基础上因产业扶贫而增添，强调用于产业发展。其次，它是市场导向性的，主张将"小农户对接大市场"转变为"合作组织对接大市场"，这与人民公社的计划经济体制不同。再次，它实施倾斜于贫困户的集体分配，与家庭承包制的平均化取向有所差别。或许可以认为，新增添集体经济是在保持家庭承包制基础上，优化乡村发展的路径。

（一）新增添的集体经济之"三个面向"

1. 新增添的集体经济专注于产业发展，强调市场导向。新增添的集体经济来源于国家拨付的产业扶贫资金，专门用于产业发展。产业类型包括种植业、养殖业、加工业以及乡村旅游、区域旅游等。产业发展的地点既可以是"在地"，也可以是"飞地"。

---

① 调研记录编号 20140801 – SC – GZX – XZF – LMAZ。

2. 新增添的集体经济面对市场,将"小农户对接大市场"转变为"农户组织化对接大市场"。"包产到户以后乡村社会日益去组织化,国家开始绕过村集体直面分散的小农,其后果便是在去组织化的过程中出现了去集体化、去公共化的趋势。"① 以市场为导向的净土健康产业所发展的是现代农业,缺乏组织化的小农户难以对接新型的农业经营主体。② 新增添集体经济旨在通过对农民的组织化重建,发挥乡村主体性③,同时也努力保障集体经济的保值增值。④

3. 新增添的集体经济面对村庄社区,旨在"共同体的再造和重塑"。新增添的集体经济,不仅是对中国乡村社会中的村社集体再造和重塑⑤,也是对村庄作为生产、生活和治理共同体的再造与重塑。⑥ 新增添集体经济发挥集体经营的功能,弥补村庄统筹权的缺失。家庭联产承包责任制后,以集体土地所有制为基础的集体统筹权在村庄治理及服务中,不断式微。⑦ 在绝大多数农村地区,村庄集体经济组织基本上退化为纯粹的集体土地发包方,集体经营的功能无法有效发挥。⑧

(二) 新增添集体经济之"政社企耦合"

青藏高原新增添的"在地集体经济"和"飞地集体经济"都是政社耦合型,即项目运作中的国家理性、村社理性和小农理性实现了有机

---

① 张慧鹏:《集体经济与精准扶贫:兼论塘约道路的启示》,《马克思主义研究》2017年第6期。
② 陈义媛:《小农户与现代农业有机衔接的实践探索》,《北京社会科学》2019年第9期。
③ 吴重庆、张慧鹏:《以农民组织化重建乡村主体性:新时代乡村振兴的基础》,《中国农业大学学报》2018年第3期。
④ 马池春、马华:《农村集体产权制度改革的双重维度及其调适策略》,《中国农村观察》2018年第1期;韩俊等:《创新农村集体经济运行机制 切实保护农民集体资产权益》,《农村经营管理》2019年第3期。
⑤ 贺雪峰:《如何再造村社集体》,《南京农业大学学报》2019年第3期。
⑥ 陈明:《"集体"的生成与再造:农村土地集体所有制的政治逻辑解析》,《学术月刊》2019年第4期。
⑦ 孙敏:《农村集体土地所有权式微的实践逻辑及其困境》,《北京社会科学》2018年第11期。
⑧ 应星:《农户、集体与国家:国家与农民关系的六十年变迁》,中国社会科学出版社2014年版,第129—130页。

衔接与统一，一般采用混合治理机制。① 由于新增添的集体经济的市场导向性，我们考察政府、新增添集体经济、企业（龙头企业带动）的关联，甚至可以认为新增添的集体经济是"政社市耦合型"，即国家理性、村社理性（以及小农理性）、企业的经济理性实现了有机衔接与统一。这里的国家理性主要是指国家下放产业扶贫金到村集体，发展产业，实现脱贫攻坚；村社理性是指村庄获得产业扶贫金，发展产业，获得集体收益；小农理性是指农户可以在新增添的集体经济中分配到收入，贫困户获得更多；企业的经济理性是指龙头企业得到政府多种支持，同时通过多种方式与增添了产业扶贫金的村集体合作，获得经济收益。

因为采用不同的经营方式，"在地集体经济"与社区联结更为紧密，"飞地集体经济"相对松散。一般说来，在地集体经济的生产地在村内，更多地使用本村劳动力，所发展的是本村最具"天时地利人和"的产业。"飞地集体经济"因为飞出村庄社区，与村庄的联结度低于在地集体经济。

新增添的在地集体经济和飞地集体经济都与市场紧密联结。发展何种产业、如何发展产业受制于村庄的资源要素禀赋、社会成本等②，更重要的是受制于市场，即所发展的产业是否有市场。

第三节 政社耦合型的新增添在地集体经济

一 新增添的牧业集体经济：以格村集体牧场为例

牦牛产业是甘孜州牧区最重要的产业。发展产业促进脱贫攻坚，甘孜州甘孜县建设了集体牧场。

2017年年底，甘孜县整合涉农资金2000多万元，建设了牲畜暖

---

① 肖龙、马超峰：《从项目嵌入到组织社会：村集体经济发展的新趋势及其类型学研究》，《求实》2020年第3期。
② 马超峰、薛美琴：《村集体经济再认识与集体经济再造》，《经济与管理》2015年第1期。

棚、巷道圈 3 座。与贫困村联合，新建了 43 个集体牧场，养殖牦牛 7997 头，出栏 1579 头，带动 2000 多贫困户增收。2019 年，甘孜县建成 80 个集体牧场，存栏 15000 头牦牛，到年底，出栏牦牛 4000 头。集体牧场的牦牛，绝大部分是由政府给予的扶贫资金购买，有一小部分是村民投入，即每户至少以 1 头牦牛（或折价）入股①。也就是说，以政府给予和农牧民出资的方式来增添新的集体经济，当然，农牧民出资较少。集体牧场的效应是多方面的，首先是全体村民增收，建档立卡户增收更多；其次是逐步改变惜售的惯习；最后是增强集体的内聚力。甘孜县的格村集体牧场是典型案例。②

（一）养牦牛是政府与村庄的共同意愿：大家都赚点，建档立卡户多赚一点

甘孜县的格上村和格下村是两个行政村，两村共有 48 户 204 人，其中有建档立卡户 11 户 55 人。由于挨得很近，千百年来，两个行政村的村民们总是集体劳作，集体开展活动，所以两个村共同建设了一个集体牧场（格村集体牧场）。集体牧场的成立，一是村庄利用政府的扶贫帮扶资金 33.4 万元，于 2017 年 8 月购买了牦牛 103 头；二是村中 37 户非建档立卡户每户入股 1 头牦牛，没有牦牛的按照牦牛均价 3243 元入股。该集体牧场有集体草场 1000 多亩。

集体和农户均有收益，建档立卡户得益最多。2018 年春天生产小牛 12 头，购买 2—3 岁的小牛 17 头，2019 年 1 月购入小牛 28 头。2018 年 7 月 16 日，我们在牧场调研时，牧场存栏 115 头；2019 年 5 月，牧场存栏牦牛 148 头。2017 年 12 月出栏牦牛 17 头，收入 66500 元；2018—2019 年出栏牦牛 48 头。2017 年建档立卡户人均分红 9.5 元，非建档立卡户人均 7.5 元；2018 年，建档立卡户人均分红 96.3 元，非建档立卡户人均分红 50.3 元，集体牧场收益的 20%（3171 元）作为牧场公积金。2019 年 5 月，建档立卡户人均分红 286.5 元，非建档立卡户人

---

① 甘孜藏族自治州甘孜县集体牧场发展的资料来源于笔者 2018 年的实地调研，2019 年的资料来自对该县扶贫办负责人的电话访谈。

② 2018 年 7 月，笔者在甘孜县调研，得知当时的情况。后来通过电话联系，了解 2018 年 7 月以后的信息。关于格村集体牧场的资料皆由此而来。

均分红133.5元；集体留存公积金9180元。

为了建设该集体牧场，甘孜县农牧局投资100多万元修建了1间暖房、1间材料库房、1个值班房。这基本可以满足养殖130多头的所需，如果畜群增大，暖房便不够用。集体牧场在集体土地上种植了200多亩红豆草和紫苜蓿，用于补充草料。

格村集体牧场由村民自己养殖，请1名建档立卡人员天天照料畜群，工资是800元/月；每天两户轮流参与放牧，很多家庭普遍安排男性。早上四五点钟放牛上山，下午五六点钟畜群回到暖房。每家每户参与轮流放牧，毫无怨言。问及为什么没有实行托养等方式，村第一书记告诉我们："这是村两委商量决定的。他们认为承包太复杂，例如牛死了，如果承包人不承认，会很麻烦。"

格村集体牧场货比三家，销售给康巴拉公司。村第一书记告诉我们："我们的集体牧场按照县里的要求，按时按量出栏，牦牛卖给哪一家，是由村两委和牧场协商决定的。2017年12月，他们在价比三家之后，卖了17头牦牛给康巴拉公司。他们分成几拨，到处了解情况。对比后，认为康巴拉公司价格公道，服务也比较好。"我们拜访牧场负责人时，他说："我们卖给康巴拉公司了，因为简单方便啊。我们自己去找了很多老板，觉得康巴拉的价钱还可以，手续啥的特别简单。我们谈了好多家的，有本地的，也有外地的，有公司的，还有私人的牛贩子。"

（二）政府出资并规范管理，旨在发展产业，助力脱贫

2017年8月，购买牦牛的钱来自政府。政府管理牦牛的养殖和销售。例如打耳标等，村第一书记告诉我们打耳标的过程及其好处："打耳标是我们乡镇干部去打的，打耳标肯定好噻。牛如果丢了，也好找，而且牛也好认。牦牛出栏了，上级部门来检查，耳标就是证明。"政府为牲畜购买了商业保险。集体牧场负责人告诉我们："我们的牛有保险的哦，如果牛死了，保险公司赔2000元。保险是政府买的，牛如果非正常死亡，我们拍上照片，牛有耳标，根据耳标等，保险公司就赔钱。"此外，政府的相关机构完成卫生防疫工作。

二 亦农亦牧区贫困村增添的集体经济：以色甫村为例①

如果说，才纳村位于曲水县经济开发的中心，有着较为丰厚的集体经济，这是可以想象的。地理区位比较差的达嘎乡色甫村，也有集体经济发展。色甫村新增添的集体经济主要是开发本村资源，既发展了产业，也惠及村民。2018年8月3日，我们在嘎达乡色甫村调研了一天，其间访谈了该村第一书记。

问："我们村里有什么集体经济？"

色甫村第一书记："我们村在山沟沟里，你们看到的，沟比较深。我们村集体的第一个收入是工程机械出租的租金。我们村有一台装载机、一台挖掘机，买机器的钱是扶贫产业项目配套的资金。一年租金看工程多少而有所不同，每年3万到4万是有的。第二是门面商品房的租金。我们的门面房在达嘎乡的桥头。这是乡政府建设的，产权归乡政府，但是为了支持各个村，租金归村里，每个村都有，大概每年4万元。第三，我们村开采和出售青石板，每年有六七万元。我们村没有雕刻技术，所以出售原石。三项加起来，一年有十几万元，完全没有问题。"

问："我们村的小组有没有集体经济？"

色甫村第一书记："有，都有的，来源主要是集体土地的收入。每个组不一样，但或多或少都有的。"

2018年10月初，我就色甫村的集体经济如何惠及建档立卡户，专门打电话访谈色甫村所在的达嘎乡的毛乡长，他对我说："第一个是开采和出售青石板的合作社，有一些建档立卡户在里头就业。第二个，就是产业扶贫金购买的机械，因为这是一个扶贫项目，村里必须把收入的一部分专门分给20户建档立卡户，就是扶贫项目给建档立卡户分红。第三个是融资修建在桥头的铺面，出租价格一般是1个月1000元，但是出租给村里的建档立卡户，每月只收300元。此外还有节日慰问，这些是各个村都会这样做的。"

---

① 访谈记录编号 20180803 – XZ – QSX – SFC – WYF。

三　易地扶贫搬迁村庄的集体经济：以三有村为例①

（一）产业先行：有产业，才能搬

曲水县实施易地扶贫搬迁的根本原则是产业先行，即有了产业，才搬迁。因为只有有了产业，才有就业机会，才能搬得出，也才能稳得住。西藏拉萨市曲水县的领导告诉我们："我们县的易地扶贫搬迁，最突出的特点是产业先行。三有村的产业发展设施建设与搬迁安置房是同步建设的。产业先发展起来，老乡搬进去，就可以打工、分红。四季吉祥村在才纳，搬迁之前，已经布点了几个大的项目，才纳是高速公路到机场的必经之路，也是发展比较活跃的地方，产业多，总投资达到30个亿。"②

建档立卡户易地搬迁而来，如果无业可就，难以脱贫。所以政府事先设计产业发展，并付诸行动。曲水县的三有村和四季吉祥村相比，产业密布是共同特征，差异在于三有村的产业主要是在村内，四季吉祥村的搬迁户在周围产业园区就业。

四季吉祥村的第一书记曾在三有村工作，后来工作调动到这里。她讲述了三有村和四季吉祥村的产业："三有村和四季吉祥村，都是产业先行，这是最重要的。共同点是产业，不同点也是产业。建档立卡户搬下来之后，最关键的是要有产业，他们才能住得下去。三有村建房子的时候，就建设产业，养奶牛，养藏鸡，每年都有分红。也就是说，老乡今天搬进去，明天就可以在产业里打工。四季吉祥村的建设是在三有村之后，学习了三有村的经验，依然把产业发展放在首位。四季吉祥村的选址也是考虑产业，搬迁来的1000多人，都是建档立卡户，建档立卡户要靠分红来脱贫，根本不现实，必须靠产业。我们四季吉祥村周边有很多产业，老乡都搬来了，打工不是问题。"

不言而喻的是，政府在发展这些产业时，投入非常巨大，四季吉祥村附近上亿的项目比比皆是。三有村的产业，投资也很多。2018年8

---

① 2018年8月7日，我们在三有村调研。下述关于三有村的访谈，皆来自访谈记录编号20180807 - XZ - QSX - DGX - MX，特别指出之处除外。
② 调研记录编号20180802 - XZ - QSX - XZF - HJH。

月 7 日，与毛乡长座谈时，他告诉我们："昨天我们几个还在估算，就是我们三有村的产业发展，政府的投入达到四千万哦。"

三有村发展了养殖业、种植业和扶贫商品房经营。有三个合作社，即奶牛养殖合作社、藏鸡养殖合作社和种植合作社。

（二）三有村的藏鸡养殖

2018 年 8 月 7 日，在达嘎乡政府，毛乡长概述了三有村的养鸡。"我们的养殖业，养了奶牛、藏鸡。奶牛养殖还在培育期，藏鸡养殖项目已经成熟，而且见效比较快。去年申请了扶贫产业项目，就是藏鸡养殖改造项目，现在全自动化，在外面聘请专门的技术人员来指导养殖，培训技术工人。以前有 1 万只鸡，现在 3 万只，产蛋量是每天 1 万多枚。合作社首先是卖鸡蛋，也卖鸡苗。我们每年孵化鸡苗 8 万只。合作社把老了的鸡卖给动物园。去年，藏鸡养殖合作社的纯利润是 38 万元。我们对纯种藏鸡进行散养，尽量恢复原生态的生活环境，做三有村藏鸡蛋的高端品牌。目前纯种藏鸡只有 5000 只，分在三个区域散养，50 亩左右，全部是树林。"中午，来三有村实地观察。当日的调研笔记真切反映了当时的情况。

调研笔记：三有村的藏鸡养殖

三有村的养鸡场，有两种方式，一种是散养的藏鸡，一种是自动化程度很高的养鸡车间。

1. 会飞的鸡，小小的蛋

我们先来到散养的藏鸡养殖区域，其实就是围栏围起来的树林和大块大块的空地和水洼，养鸡场里还修了鸡舍。乡长说，这是尽量营造藏鸡最习惯的原生态的生存环境。藏鸡小小的，一只只有一斤多一点，远远小于内地的鸡。进得养鸡场，我们看见很多树上，一米多高的树干上挂着一个个的竹篮子，伸头一看，发现有的竹篮里有鸡蛋，有的竹篮里有鸡粪。我好奇地问："这篮子是？"乡长告诉我们："这是藏鸡下蛋的窝。"看我们疑虑，乡长接着介绍："藏鸡下蛋不是我们内地的那样，我们内地鸡是鸡窝里下蛋，鸡窝一般修在地上，还放些稻草，对不对？"我们不断点头，乡长接着说："藏鸡下蛋是在树上的竹篮里！藏鸡会自己飞到窝里下蛋，下了蛋又飞下来。"我们中的一位脱口而出："那不是成了飞鸡?"乡长笑眯眯地跟我们介绍:"真的是'飞鸡'哦。你看哈,我们那里修了很好的鸡舍,对吧? 就是这样,好些时候,藏鸡都不得到鸡舍过夜,而是飞到树上过夜。我们边上的那些围栏,其实根本拦不住的,藏鸡一飞就飞出去了。"

听罢乡长的介绍,我从篮子里捡起一个藏鸡蛋,觉得比平常的鸡蛋小,但是很规整,也很可爱。我问乡长:"这一枚鸡蛋多少钱?"乡长说:"3元"。我觉得有点贵。乡长说:"确实有点贵,但是你看哈,这个贵是合理的。藏鸡完全是散养的,而且它的生活环境,我们是尽量按照藏鸡需要的生活环境来修的,建设成本不低。还有,藏鸡每年的产蛋量不到100个,不像我们那边现代化的生产车间里的鸡,一年产蛋大约270个哦。"

我们看见藏鸡在树林、鸡舍、沙地上跑来跑去,很是惬意。就在我们驻足看鸡时,乡长介绍了散养藏鸡的基本情况。他说:"这样的围栏散养,在我们三有村有3个,50亩地,一共有5000只藏鸡。我们这个藏鸡的养殖是扶贫产业项目,2016年投资100万元,其中70多万元是县里的一家企业援助的,建设了鸡舍;另外30万元是国家的。我们的鸡蛋销路比较好,但是产量远远不够,赚不到钱。"我不是很懂,问他:"咋个赚不到钱呢?"乡长说:"说实在的,真正能赚钱的养鸡,不是这个样子的,应该是那边那个现代化养殖。我们这里养这5000只藏鸡,基本上可以说是一种情怀吧,就是对藏地原有生产方式的尊重。"对乡长说的这一句,我不是太懂,用狐疑的眼光看着他。他说:"老师,走,我们去看看现代化养鸡场,你就晓得了。"

2. 养殖场的鸡

从藏鸡散养场出来大约70米,就是现代化的养殖场。

进养殖场之前,我们跟乡长一起封闭在一个小房间里雾化消毒了几分钟,感觉很是不舒服。消毒后,我们进入鸡舍。原以为,进入养殖场会很臭,没想到,完全可以忍受。鸡舍里,每排鸡笼都有上中下三层,每层的饲料槽、饮水槽,鸡蛋、鸡粪都是自动传输。我们看见一排排的鸡蛋很快传输到门口的装箱处,工人们正在装箱;鸡粪很快就被传输出去。每个笼子里有5只鸡,鸡挤鸡地挨在一起。我一下子没法计算得清楚鸡的数量,就问乡长:"这样一个不算大的养鸡车间,有多少只鸡?"

乡长告诉我："1万多吧。我们这个自动化养鸡场，有2个这样的鸡舍，养了3万只。"我问乡长："来之前，人家告诉我，你这里的养鸡场一天产蛋3万多枚，是不是哦？"乡长说："没有那么多哦，但是每天一万多到两万枚，这是没得问题的。"

想起刚才在散养藏鸡的地方，乡长告诉我，这里的鸡，一年的产蛋量是270个左右，我有些好奇，散养的藏鸡一年产蛋只有100枚，这个车间里的鸡产蛋很多。不怕乡长笑话我，便问他这是为什么。乡长说："一是这里的鸡饱食终日，无所事事，就在这个狭小的空间里。"乡长用手指着鸡舍里的灯："第二个，就是这个灯光的作用了。据说，这种灯一开起，就会刺激鸡生蛋。我们这里一天开灯16个小时，有的养鸡场白天黑夜都开着灯的。整天开灯的鸡，下的蛋更多。"乡长一边说，一边把没在运输带上的鸡蛋归拢到运输线上。

参观完养鸡场，在三有村的村委会，毛乡长跟我们讲述了养鸡合作社的运作情况。"我们三有村的藏鸡合作社，实行生产和销售分离，我们合作社负责生产，产品由三有净土公司进行包装和销售。我们的鸡蛋，首先是销往超市。老师，拉萨最大的超市是百益超市，我们的鸡蛋就在百益超市销售。之外，主要销往学校食堂、机关食堂、部队、金龙鱼集团，还有网购哈，就是邮乐网。学校食堂，老师，你们晓得的，我们西藏的孩子很多都是小学就住校了，所以学校需要鸡蛋。机关食堂嘛，自治区的机关食堂，还有县政府的食堂，还有县上好几个单位的食堂都在吃我们村的鸡蛋。部队嘛，主要是我们这里的部队，我们跟他们签订了协议，每周送一次。第四是网络平台销售，跟邮乐网联合销售。"

"老师，你看我们这里鸡蛋生产也算不少，但是利润并不高的，因为一个鸡蛋只能有3—4毛钱的纯利润。好在我们的鸡蛋目前不愁销路，这算是最幸运的了。2017年养鸡合作社用于村民分红的钱，有38万元。我们村里按人头分，因为我们三有村的合作社，是纯粹的集体经济性质。"

"当然，这个自动化养鸡场的成本也不低，2017年年初，我们提出来要做全自动化养鸡，申请了820万元的场地提升改造工程。2018年年初，全部完工。因为自动化程度相对高，所以我们三有村的养鸡合作社的两个鸡场，所用的工人只有9个，都是我们村的。"

（三）三有村的种植业

毛乡长介绍了三有村种植合作社的情况："种植合作社有三块：第一，智能温室，这个占地1.2亩。智能温室主要是培训现代农业种植技术，带动老乡改变观念，经济效应是第二位的。智能温室今年的收入一共只有五六万元。我们是从山东寿光请的专家专门教我们种植，我们种的西瓜就有3个品种。我们还种水果黄瓜、神女果、甜瓜、香瓜、茄子等，都是以后可以发展的品种。目前，我们老乡们不会种，我们就让老乡学习。第二，家庭种植。就是每家每户房前屋后，种植红枸杞、玫瑰。这个有经济效益，也可以美化环境。第三，三有村有村集体的250亩耕地，种植饲草料、车厘子、苹果。"

瓜果飘香三有村。2018年8月7日，下午三点，乡长陪伴我们来到三有村的智能温室蔬菜大棚。原来以为棚里会很热，没想到进得门来，温度刚好，一点都不热。我们很好奇。乡长告诉我们，这是智能温室，各种措施能自动调节温度。他说："你们摸那个墙壁哈，它装的是水。如果说大棚里的温度高于瓜果需要的温度，水就会开起并自动循环，温度就降下来了。"我们刚进门时，就看到漂亮的金瓜就挂在头顶，煞是好看。乡长说："这个瓜好看吧？"我们不住地点头。乡长接着告诉我们："这个金瓜啊，不仅看起来好看，还完全可以吃哦，比如煮粥，或者蒸来吃，都完全可以。"棚子里还有水果黄瓜，青色和白色两种，乡长说这里的瓜果都是有机的，味道很好，建议我们自己摘来吃。我也真是不客气，摘下一条黄瓜，吃起来，味道真的棒极了，是小时候原汁原味的黄瓜味道。棚子里的西瓜不是趴在地上，而是竖立着挂在藤蔓上。很少见到这样挂起的西瓜，乡长说，这主要是为了节约空间。棚子的甜瓜、葫芦长相很可爱，一个个水灵灵的。番茄藤架上，红色、黄色的小番茄甚是可爱，摘一个放在嘴里，酸酸甜甜，棒极了。虽然生活在内地，不乏瓜果，可是看着这瓜果累累的景象，视觉的欢悦，难以抑制；入口甜美的滋味，浸透到了心里。

四 在地集体经济在产业发展中组织乡村

由格村集体牧场、色甫村集体经济、三有村集体来看，"新增添的集体经济"的一般特征有如下几个方面。其一，它们的投资者是"政府"或"政府+村民"。在西藏自治区,产业扶贫项目全额由政府投资。在甘孜藏族自治州,主要是政府,民众投资量极少。其二,运营者既可以是村集体或村集体的合作社,也可以是受村集体委托的其他市场组织。其三,管理者是基层政府加村集体。其四,最直接受益者是全体村民,受益最多的是建档立卡户。其五,三个村庄所发展的产业都是既有市场,又符合村庄禀赋的产业。

新增添的在地集体经济促进了产业发展,三有村的养殖业和种植业是曲水县产业发展很重要的一个组成部分,其集体经济收入在已有的基础上不断壮大,且收益分配给易地扶贫搬迁户,具有很强的益贫性。

2018年,三有村引进一家旅行社,做民宿并销售旅游产品,年租金30万元。2020年前来三有村的游客达到8万人次。旅行社长期雇佣本村11人,月工资4000元,每年工作8个月。2018年三有村建设扶贫纺织车间,2019年投产,有13位妇女和残疾人就业,月工资3000元。

实践中,三有村新增添的在地集体经济保障易地扶贫搬迁"稳得住",且"能致富"。达嘎乡的毛乡长告诉我们:"三有村最初有184户,现在一年多了,还有180户,搬走了4户。没搬走的,真正把这里当家了。你们看到的,家家户户都装修得很好,一年多了,不会搬走了。搬走的4家,其中有3家是因为他们家只有2个人,我们这里住房面积最小的都是108平方米,远远大于他们家人口数所规定的居住面积,属于按照政策必须搬走。按照国家人均25平方米的政策,2个人的户,不能住108平方米的,所以县里安排他们3户人家从三有村搬迁到了柳梧安置点。另外1户是因为户主再婚后,到拉萨市区定居了,自愿退出并且搬走了。"[①]

三有村的集体经济收益,大部分用于留存,继续发展集体经济,而且留存资金逐年增加。2017年因为刚刚起步,基本没有留存。2018年留存大约100万元,2019年约140万元,2020年超过140万元(但因年终尚未结账,具体数目不清晰)。集体经济的一部分用于村民分红,三有村共有180户,2017年分红72.95万元,分两次分红,第一次分红

---

① 访谈记录编号 20180806 - XZ - QSX - DGX - MX。

36万元，户均分红2000元；第二是按人头分红，全村739人，人均500元，计36.95万元。2018年分红75.17万元，分两次分红。第一次是户均2000元，共36万元；第二次是人均530元，739人，计39.17万元。2019年两次分红，第一次是按情况分2500元、2000元、1500元三个档次，家庭无劳动力的分2500元，有主动脱贫意愿的分2000元，主动脱贫意愿不足的分1500元；第二次是人均分红530元。2020年尚未分红，据毛乡长估算，不会少于2019年，因为集体经济收入总量在增加。①

格村的牦牛养殖场，促进了当地牦牛养殖的发展，更重要的是，引导村民合理出栏等改变了一些文化惯习，建构起共享、合作。集体牧场建立起共有—共享的经济基础。集体牧场成立时，非建档立卡户出牛或折算出资入股，因为利益关联，这可促进村民的集体行动。就此问题，村第一书记认为："牧户入股好哦，如果他的牦牛不在里面，他肯定不得关心牛的问题嘛。我自己的财产在里面，我肯定就会关心。不然的话，跟自己没关系，也就不会关心了。大家关心的，不光是经营，最关心的是分红，比如说究竟分得多还是分得少？分得公不公平？这些大家都会一起摆龙门阵的呀。当然哈，在集体牧场，建档立卡户得到的收益多于其他村民，其他村民也不得说啥子的。"② 村民共同参与牧场与村庄的集体事务。村民参与养殖和分红之后，更乐于参与村庄所有的集体事务，用村第一书记的话来说，就是"现在，你喊他整个啥子的话，很快就来了。以前嘛，不那么喊得动的哦"③。

用公共的方式引导农牧民改变惜售的惯习。通过集体出栏，逐渐改变农牧民惜售的习惯。当地人跟我们讲："以前是偷偷摸摸卖牛，半夜两三点把牛牵出来卖。现在嘛，完全大大方方卖牛，庙子里头也不得说啥子。这样子，买牛的就没得机会压低价格，养牛的就可以多挣一点了嘛。"我们访谈了与甘孜县很多集体牧场签了销售协议的康巴拉绿色食品有限公司的代总，他告诉我们："以前我在甘孜县卖卤牛肉的时候，

---

① 数据来源：2020年12月29日，通过微信访谈毛乡长得知。
② 访谈记录编号 20180723 - GZX - GC - DYSJ。
③ 访谈记录编号 20180723 - GZX - GC - DYSJ。

买不到甘孜本地的牛肉，甘孜州很少有牛肉卖，我们只好从阿坝州的红原县那边批发过来。去年因为集体牧场，政府对集体牧场有要求，每年的出栏率是15%，这样子嘛，集体牧场不得不卖牛，我们就可以在甘孜县买得到牛了。以前牧民不卖牛，现在要卖了哦。"①

总之，新增添的在地集体经济逐渐建构着"社区合作制集体"。在地集体经济的发展，主旨在于通过集体发展产业，促进脱贫。在地集体经济发展了产业，又形成了"社区合作制集体"。"社区合作制集体"是兼顾"公共性"和"经营性"的集体②。在地集体经济是村民在他们自己的社区里发展起净土健康产业，通过产业发展来益贫，同时也在产业发展过程中加深、加强组织化。

第四节 飞地集体经济，均衡地益贫

以飞地经济的概念来看，甘孜州新增添"飞地集体经济"的地点不在本村或本乡，这就突破了村庄所在的地理位置及环境的限制，分享优越区位空间（城镇等）产业发展的可能和好处。不过，就目前来看，所"飞"的空间距离有限，飞跃了本村到达本乡或本县。新增添的"飞地集体经济"不仅促进当地发展新的产业来脱贫攻坚，而且建构起超越本村、本乡的更大范围的"集体"，并促生区域内"共有—共享—共治"的治理格局。

一 飞出本村在本乡，全乡共享

甘孜州甘孜县的孔萨农庄③促进了甘孜县域的旅游产业发展，并实现了收益的全乡共享。甘孜县孔萨农庄占地1100亩，建于拖坝乡四村。孔萨农庄的集体经济收益包括每年确定的49万元土地流转金以及40%股份的分红。拖坝乡的8个村庄都参与分红，村民都可前来务

---

① 调研记录编号 20180725 - GZX - KBL - DNJ。
② 杨团：《此集体非彼集体（下）》，《经济导刊》2018年第11期。
③ 关于孔萨农庄的资料，皆来自于调研记录编号 20180716 - SC - GZX - KSNZ - YYK。

工。对于四村之外的其他 7 个村来说，孔萨农庄就是新增添的"飞地集体经济"。

孔萨农庄是一个田园旅游区，修建有阳光花房、孔萨庄园宾馆、蔬菜大棚等。2018 年夏天开始营业的阳光花房种植了很多植物，温暖舒适，人们可以在此休闲，多吸一点氧气，这对于高寒缺氧地区是很难得的。孔萨庄园宾馆已于 2019 年春天开始入住游客。孔萨农庄有 9 个温室大棚，2017 年起就开始种植草莓。

2016—2018 年，政府整合相关资金 7000 万元，为孔萨庄园修建了道路、灌溉设施、房屋等 15 个基础设施。粤旺公司投资 1000 万元装修孔萨庄园宾馆。

孔萨农庄以多种方式惠及村民。第一，租金和股份分红。每年 49 万元的土地流转租金，按每亩 600 元支付给村民，剩余的 5 万多元作为村公益金。孔萨庄园 40% 的股份归拖坝乡，这 40% 中的一半收益分配给四村，另一半分配给其他 7 个村。第二，劳务收入。2017—2018 年支付给农民的劳务费达 130 多万。2018 年 7 月，长期雇用当地的 4 位村民，另有 30 多人（主要是建档立卡户，分成 3 组）有适宜的活儿时才雇用。2019 年孔萨农庄宾馆开业后，这 30 多位村民就长期在庄园务工，当保安、修理工、服务员等。此外，旅游旺季还会有临时雇工。拖坝乡党委书记告诉我们："孔萨农庄的建设，对四村的老乡的增收起到决定性作用，真正脱贫了。2017 年验收，我们的账全部做出来，少的达到 5000 多元，多的有 2 万多元，还有 3 万元的。"第三，农民在这里可以学习种植技术以及其他技能。第四，孔萨农庄可以惠及甘孜县，"我们农庄与粤旺集团合作，它在珠三角有 200 多个门店，我们县的东西可以直接运过去在它的店铺销售，全县的产品都可以"。

二 飞出本乡在县内，全县共享

飞出本村本乡，在县内其他地方发展的新增添集体经济，主要是县政府统一规划、协调、建设的产业园区。

（一）甘孜县格萨尔王城

甘孜县的格萨尔王城是总投资 3 亿元的旅游扶贫基地，目前是国家 AAAA 级景区。甘孜县的 129 个贫困村土地贫瘠，交通不便，在本村发展产业的难度大、成本高，扶贫效果不理想。建设格萨尔王城是将没有产业支撑的贫困村集中起来，努力实现旅游扶贫。

格萨尔王城于2017年6月动工，2019年正式营业。不到半年就全部租赁完毕。租赁的商户中，不乏业内知名企业，如小龙坎、川西坝子等。2020年国庆期间，格萨尔王城共接待游客1.6万人次。

在格萨尔王城内，129个贫困村无偿使用土地并无偿拥有一间店铺，因为建设每间店铺的资金100万元，来自财政扶贫资金50万元加对口援助资金50万元。也就是说，贫困村不需要掏一分钱就可以拥有一间店铺。店铺可出租，也可自己经营。格萨尔王城的建设使得129个贫困村当上了"房东"，3300多户过上了"收租"生活。

贫困村与格萨尔文化城有多重利益联结方式：其一是免费使用土地和店铺。其二是收取租金或经营收入。其三是获得劳务收入。最后是分红，格萨尔王城内的部分项目由公司经营，贫困村可得到分红。总体说来，格萨尔王城采用"政府+企业+贫困村"的运营方式，实现了"以企带村"，将扶贫的责任捆绑到运营企业，因为政府要求经营的企业必须优先吸纳贫困村劳动力就业，收购贫困村生产的农副产品；门票或其他经营性收入提成，用于贫困村的扶危济困、社保扶贫补助等。

在格萨尔王城，每幢藏式风格建筑的门口都有"特殊记号"，这些记号是由功能区、幢号、村名组成的铭牌，如"5—3. 昔色乡·西松龙村""28—5. 甘孜镇·城北一村"等，这些铭牌实际就是各个贫困村的"房东证明"。由于格萨尔王城的前景看好，目前，甘孜县的很多村庄主动提出"希望也能加入王城项目中"。格萨尔王城也积极回应，希望妥善协调相关各村的利益，让更多村庄以更灵活、多样的方式分享发展红利。

2020年12月24日，甘孜县仁果乡拉尼村拿到了房租10.05万元，全村60户，户均能分1300多元，村里的15户建档立卡户还能多分200多元。

(二) 盛煌农业开发有限公司炉霍分公司[①]

炉霍县将扶贫资金集中起来，投资建设蔬菜生产基地，每年投资

---

① 调研记录编号 20180719 – SC – LHX – SHJT。

3200万元，已经投资的年份为2016年、2017年，两年6400万元。截至2018年7月，已经建好200个大棚，在建的有40个大棚。蔬菜生产基地引进盛煌集团，并由之经营。每个大棚为贫困村分红3万元/年，2018—2021年，已经分红4年。

炉霍县交纳村入股炉霍县鲜水源农业开发有限公司（盛煌农业）及分红的情况如下①。2017年，用政府拨付的产业发展金60万元，入股2个大棚，年底分红6万元。2018年共分红10万元：（1）2017年入股的大棚，分红6万元；（2）增加四川省总工会帮扶资金40万元，入股2个小棚，年底分红4万元。2019年分红13万元：（1）2017年、2018年入股分红10万元；（2）新增锦江民建众筹资金30万元，入股1个大棚，年底分红3万元。2020年与2019年相同，有5个棚，年底分红13万元。

第五节　集体经济壮大中的政府引领

精准扶贫中，政府引领产业发展，组织方式是集体化—益贫性引领，其背后深藏着公共性拓展。如果说新增添的集体经济是民众与政府的"合意"，能够"合意"是因为它们寻找到了双方需求的"交集"。引领性贫困治理所治理的既是经济收入意义上的贫困，更是基层社会在组织和价值方面的再造。

1. 政府发挥反市场的纠偏作用，向贫困人口倾斜②

新增添的集体经济的"公-共-私"演绎的进路，显现了国家资源向贫困村和贫困户的双重倾斜。目前新增添集体经济的资金来源于上级政府，显现的是国家的"公"。产业扶贫资金成为新增添集体经济的初始资源，转化为村庄集体的"共"；集体的"共"的经营结果，一部

---

① 资料来源：2020年12月18日，驻村工作队长黄先明通过微信提供。
② 严海蓉、何焰：《中国反贫困的经验与反思——靠资本不如靠集体》，中国文化网，详细网址：http://www.cncul.org/guoxue/guoxuezixun/guoxueguandian/2018-03-24/95297.html。

分成为集体留存的新的集体的"共",另一部分分配到村民手中,成为村民的"私"。在国家的"公"转化为集体的"共"的阶段,国家向贫困村庄倾斜;在集体的"共"转化为村民的"私"的阶段,收益向建档立卡户倾斜。这样的倾斜,正是政府发挥了反市场的纠偏作用。

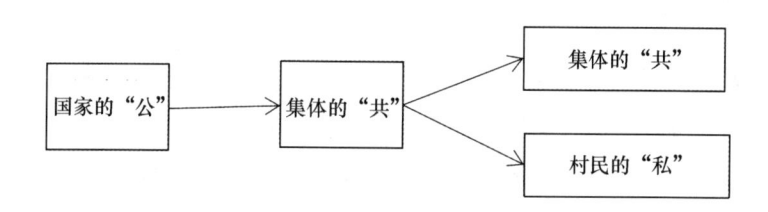

图 5—1　新增添集体经济的"公共私"演绎进路

2. 政府引领产业发展方向:传统产业与新兴产业共同发展

青藏高原的产业发展尤为困难,也极为重要。政府引导民众,因地制宜,选择了有优势的传统产业以及具有发展前景的新型产业。前者如牦牛养殖,后者如农文旅相结合的产业。农文旅一体化糅合了农业产业和文化内涵的旅游业发展,它以旅游业为纽带,以农牧业为底色,并彰显当地丰富的民族文化。甘孜县的孔萨农庄以旅游业为主,结合了传统作物(如青稞、土豆)与新作物(各色花卉、水果等)的种植。游客在庄园主要是体验土司文化(孔萨土司是康区重要土司之一,其家庭与香根活佛世系的关系非常密切)、回味康区风云诡谲的历史以及感受德钦旺姆与益西多吉动人的爱情故事。格萨尔王城集中展现了格萨尔文化。甘孜县是康北中心,历史上是格萨尔王长时期驻扎的地方,就连距离县城不远的新路海,其名称也直接来自史诗《格萨尔王传》[①]。在农文旅相结合的产业发展中,政府的引领在于资金供应和设计等,其间,不同层级的政府有着不同的角色和功能,中央及省政府是资金供应者,自治州是区域建设的规划者和设计者。县级政府根据县域状况,也进行

---

① 藏族著名史诗《格萨尔王传》中记载,格萨尔的王妃珠姆来到湖边,被秀丽的湖光山色和幽静的环境所吸引,在湖边徘徊,流连忘返。后人为了纪念格萨尔和珠姆,将此湖起名为玉龙拉措。

规划、设计,并完成建设。

3. 集体经济是产业发展脱贫攻坚以及阻断返贫的重要抓手

在自身有限的资源条件下,嘎措乡实现了老有所养、幼有所教、病有所医,很大程度地贴近了党的十九大提出的"产业兴旺、生态宜居、乡风文明、治理有效、生活富裕"的乡村振兴目标。与此同时,嘎措乡也面临一系列挑战。牧区越来越多年轻人受到城市生活的吸引,长期在放牧点的牧民60%都是中老年社员。[①] 不过,就以嘎措乡为例,我们可以看出集体制度仍有优势,它不仅可以让社员们多劳多得,而且能保护生产者和生产资料,维护社员与生产资料的紧密联结。比如,如果集体放牧点上有社员突然病倒,集体可以当天换人,既让病人得到休养,也让牲畜有人看护,两不耽误。草场都承包到户,如果单干的牧民在放牧点上突然病倒,就会陷入两难境地,要么放弃看护牲畜,损失牲畜,要么放弃看病就医。在藏北草原上,如果牲畜无人看护,两个小时后,就可能走失,也可能遭遇野兽袭击。

4. 新增添集体经济联结了益贫性的集体化和组织化,拓展了公共性

甘孜藏区通过集体经济发展产业,新增添的集体经济有很强的益贫性,建档立卡户及贫困村获益更多。在集体牧场,建档立卡户的收益多于非建档立卡户。格萨尔王城对贫困村和建档立卡户"双重倾斜":129个贫困村免费获得一间店铺,免费使用店铺占用的土地,这是全县对贫困村的倾斜;政府规定这129家店铺的收益,更多地分配给本村的建档立卡户,这是全村向建档立卡户倾斜。如果说集体牧场实现了在村庄内部的益贫,那么"飞地集体经济"就是实现了县域范围内的益贫。

"当农业的性质由维持生计转移到商品生产时,我们就要看到农民运动与农民组织的重要性。""现代农民面临的困难再也不能凭自己个人的力量可以战胜。"[②] 甘孜州新增添集体经济,实际上在加强农牧民

---

① 丁玲、戚莉霞、严海蓉:《藏北高原上的牧业集体社区——那曲嘎措乡的乡村振兴之路》,《经济导刊》2018年第1期。

② [法]埃德加·莫兰:《方法:天然之天性》,吴泓缈、冯学俊译,北京大学出版社2002年版,第95页。

组织性，即以集体经济为纽带，进一步组织化。在村庄内部，由利益联结强化了村庄的集体性（如集体牧场），在一定意义上，我们或许还可以认为，这是青藏高原地区农牧民的进一步"组织化"。农牧民合作组织是村庄治理的内源性主体，它产生于村庄，服务于村庄。它作为农民利益的代言人，以组织的角色参与村庄治理，维护农民的切身利益。①集体牧场既有经济功能，也是参与乡村治理的综合型合作组织②，但它不太雷同于内地发达地区的基层政府培育"代理人"。我国发达地区的基层政府通过"差序赋权""组织创新""政府购买公共服务"等推动社会的"再组织化"，培育成规模的非政府治理主体并使之成为"基层代理人"。③ 在甘孜州社会组织极其匮乏的情况下，增添新的集体经济，不过是基层政府引导性地进行组织建设，尤其是强化村两委的凝聚力和组织力，并与自己合作。应该说，这有别于内地政府与社会组织建构的调适性合作。④

新增添的集体经济，尤其是"飞地集体经济"，引导农牧民在村庄—乡镇—县域不断扩展的范围内建设起共享和合作关系。已有的家庭联产承包责任制以及实施的多项惠民政策，个体化取向严重。新增添的集体经济反其道而行之，集体性取向明显，尤其是"飞地集体经济"让集体的范围超越本村，扩展到本乡，甚至本县。如果从"公共性的三角结构"来看，无论是决策制定的公共性（或参与特征），还是收益分配的公共性（或公平性，即各个不同的群体所获得的收益程度），还是

---

① 杨磊、刘建平：《农民合作组织视角下的村庄治理》，《农村经济》2011年第6期；李云峰等：《农民专业合作社与基层政府承担乡村建设的进化博弈分析——基于乡村治理视角》，《新疆农垦经济》2016年第4期。

② 李云峰、李如意、李录堂：《农民专业合作社与基层政府承担乡村建设的进化博弈分析——基于乡村治理视角》，《新疆农垦经济》2016年第4期。

③ 王阳、曹锦清：《基层代理人与规模治理：基层政府的社会组织化逻辑》，《上海行政学院学报》2017年第3期。

④ 我们认为，"调适性合作"是一般性意义（宏观）上研讨"政府与社会组织"关系，它建立于"已经有了社会组织"这一前提，但是在甘孜地区，社会组织极为匮乏，政府与社会组织（包括农牧民合作社等）之间不是"调适性合作"关系，而是政府"引导性"地"建立组织并与之合作"。参见郁建兴、沈永东：《调适性合作：十八大以来中国政府与社会组织关系的策略性变革》，《政治学研究》2017年第3期。

消费的公共性（公共产品的消费在个人与群体之间的非排他性）①，新增添的集体经济都确实拓展了公共性。

5. 寻找到国家和民间的"交集"

新增添集体经济的实质是政府寻找到了国家与民间的交集。这个交集应该会是既契合当地社会经济文化的，又有未来发展前景的。

20 世纪 50 年代，如果说乡村与国家的交集是"共同应对生活生产的困难，建立合作经济"，现在的市场经济下，它们的交集就是"增添集体经济来发展产业，脱贫攻坚和乡村振兴"。因为新增添的集体经济满足了政府、民众都有的"双重偏好"，即"个体性偏好"和"集体经营偏好"。个体性偏好强调短期内增加个体收入、缩小贫富差距；集体经营偏好强调通过乡村自组织发展、集体产业化发展、公共生活重建来提升乡村可持续内生发展能力，并以集体经营利润来增加弱势群体福利。② 政府鼓励、支持农牧民合作组织以及增添新的集体经济，既可以增加农牧民收入，又可以提升乡村可持续内生发展能力。或者可以认为，这是政府和农牧民双方理性选择后达成的默契，属于它们之间的"默会知识"。"强调国家政治力量作为单一因素对村庄合作化的决定性影响是明显的曲解；农村内部的实际需求和传统的合作互助文化，以及农民的平均主义理想等根植于传统乡村共同体内部的价值因素，应该得到应有的重视。"③ 乡村内部的实际需求、传统的合作互助文化、平均主义理想，曾经是"乡村共同体"的内在价值因素。在青藏高原地区的乡村，由于遭受市场化的冲击相对少一些，这些价值因素所构建起来的社会文化氛围更为浓厚。因此，甚至有学者们认为"集体"是基层社会治理的未来愿景，因为在农牧区，尤其是在畜牧业的发展中，"个人本位"的各种制度面临诸多困境，"集体本位"应该是未来的发展方向。④

---

① ［英］英吉·考尔等：《全球化之道——全球公共产品的提供与管理》，张春波、高静译，人民出版社 2006 年版，第 82—83 页。

② 朱天义、张立荣：《个体化或集体经营：精准扶贫中基层政府的行动取向分析》，《马克思主义与现实》2017 年第 6 期。

③ 黄平、王晓毅：《公共性的重建（上）》，社会科学文献出版社 2011 年版，第 35 页。

④ 路冠军：《生态、权力与治理》，博士学位论文，中国农业大学，2014 年。

总之，对于那些暂时无法"终结的村庄"或者还有着"乡村生活的村庄"① 而言，经过反思，基层政府与民众共同选择所要发展的产业，进而以集体经济的形式来发展，这更能有益于脱贫攻坚，也更能有效治理乡村。

6. 集体经济发展的"三驾马车"

从嘎措乡的变迁，可以发现，领导团队、制度和文化是引导集体经济走向成功的"三驾马车"，三者相辅相成，缺一不可。优秀的领导团队是良好的发动机，能驱动制度发挥最大的作用；好的制度既能保障社会公平，也能使干部愿意接受群众监督，让干部愿意为民众服务。平等合作、富有凝聚力、关爱集体的团队文化是集体经济之所以能吸引人、留住人的必备法宝。②

---

① 王晓毅：《乡村振兴与乡村生活重建》，《学海》2019 年第 1 期。
② 丁玲、戚莉霞、严海蓉：《藏北高原上的牧业集体社区——那曲嘎措乡的乡村振兴之路》，《经济导刊》2018 年第 1 期。

第六章

农文旅一体化：净土健康产业的新业态

农文旅一体化建构起的青藏高原上的新业态，是"三高"产业，具有很高的地理环境适应性、社会文化适应性，也有很广阔的市场空间。曾经，青藏高原的文旅产业、农牧业及其加工业相对分离。净土健康产业的发展，将文旅产业延伸至"三农"，逐渐建构起农文旅一体化。对于乡村来说，农文旅一体化的发展是休闲农业和乡村旅游的有机结合。青藏高原农文旅一体化有着极强的地理适应性，它是独一无二的，不可复制。农文旅一体化有着厚重的文化意涵，还原旅游的本真，变符号式消费下的"拥挤的时尚""麦当劳化"为"真实的体验"（极简休闲旅游），实现"宽松的内在体验"，也能真实展现青藏高原文化的独特性，更能激活民族文化的生命力。农文旅一体化有着巨大的市场空间，能富区强民：不同旅游方式应对不同市场，实现"全链条增值"，让沉睡的资源活起来。

第一节　由文旅产业到农文旅一体化

青藏高原地区产业结构形态，历经了农业、文旅产业各自为政到相互融合的历程。农牧业是青藏高原的基础产业。青藏高原受制于自身的区位条件，基本是限制开发区和禁止开发区，发展大规模的工业，难以实行①。如果说，发展文旅产业以及后来的农文旅融合是青藏高原资源禀赋约束下的产业选择，还不如说，这是青藏高原基于功能定位和系统发展的最优选择。因为欠发达地区必须考量地区的资源环境承载能力和产业发展现状等经济社会发展条件，并从区域功能定位和系统发展的角度，规划自然资源的利用，注重产业耦合的效益和成本。② 相比较而言，青藏高原发展旅游及其相关产业具有竞争优势。③

一　青藏高原地区文旅产业发展

20世纪80年代起，青藏高原地区的旅游产业得到发展。20世纪末，前往青藏高原的游客主要是欣赏青藏高原独特的自然景观以及与其他地区有极大差异的文化景观（如寺庙、文化遗址等），当时的旅游者戏称西藏旅游为"白天看庙、晚上睡觉"，意思是说在西藏旅游主要是参观寺庙，晚上没有其他娱乐活动，在参观寺庙和前往寺庙的途中也可欣赏到绝美的自然风光。之所以"白天看庙"是因为青藏高原有着特

---

① 南疆四地州同样是民族地区，但它在2017—2020年，蓬勃发展起劳动密集型工业。笔者2020年10月、2021年1月在南疆的和田地区调研如下信息。2017年前，和田地区基本没有工业。2017—2020年的脱贫攻坚过程中，和田地区的工业"无中生有"，短时间内工业企业数量激增，产品销往世界各地，发展极为迅猛。2017—2019年，和田地区从北京、天津、安徽、福建、广东、浙江等地引进纺织服装、鞋袜生产、电子组装等企业近700家，其中投资过亿的企业78家。据和田地区工信局统计，截至2020年10月，和田地区的工业企业有1285家，其中规模以上企业（年经销收入2000万元以上）77家，包括28家建筑材料企业、14家纺织服装企业、10家电力企业、9家假发制品企业、6家农副产品、2家医药企业、2家煤炭企业，此外还有电子组装等企业。全口径工业增加值由2017年的16亿元，增加到2019年的24.87亿元。2019年和田地区农产品加工业产值达到70.57亿元，比2016年增加58.57亿元，年均增长80.5%，2020年年底超过100亿元。2020年疫情发生以来，仍然落实招商引资项目67个，总投资67.14亿元，到位资金24.92亿元；签订框架协议7个，协议投资88亿元。因各类企业的发展，产业工人从无到有，不断壮大。全口径工业企业就业人数，2017年为2.3万人，2019年年底达到6.3万多人，2020年达到10.68万人，其中贫困人口5.52万人。青藏高原与南疆四地州有如此差异，在于西藏各地自然条件更为严酷，不能也难以发展大规模的工业生产。

② 杨红、董耀武、尹新哲：《欠发达地区产业结构调整的新路径：生态农业生态旅游业耦合产业发展模式》，《云南财经大学学报》2013年第1期。

③ 王汝辉、柳应华等：《西藏旅游产业的战略主导性分析》，《中国藏学》2014年第4期。

殊的宗教文化氛围，寺庙不仅是宗教文化场所，更是最重要的博物馆和艺术馆。当时的西藏旅游可以称为文化旅游，旅游产业也可简称为文旅产业。文旅产业是文化与旅游两个产业的结合，具体含义是指凭借自然资源和文化资源，以旅游设施为条件，向旅游者提供旅行游览服务的综合性产业。① 文化资源包括历史遗迹、建筑、民族艺术、宗教文化等。文旅产业作为低能耗、低排放和低污染的朝阳产业，是关联性高、辐射性强、带动力强的、具有活力的综合型产业。② 当时文旅产业的发展，与农牧业、乡村的联系不紧密，基本处于相对分离状态。

21 世纪初，胡鞍钢主张西藏发展生态环保产业③，也有学者认为应将旅游业作为西藏的主导产业。④ 学者们关于观光农业⑤、生态农业与生态旅游业耦合产业⑥等的主张，启迪着青藏高原建构农文旅一体化的新业态。

2000 年，有学者提出发展观光农业，认为观光农业实质上是生态农业与旅游业的结合，它是一种在农业生产基础上，经过人为的设计策划，从而具有特殊旅游服务功能的新型农业形态。⑦ 2001 年，胡鞍钢等认为西藏应在重视保护自然生态环境的同时，加强保护人文生态环境。根据西藏自然及人文生态环境特点，应积极发展农业生态环保产业，即生态农业、旅游观光农业以及特色农业等。这些具有高原特色的民族文化农业生态环保产业的发展，既要注重自然生态的保护，又要重视人文

---

① 刘大可：《中国会展业：理论、现状与政策》，中国商务出版社 2004 年版。
② 石琳：《语言经济视域下少数民族文化和旅游产业的深度融合与发展》，《社会科学家》2019 年第 2 期。
③ 胡鞍钢、温军：《西藏现代化发展道路的选择问题（下）》，《中国藏学》2001 年第 2 期。这主要是针对西藏以往只走资源开发为主的工业化道路（重点开发矿产资源、森林资源，采掘业、原材料为主的重工业）。十多年后，藏族学者研究西藏等地旅游业的发展时，认为应发展生态旅游业，应该说这是对"生态环保产业"的细分研究（参见德吉央宗《西藏生态旅游资源开发现状与生态旅游发展思路研究》，《西藏民族大学学报》2017 年第 5 期）。
④ 赵国庆：《关于旅游业作为西藏经济主导产业的探讨》，《中国藏学》2004 年第 3 期。
⑤ 郭焕成、刘军萍等：《观光农业发展研究》，《经济地理》2000 年第 3 期；杨存栋、王雪、陈田：《北方农牧交错带观光农业的可行性及发展思路》，《经济地理》2009 年第 2 期。
⑥ 杨红、董耀武、尹新哲：《欠发达地区产业结构调整的新路径：生态农业生态旅游业耦合产业发展模式》，《云南财经大学学报》2013 年第 1 期。
⑦ 郭焕成、刘军萍等：《观光农业发展研究》，《经济地理》2000 年第 3 期。

生态的维护。① 胡鞍钢所说的"农业生态环保产业"包含着农牧业生产及旅游业，可简称为农业生态旅游。农业生态旅游是以农村资源、农业自然生态环境、独特的乡土文化、田园景观和农业生产活动等为基础，通过整体规划，并配套一系列服务，为人们提供观光旅游、修养娱乐，体验乡村民俗文化的一种旅游活动形式。② 后来，学者认为观光农业的发展要求良好的生态环境、乡村景观和绿色食品，可以减少土地浪费，减少化肥等使用，促进生态环境的整治和绿色农业发展。而且，良好品质的绿色食品能够增加农业的附加值，增加农业积累，使生态保护的投入有资金保障，形成良性循环。因此，观光农业成为生态环境保护的必然选择③。观光农业发展了十多年后，有学者认为欠发达地区应发展生态农业生态旅游业耦合产业。以耦合产业达到产业系统整体的社会效益最大化，实现资源和环境承载力约束下的产业资源配置动态最优化目标。生态农业是遵循生态学原理和经济学原理，运用现代科学技术成果和现代管理手段，从而获得较高的经济效益、生态效益和社会效益的现代化农业。将发展生态农业与第二产业、第三产业结合起来，可协调发展与环境之间、资源利用与保护之间的矛盾，形成生态、经济良性循环，经济、生态、社会三大效益统一。生态旅游业是凭借旅游者的生态旅游资源，以旅游设施为基础，为旅游者的生态旅游活动创造便利条件并提供所需服务的综合性行业。生态旅游倡导在旅游承载力约束下进行旅游开发。④

生态旅游不同于传统的观光旅游和休闲度假旅游，是"对自然负责任的一种旅游活动，即在保护自然旅游目的地生态环境的前提下提高当地居民生活质量"。豪·谢贝罗拉斯喀瑞指出生态旅游是指在一定自然

---

① 胡鞍钢、温军：《西藏现代化发展道路的选择问题（下）》，《中国藏学》2001年第2期。
② 邱建军、张士功等：《农业生态环境安全与生态农业发展》，《中国农业资源与区划》2005年第6期。
③ 杨存栋、王雪、陈田：《北方农牧交错带观光农业的可行性及发展思路》，《经济地理》2009年第2期。
④ 杨红、董耀武、尹新哲：《欠发达地区产业结构调整的新路径：生态农业生态旅游业耦合产业发展模式》，《云南财经大学学报》2013年第1期。

地域中进行的有责任的旅游行为,为了享受和欣赏历史和现存的自然文化景观,这种行为应该在不干扰自然地域、保护生态环境、降低旅游的负面影响和为当地人提供有益的社会和经济活动的情况下进行。① 生态旅游不仅注重经济效益,还注重生态效益;不仅注重当前利益,更注重可持续发展;不仅注重完善旅游基础设施,更注重从生态资源的分布情况优化旅游业发展;不仅注重旅游业自身的发展,还注重与生态产业的融合发展。②

二 文旅产业延伸至"三农",逐渐建构起农文旅一体化

在青藏高原,由于城镇化率较低,生态旅游、农业生态环保产业或观光农业等,其实现的场域更多的是在广袤的乡村。21世纪以来,西藏乡村旅游逐渐兴旺,文旅产业深入到农村,发展乡村旅游,惠及农牧民。乡村旅游根植于本土资源,农牧民"既不离乡也不离土",借助于乡村旅游实现本地转移,既可以避免因习俗、文化的差异带来的不便,又可以因农牧民本地化的身份优势参与旅游竞争;乡村旅游投入相对较小,资源消耗少,创造的服务性机会多,很适合农牧民选择增收途径;乡村旅游准入门槛低,对劳动力的文化素质、劳动技能要求不高,劳动力通过短期培训,即可直接或间接地参与乡村旅游的经营,降低劳动力转移的社会成本和个人成本。事实上,乡村旅游是加快农村非农产业发展,解决农村剩余劳动力转移的一个有效途径。③

产业融合是指不同产业或者同一产业内的不同行业通过相互渗透、交叉,逐步形成新产业的动态发展过程。农文旅一体化是以农业为依托,通过与文化产业、旅游业相互渗透、交叉等方式呈现新兴业态的动态过程。农文旅一体化延长产业链,新业态出现,提高产品附加值,能

---

① 转引自德吉央宗《西藏生态旅游资源开发现状与生态旅游发展思路研究》,《西藏民族大学学报》2017年第5期。
② 德吉央宗:《西藏生态旅游资源开发现状与生态旅游发展思路研究》,《西藏民族大学学报》2017年第5期。
③ 安平:《发展乡村旅游与富民兴藏》,《现代经济信息》2014年第21期。

有效提高农牧民收入水平、生活水平，推动农业转型升级，振兴乡村。① 净土健康产业的发展，促进了农文旅日渐融合，并逐渐建构起农文旅一体化。农文旅一体化是指凭借农村及农业生产、农产品加工及与其背后的文化意涵紧密关联的物质—文化资源，以乡村旅游设施为基础（如乡村民宿、农庄等），向旅游者、康养者提供服务的综合性产业。农文旅融合可促使农牧业、旅游业、文化产业②兴盛，更可惠及农村和农民。农文旅一体化过程中，可供利用的资源，除了传统文旅产业的资源外，还包括农牧民生产生活的实践以及民俗等，资源的内涵得以拓展。从民族地区经济发展看，民族地区总体上参与国际国内分工能力弱，科技引领发展能力不强的现状短期内不易改变，在既要守好生态底线，还要走出发展新路的背景下，发展文旅产业显然最符合振兴区域经济社会发展的要求，因而正在成为民族地区区域协调发展和乡村振兴的重要途径。③ 近年来，青藏高原净土健康产业的发展，逐渐建构起农文旅一体化。④ 农文旅一体化是产业融合发展的结果，作为一种新兴的经济现象，其在全球范围内呈现蓬勃发展的态势。

"十一五"时期，西藏通过在主要旅游沿线、主要景点、景区周围等旅游资源富集区域，发展农家乐、藏家乐、休闲度假点、家访点、参与景区景点接待服务等，旅游业的惠民功能日益显现。截至2013年年底，西藏从事旅游接待服务的农牧民已达1.4万多户，5.8万多人；实现旅游服务收入4.1亿元，户均收入2.93万元。"走旅游路、吃旅游

---

① 邱婧佩、李锦宏：《贵州省农文旅一体化发展综合评价研究——基于层次分析法视角》，《经济研究导刊》2019年第13期。

② 联合国教科文组织将文化产业定义为："结合创作、生产等方式，把本质上无形的文化内容商品化。这些内容受到知识产权的保护，其形式可以是商品或是服务。"有学者结合联合国教科文组织对"文化产业"的解读，将"少数民族地区文化产业"定义为"以传统少数民族特色文化资源为依托进行文化产品和服务的生产、经营性产业"。参见李少惠、成广星《民族地区文化产业发展影响因素及政策分析》，《西南民族大学学报》2018年第4期。

③ 丁赛、王国洪、王经绫、冯伊：《民族地区县域文旅产业发展指标体系的构建和分析》，《民族研究》2019年第2期。

④ 例如蔬菜产业发展，有学者认为，建立无公害蔬菜产业基地，实行"集观赏、采摘、休闲"为一体的蔬菜产业发展模式，将是近期西藏蔬菜产业发展的最佳选择（参见陈爱东、兰浩志《关于西藏生态特色蔬菜产业发展的探讨》，《牡丹江大学学报》2014年第4期）。

饭、发旅游财"已成为广大农牧民的普遍共识和自觉行动。乡村旅游已成为农牧民增收的新渠道①。2008年、2009年，笔者在拉萨援藏，看到西藏旅游中，旅行社主要组织游客在经典线路旅游。经典旅游线路包括：拉萨—羊八井—纳木错、拉萨—羊卓雍错—日喀则、拉萨—林芝、拉萨—泽当等。当时在林芝地区，鲁朗镇的乡村旅游也日渐兴盛。

"十二五"时期，西藏自治区乡村旅游形象定位为"五大主题"：雪峰乡村、高原林村、高原牧歌、神奇乡井、屋脊农庄，强调以城镇、景区、公路为依托，优先发展城镇郊区乡村旅游圈、主题发展重大景区乡村旅游区、特色发展骨干线路乡村旅游带、集合化发展五大主题乡村旅游区。

《西藏自治区"十三五"时期国民经济和社会发展规划纲要》不仅强调农牧业、旅游业的发展，并将文化产业纳入高原特色优势产业的重要组成内容，2020年西藏文化产业成为支柱性产业。四川、甘肃、云南、青海等藏族自治州也都提出了大力发展藏族文化产业的具体要求。例如甘孜藏族自治州、阿坝羌族藏族自治州等提出"全域旅游"，全力发展农文旅一体化产业。"十三五"时期，西藏各个旅游带的建设都渗透进乡村旅游的内涵。例如拉萨环城休闲文化旅游带，日喀则市、山南市的乡野风情旅游带以及林芝市、昌都市的森林度假休闲旅游带等。与此同时，西藏形成了一套别具一格的文化融合发展方式。其一，节庆旅游，使文艺演出与旅游市场相结合。西藏将古老的节庆变为富有现代气息的大节庆，例如雪顿节、吐蕃文化旅游节、洛谐文化旅游节、桃花节、那曲赛马节、望果节、八思巴文化节、仲确节、哲古草原牧人节、康巴文化艺术节、象雄文化旅游节等。其二，将文化创意和旅游生产相融合，建设了一系列文创中心，升级旅游产品的文化含义。文创中心有慈觉林中国西藏文化创意园区、香雄梅朵创意旅游园区、鲁朗小镇旅游创客中心等。西藏推出多种艺术价值较高的文创产品，例如形象各异的藏戏面具、厚重古朴的藏式家具、铜制小型佛像、银质的嘎乌盒、精美的唐卡绘画，以及各类藏族服饰、藏香、泥塑、经版雕刻等。其三，挖掘特色文化的商品价值，将众多非物质文化遗产创办为旅游资源，例如

---

① 安平：《发展乡村旅游与富民兴藏》，《现代经济信息》2014年第21期。

《格萨尔史诗》、弦子舞、热巴舞、日喀则羌姆、藏戏，西藏邦典、卡垫织造技艺，水磨坊、藏族造纸工艺、藏医药学等。①

"十三五"时期，西藏乡村旅游不断升级，2019 年西藏有 9 个村庄入选第一批全国乡村旅游重点村，它们是拉萨市尼木县卡如乡卡如村、拉萨市当雄县羊八井镇巴嘎村、拉萨市达孜区德庆镇白纳村、林芝市波密县古乡巴卡村、林芝市巴宜区林芝镇真巴村、山南市隆子县玉麦乡玉麦村、山南市错那县麻麻门巴民族乡麻麻村、昌都市江达县岗托镇岗托村、那曲市尼玛县文部乡南村。② 2020 年，西藏有 21 个村入选第二批全国乡村旅游重点村，它们是拉萨市达孜区邦堆乡叶巴村、拉萨市堆龙德庆区乃琼镇波玛村、拉萨市尼木县吞巴乡吞达村、拉萨市城关镇柳梧新区达东村、拉萨市城关区夺底乡维巴村、拉萨市城关镇娘热乡加尔西村、拉萨市曲水县曲水镇俊巴村、林芝市工布江达县错高乡错高村、林芝市巴宜区鲁朗镇东巴才村、林芝市巴宜区林芝镇立定村、日喀则市亚东县康布乡上康布村、日喀则市亚东县下亚东乡夏日村、日喀则市仁布县切瓦乡嘎布久嘎村、那曲市班戈县青龙乡东嘎村、昌都市江达县同普乡夏乌村、昌都市芒康县纳西民族乡觉龙村、山南市桑日县增期乡雪巴村、山南市乃东区昌珠镇扎西曲登社区、山南市错那县勒布乡勒村、阿里地区札达县托林镇扎布让村、阿里地区普兰县普兰镇科迦村。③

目前，西藏乡村旅游基本形成了农户自发分散式开发、乡村自组式开发、"公司＋农户"式开发及政府资助、群众集资联合开发等四种模式。④ 西藏旅游产业的发展，目前正在"引导生态旅游业与高原净土健康产业融合发展。依托青稞、酥油、高原油菜、优质绒山羊、牦牛、藏系绵羊、藏猪、藏鸡、藏药材等高原特色农畜产品和虫草、红景天等优势农业资源，积极推进花卉观光基地、大地田园艺术、农业庄园、特色

---

① 侯志茹、岳世聪：《乡村振兴背景下西藏地区文旅融合发展模式探究》，《西藏大学学报》2020 年第 3 期。
② 中商产业研究院：《第一批全国乡村旅游重点村名单出炉：西藏共 9 个乡村入选》，详细网址：https：//www.askci.com/news/chanye/20191016/0916241153785.shtml。
③ 中商产业研究院：《中国乡村旅游市场投资前景研究报告》，详细网址：http：//wk.askci.com/details/78dd4162d84b435f9c09ffe9ca5bec9a/。
④ 安平：《发展乡村旅游与富民兴藏》，《现代经济信息》2014 年第 21 期。

乡村美食、土特产品等旅游产品的开发。用旅游景观的概念看待乡村，重点开发一批参与性强、地方特色浓郁、服务设施配套、卫生环境良好的藏家乐、家庭旅馆、民俗旅游村镇等。依托景区景点、旅游交通节点、旅游城镇与新农村建设，围绕旅游精品线路，推进休闲农牧业旅游产品开发。发展藏北草原牧区旅游、当雄草原牧业旅游、雅江河谷农牧业旅游、拉萨河谷乡村休闲旅游、雅砻河谷农牧业文化旅游、山南哲古草原旅游、尼洋河农牧业生态旅游、三江峡谷农牧业旅游以及若干特色旅游村、年楚河中下游观光农业旅游等"①。

国家把西藏定位为重要的世界旅游目的地，近年来，西藏旅游业发展势头良好。2015 年接待游客突破 2000 万人次、总收入达到 280 亿元，带动就业 40 多万人。②

总之，曾经有学者主张将旅游业作为西藏的主导产业，③ 事实上，近几十年来，西藏旅游业发展迅猛。至今，内含着旅游业的净土健康产业已经成为西藏、甘孜州等地的经济社会发展的"统领产业"。理论上看，西藏旅游产业完全可以引领和统筹全区经济发展、城乡建设、国家的生态屏障和环境保护建设、高原特色农产品基地建设、重要的中华民族特色文化的保护和利用，旅游业最适宜成为实现国家战略的产业选择。④

第二节　农文旅一体化的地理适应性：独一无二，不可复制

旅游是旅行者在某地逗留而产生的各种关系和现象的综合。⑤ 旅行

---

① 德吉央宗：《西藏生态旅游资源开发现状与生态旅游发展思路研究》，《西藏民族大学学报》2017 年第 5 期。

② 胡洁：《关于西藏扎实推进精准脱贫的思考》，《中国藏学》2016 年第 3 期。

③ 赵国庆：《关于旅游业作为西藏经济主导产业的探讨》，《中国藏学》2004 年第 3 期。

④ 王汝辉、柳应华等：《西藏旅游产业的战略主导性分析》，《中国藏学》2014 年第 4 期。

⑤ 转引自斯洛博丹·翁科维奇《旅游经济学》，达州译，商务印书馆 2003 年版，第 17 页。

者在旅游目的地逗留，寻求空间转换而获得身心的愉悦和休息。① 旅游产业的资源有自然资源、文化资源等，旅游的精神灵魂在于地区特色文化。② 吸引旅行者去其他民族居住地旅游的根由，在于其他民族有着自然生态和文化上的独特性、差异性，旅游者可近距离观察其独特文化和生活方式，民族旅游除了看物看风景，更是把看人当作最重要的目的。③ 旅游目的地社会文化与游客之间的文化差异越大，与游客工作环境的区隔越大，对游客的吸引力也越大。因此，民族旅游的特征在于强调和突出自然景观和文化、生活方式的差异性。④ 青藏高原的自然风光奇特，文化资源丰厚，独一无二，不可复制。农文旅一体化是青藏高原地区极高地理适应性的产业。

青藏高原独特的自然环境与灿烂的民族文化构成了世界独有的"天人合一"的具有原生性、世界性和垄断性的生态旅游资源。青藏高原生态旅游的特质符合当代人呵护环境、返璞归真的共同追求，也符合人民寻求独特体验、寻找人生价值和探索自然奥秘的需求。西藏生态旅游资源的特征是原生性、垄断性、世界性、时代性。⑤

青藏高原目前成为中国乃至世界重要的旅游目的地，根本在于其独特的自然地理和社会文化。青藏高原有着丰厚的自然景观旅游资源，也有着既丰富又底蕴深厚的文化旅游资源。这是青藏高原独特的优势，这一优势已经使得旅游业成为过去二十年来的支柱产业。

青藏高原地质地貌景观是西藏旅游资源的基质，世界独一无二。高原上的雪山、冰川、湖泊、草地、湿地、峡谷等生态自然资源组合极佳，而且每种类型的资源板块都有资源点达到了世界级旅游资源品位，如西藏的喜马拉雅山、纳木错、雅鲁藏布江大峡谷等自然旅游资

---

① 刘志扬：《民族旅游与文化传承的选择性重构》，《开放时代》2005年第2期。
② 曹诗图、刘运：《三峡文化与三峡旅游业的发展》，《理论月刊》2002年第7期。
③ 杨慧、陈志明等主编《旅游人类学与中国社会》，云南大学出版社2001年版；谢世忠：《山胞观光：当代山地文化展现的人类学诠释》，自立晚报社文化出版部1994年版，第6页；刘志扬：《民族旅游与文化传承的选择性重构》，《开放时代》2005年第2期。
④ 刘志扬：《民族旅游与文化传统的选择性重构：西藏拉萨市娘热乡民间艺术团个案分析》，《广西民族大学学报》2005年第2期。
⑤ 德吉央宗：《西藏生态旅游资源开发现状与生态旅游发展思路研究》，《西藏民族大学学报》2017年第5期。

源特色在全世界都具有标志性和象征意义。高原特殊的地理环境孕育了独特的生物群落，其组成复杂，是世界高海拔地区生物多样性最为丰富的区域，是世界山地生物物种最主要的分化和形成中心，是濒危动物栖息地和生物的种质资源库和基因库，很多物种如野牦牛、藏羚羊、藏野驴、马鹿、黑颈鹤、斑头雁、赤麻鸡、黄鸭等，是高原所特有的。[1]

青藏高原具有独特的地域文化，人文资源丰富、迷人，独具特色的人文资源与得天独厚的自然风光，使青藏高原具备无与伦比的旅游资源优势。[2] 青藏高原文化资源不仅丰富多彩，而且是世界上独一无二的，这就决定了青藏高原文化资源在世界上的稀缺性和不可复制性，从而可见青藏高原文化产业的开发价值是无限的。仅就西藏来说，西藏有取之不竭的文化资源，西藏独特的自然风光和灿烂的民族历史文化资源是西藏文化产业发展的基础。西藏各地的自然和人文历史文化资源异彩纷呈，从布达拉宫到羌塘草原、茶马古道，每个地方都各具特色。同时，藏戏、格萨尔史诗、唐卡、民族手工技艺等非物质文化遗产的文化影响力也在不断扩大。这些文化资源为西藏的相关文化产业及旅游活动等提供了无尽的资源和动力。[3]

对于中外游客来说，青藏高原有着独特的文化特质，它与绝美的自然风光交融在一起。而又因交通不便形成相对封闭的地理环境的奇观。西藏皑皑的雪山，巍峨的珠穆朗玛峰、奔流的江河等雄奇的自然景观，高原缺氧的生存环境下，喇嘛庙、经幡、玛尼堆、朝佛磕长头的虔诚信徒所代表的宗教文化，天葬、水葬等丧葬习俗等，这些表征化、符号化、虚拟化的西藏印象满足了无数未曾到达此地的中外游客的视觉和心理需要。对于天性浪漫的文学家和摄影家来说，西藏更是一座灵感的源泉，经过他们的修饰和加工后赋予了青藏高原之外的人们无穷的想象力。每年，有无数的游客来青藏高原，通过旅游、摄影、摄像、购买浓

---

[1] 王汝辉：《西藏建设世界级旅游目的地差距诊断及战略选择研究》，《中国藏学》2013年第3期。
[2] 岳颂东：《关于西藏经济发展战略的思考》，《中国藏学》2009年第2期。
[3] 王桂胜：《西藏文化产业发展现状和模式分析》，《中国藏学》2018年第3期。

郁民族地区色彩的物品（服装、刀具、饰品）、拜见活佛、观赏民族歌舞等方式，来"消费"藏族文化。也就是说，国内外游客前来旅游的目的是建立在深刻的文化差异之上，文化差异是游客们的"兴趣"所在，人们对于与他们现实生活相隔遥远或知之甚少的民族和地区总是抱有一种想要认知和了解的强烈愿望。通过旅游，进入实地目睹当地人的生活状态，成为他们满足愿望的一种最好的方式。游客们付出了时间和金钱，来到旅游地，就是为了体验各种奇异的场景和风情。大多数来藏区观光的游客，由于受到时间、环境等的限制，无法像专家学者那样从容地深入当地人的生活之中，但又想在有限的时间、地点中更多地观察和了解，因此歌舞作为民俗风情的集中展示满足了他们的"消费需要"。[1]

藏族人民长期生活在青藏高原特殊的地理环境中，在独特的自然条件和社会环境中产生了有别于其他地区民族的特殊的文化心理、伦理道德观念和价值取向，形成了与之相适应的极富高原和雪域特色的民俗风情和民族性格，创造了灿烂的藏文化。不仅如此，西藏还有世界独有的农区乡村藏文化资源、高原特色牧区资源、世界屋脊的乡村生态资源。也就是说，青藏高原拥有发展乡村旅游得天独厚的不可替代的垄断性资源。[2] 例如雨崩村之所以能够处理好旅游发展与自然环境保护之间的关系，关键在于其传统文化中蕴含着丰富的有助于自然环境保护的因素，目前所实施的一系列规则均源于此。[3]

第三节　农文旅一体化的文化意涵：
还原本真，促进融合

一　符号式消费下"拥挤的时尚"与"麦当劳化"

在现有旅游业运营方式下，一些旅游业具有"丧失本义"的毛病。

---

[1] 刘志扬：《民族旅游与文化传承的选择性重构》，《开放时代》2005年第2期。
[2] 安平：《发展乡村旅游与富民兴藏》，《现代经济信息》2014年第21期。
[3] 孙九霞、刘相军：《地方性知识视角下的传统文化传承与自然环境保护研究》，《中南民族大学学报》2014年第6期。

（一）休闲旅游与"拥挤的时尚"

目前的旅游，对于不少商家来说，安排好游客的观、食、住、行，规避旅游产品线路中的风险，通过旅游线路的可控化来提升旅游产品开发性价比，是当前旅游产品开发的重中之重。在成熟的旅游线路中，普遍存在观赏性强的自然风光线路多，深度的文化体验线路少；静态景观布局多，动态项目安排少；观景线路排布多，深度体验游和参与性活动安排少的现状。[1]

从本义来说，休闲旅游是主体感受不同地域文化、体察民俗风貌，向自然风光、天地美景敞开心情的发展和享受过程。旅游本义是主体基于经济考量、自由时间等实际生活的自主选择。但是在符号式消费条件下，旅游的本义丧失，主体的身体和情感意志受控，自由时间被进一步侵占。无论是先民行教化之意还是后人的休闲观光或为特定目的之商务、健康等的旅游，都异化成了一种拥挤的时尚。旅游日趋"景观"化，成为符号式消费。风景的不断"命名"和不断被赋予意义，使风景失去了本身的状态，成为分割的和零碎的。旅游者旅而不游，只是在"看"中行走。这些被命名的"景观"从风景中"独立"出来，从表面看各赋形态各具其意，在游客的视觉中精彩绝伦，具有丰富性和差异性。但仔细审视，这种绝对的丰富，实质是绝对的单调，被凸显"景观"与风景和旅游毫无关联，甚至形成了实质上的"阉割"。资本不断生产、复制具有视觉冲击力、戏剧性或轰动效应的"景观"，引导旅游消费行为，重构旅游商业文化意义。身体不自主地处于不能停歇的追赶中，视觉在不间断的"景观"牵引中，"旅游"成为目不暇接的展览。人们真正的情感或思想在"景观化的旅游"中缺席。人文生态渐趋符号化，旅游区居民的观念、日常衣食住行以及其所传承和创造的文化遗产等遭受商业化破坏。在符号式消费中，人际关系简化成了"货币支付"，个体间的尊重、文化的敬畏、神圣的向往等是被完全排除在外的。在长期的"展览"（兜售）中，原居民的主体认同不可避免地走向他者化、标签化，不自觉地成为消费的主体和消费的对象，失去了深层探究

---

[1] 谢成立、孙亮亮：《旅游产业链发展中的民族传统体育文化定位及其发展研究》，《贵州民族研究》2019 年第 5 期。

自我和世界的欲望，主体日益商品化、符号化，主体失去了自我发展的空间、时间，继而也失去自由和全面发展的欲望。在符号式消费中，民族节日、宗教祭祀等民族习俗日渐商业化，成了"景观"，成为消费社会的视觉化对象。在旅游旺季，种种具有仪式色彩的民族习俗，在不断的兜售和展览中，已经失去了原有的神圣意义。符号式消费旅游对旅游区的生态文明破坏严重。①

（二）民族村寨旅游的"麦当劳化"

民族旅游业蓬勃发展的同时，出现了形式和内容简单化、标准化、模式化和同质化趋势，我们将这种趋势称为"民族旅游的麦当劳化"。"麦当劳化"的特点是：(1) 通过简单化实现高效率，"在旅游过程中，各种民族风情被批量产出"。(2) 可计算性，在麦当劳化的旅游中，一切都被商品化，都有固定和统一的价格，都可以用数字进行计量和测算。(3) 可预测性，实行标准化和均一化服务，在固定的标准和模式的基础上，东道主与游客形成了一种固定的对话模式。(4) 可控制性，主要是减少变数，增加非人为的易操控手段。旅游展演情境下的民族文化的选择主要以符合麦当劳化的元素为主，而那些不适合商业化、麦当劳化的，具有地方性、个别性和原生性的元素被弱化或者取消了。代之而来的是依据市场需求批量生产的民族文化，这些民族文化呈现出千篇一律的形式。为了用最大效率将民族文化售卖给前来消费民族文化的游客，民族文化在旅游展演的过程中不再是本民族文化的真实代表，而是依据市场需求，依照固定的模式和标准生产出来的，加工修饰之后的"商业文化"。民族旅游"麦当劳化"使得其具有单一性和同质化的趋势，这削弱了民族文化的自主能力、创新能力，同时也对民族旅游发展带来一定程度的负面影响……民族旅游形成了一套固定的模式，从游客的住宿、饮食、休息，到观赏民族歌舞表演等等都趋于简单化、标准化和流水线化，可供游客选择的余地很小。例如白马藏族地区，随着旅游业的发展，白马风情游中白马文化的地方性、独特性和原生性的特点越来越弱化，取而代之的是经过改造的，便于模仿和学习的，商品化了的

---

① 李燕：《资本逻辑、符号式消费与生态文明》，《江汉论坛》2018 年第 10 期。

"民族文化",这些经过包装的民族文化逐渐趋于麦当劳化。现在的白马风情游的模式基本固定下来,主要包括以下几个固定的程式:住白马木楼、品尝白马民族风味食品、参加篝火晚会、观赏白马民族歌舞、吃烤羊。这些固定的程式在各家各户都几乎是一模一样,只是规模大小不同而已。①

民族旅游过程中,一些民族文化节目的展演,当地人为了经济收益不得不有选择性地呈现。例如为了迎合游客的口味,旅游目的地政府和居民会根据游客需求,删减或增加相关展演内容。在民族旅游过程中,外来的游客和当地居民在经济力量等方面存在较大差距和不对等的地位,对旅游目的地的优劣的评判拥有更多话语权的游客,往往在很大程度上影响和左右着旅游目的地居民对所要展示的"文化传统"的选择,作为民族文化消费者的游客的需求和期望,以及他们对当地"民族文化传统"的诠释和表述决定着当地人如何表述、选择和重构自己的文化传统。②

应该说,民族村寨旅游"麦当劳化",显示了"旅游发展三阶段"的论说具有解释力。埃里克·科恩认为旅游观光将会对作为旅游目的地、地处边疆的少数民族社会带来三个阶段的发展和变化。第一阶段是旅游从外部直接向少数民族社区"真实的"日常生活的渗透。此后,随着当地旅游业的成熟转入第二阶段——社区中出现一种远离社区人们日常生活的"旅游圈",即参与到旅游业发展中的当地居民把自己,甚至自己的生活搬上舞台,穿上"民族"服装,展示给游客看,而在家里他们却穿着城市里普通的衣服。他们表演各种仪式,表演时间和场所却不符合这一仪式本来举行的时间和地点,由此出现了与他们实际的日常生活隔绝的"舞台化"的旅游圈,旅游圈与居民的日常生活距离越来越远。第三阶段则是旅游业成为当地人生活不可分割的一部分,这时,"旅游圈"和他们日常生活分离的现象便会消失,因旅游业的需要而产生的"旅游文化"融入民族文化,成为民族文化整体中的一个有

---

① 刘志扬、更登磋:《民族旅游及其麦当劳化:白马藏族村寨旅游的个案研究》,《文化遗产》2012年第4期。

② 刘志扬:《民族旅游与文化传承的选择性重构》,《开放时代》2005年第2期。

机组成部分。依据以上埃里克·科恩关于旅游发展轨迹的描述，我们可以把西藏旅游归为第二个阶段，即当地居民参与其中、"旅游文化"与人们真实生活场景相分离的阶段。①

二 还原真实，文化在互动中扩散、融合

"旅游体验的真实性既是土著旅游的主要资本，同时也面临着严峻的管理挑战"②。民族地区乡村旅游需要"真实的体验"，让游客和旅游目的地的居民在真实的互动中达成文化跨越社会边界的扩散、融合。③

（一）农文旅一体化，还原"真实的体验"

文化是旅游的灵魂，民族地区乡村旅游需要"真实的体验"，而民族地区最深厚的文化，存在于农牧民最真实的日常生产生活的点点滴滴中。

农文旅一体化更能真实地展现少数民族地区生产生活的全貌、实际面貌，游客即使是走马观花，也能享受到"真实"，如果稍加停留或入住村寨（相对较长时间的接触），更能享受"较为全面地体验真实性"。真实而较为全方位的体验是更高品质的旅游，或者说，"旅游体验的真实性"更能让少数民族地区具有旅游的吸引力。农文旅一体化不需要进行一番精心的变通和包装，不需剔除出一些不符合游客审美取向的"丑陋"的成分，不需要刻意夸大或突出民族的"美"的成分。农文旅一体化会减少在特定场地、特定场景中"文化表演"的片面性以及适应游客口味的"矫揉造作"等，即民族文化被作为一种资源和手段被加以利用，民族文化作为资本在市场经济中被包装、展示和消费。④农文旅一体化可以使农牧民按自己的、"原汁原味"的方式生产生活，即当地农牧民当时当地、无须加以修饰和"伪装"的生活，使得前来游玩者真实地"学习""感受和感染"当地文化，"洗涤"自己的心灵和灵魂。

---

① 刘志扬：《民族旅游与文化传承的选择性重构》，《开放时代》2005 年第 2 期。

② Notzke C., Indigenous Tourism Development in the Arctic [J]. *Annals of Tourism Research*, 1999, 26 (1): 55-76.

③ Shinji Yamashita, Kadin H. Din, J. S. Eades: *Tourism and Cultural Development in Asia and Oceania*, p. 14, Bibliography: Penerbit University Kebangsaan Malaysia, Bangi, 1997.

④ 刘志扬：《民族旅游与文化传承的选择性重构》，《开放时代》2005 年第 2 期。

（二）变符号式消费为"极简休闲旅游"，实现"宽松的内在体验"

旅游最终会回归本意，或许说旅游发展的规律应该是由"拥挤的时尚"转变为"宽松的内在体验"。"极简休闲旅游"最能体现"宽松的内在体验"，它是旅游者在一个地方较为长时间的自然—文化休养。变符号式消费为宽松的内在体验，即旅游者由一路狂奔到且行且停驻，由眼睛的"看"到心灵感受、文化滋养。

"极简休闲旅游"不同于符号式消费。从目的来看，与符号式消费外在的虚假丰盈不同，它专注于个体的实际需要，强调独特的生命和情感体验，而不仅仅是眼球或身体的匆匆掠过的符号式占有；从呈现形态来看，与符号式消费眼花缭乱的"动"（"景观"不断转换，旅游者疲于奔波）相对应，"极简休闲旅游"呈现相对"静"态，主体关于风景等的感悟不是对时尚的被动回应，而是主体自由自觉的活动，是生命实质的鲜活化和丰富化；从宣传方面来看，与符号式旅游主要呈现"物"，即"景观"声光色影的展示以及渗透其间的货币意味不同，"极简休闲旅游"主要展现主体的体察、精神的愉悦，是以"人"为本的宣传。"极简休闲旅游"使休闲和旅游真正回归开阔视野、纵情山水、寄怀人文的本义，减轻旅游区生态负担，实现人与人、人与社会以及人与自然的长远和谐发展。[①]

农文旅一体化可以弱化"景观化"趋向，维持风景本身的意义，使自然和人文具有完整性和整体性。它没有被"阉割"下的绝对丰富，也就不会有绝对的单调。它可以使人在完整的"自然—人文—社会"环境中，自主地感受、体验，学习和休养。自主游是目前"宽松内在体验"的方式之一。近二十年来，旅游方式有两方面变化：一是最初阶段跟团旅游，后来人们更乐意自驾游（只要是自己喜欢，就可以停下来欣赏、享受）；二是在景点游的基础上增添"住下来较长时间聆听和感受、休养"，而不是"目不暇接地看展览"。游客跟团旅游虽然有诸多方便（例如不操心吃住等），但是往往伴随着赶时间和大量时间被旅行社拉着逛商店（导游和旅行社追逐自我利益的行为），旅游者形象地称

[①] 李燕：《资本逻辑、符号式消费与生态文明》，《江汉论坛》2018年第10期。

为"上车睡觉、下车拍照,回家什么都不知道",虽然,跟团旅游在今天还是一种重要方式,但个人自助游(自驾游等)日趋兴盛。自助游更能满足游客多样化的、差异性的需求,也更能让游客相对完整性地了解和认知旅游地。

"住下来相对多一点时间聆听、观看,感受、休养",或许这才是回归到旅游的本义。游客在完整性中深入吸收自己所需要的养分,不是在"点状"景观展示的"符号式消费"中获得只鳞片爪。或者说是找回在"景观化的旅游"中缺席的人们真正的情感和思想。农文旅一体化或许可以减少"旅游区居民的观念、日常衣食住行以及其所传承和创造的文化遗产等遭受商业化破坏",使得原居民的主体认同不至于走向他者化、标签化,不至于失去深层探究自我和世界的欲望,不至于失去自我发展的空间、时间以及失去自由和全面发展的欲望。因为农文旅一体化并不是将旅游区人们的日常生活及其文化逐渐地"符号化",而是他们依然踏踏实实地按照自己的方式来生活和生产。而且,恰恰是这种最为本源的生活和生产更能吸引游客,也更能"洗涤"游客的心灵,使游客保持对旅游地居民的尊重,也有着文化的敬畏、神圣的向往等。

农文旅一体化,强调"真实性"的重要,尤其是在全域旅游的语境下。文化自觉奠定在农牧民"生产生活实践"的基础上,需要去"麦当劳化"。农文旅一体化能很真实地展现青藏高原地区文化的独特性,更能"激活民族文化的生命力"。学者通过对九寨沟、桃坪羌寨、泸沽湖等地的对比研究认为,"尽管真实性并不是决定游客对某一旅游产品总体满意度的唯一方面,但它与游客的满意度之间却有着直接的联系。对某些以独特的少数民族文化为主要吸引物的景区,其真实性是吸引游客前往的主要原因。对这类景区,应尽量保持其建筑、居民、服饰、手工艺品、语言、食物等方面的真实性"[①]。这就是说,哪怕是"景点游",也需要强调民族文化的"真实性"。"全域旅游"语境下,如果说呈现农牧民日常"生活文化"的真实性是必要的,呈现农牧民"生产文化"的真实性更是不可或缺,而且更能吸引游客,也让当地人

[①] 李旭东、唐莉:《真实性与少数民族文化旅游:游客的观点——对四川羌族、藏族、摩梭族村寨的调查》,《成都行政学院学报》2005年第3期。

在不知不觉中进入旅游产业，即无须过多修饰地、表演化地成为旅游产业的一部分。

农文旅一体化能激活民族文化遗产的生命力。民族文化遗产真实性判定及诠释的权力，在于少数民族文化持有者自身。[①] 民族旅游是后现代消费社会自恋式的"寻根"，必然要以文化的多样性、独特性、地方性为前提。[②] 因此民族文化在旅游情景中面对一个二元的张力：一是它要遵循市场的原则，成为营销的商品，表现出标准化和同质化的形式；另外，作为游客体验异文化的平台，还要表现出应有的独特性和原生性。因此我们看到：一方面，全球化让世界越来越趋于麦当劳化，另一方面，在全球化过程中，人们对特殊性的追求也越来越普遍。从这一点来说，民族旅游回归地方化、个性化是今后不可避免的走向。[③]

（三）跨越社会边界的扩散、融合，实现村寨振兴

农文旅一体化可实现跨越社会边界的扩散和融合。例如如果国外游客、国内其他地区的民众常常到青藏高原游玩，日久，往往容易被藏族文化濡化，即游客游玩久了，接受了藏族人的很多思维和价值观念，渐渐被藏化，即"游客的当地化"；与此同时，青藏高原地区的人们日渐接受其他文化。由此跨越社会边界，相互融合。

农文旅一体化的发展，奠定在农牧民的"生活实践"之上，民族地区独特生产、生活展现，避免了游客感到单调和厌倦，保持了其重返旅游目的地的欲求，也避免了东道主失去自我思考的机会和能力。[④] 这源于旅游的两个层次之分："外在的猎奇"与"内在的洗涤"。仅仅能看看"外显文化"的旅游，至多能满足"外在的猎奇"需要。"旅游情境下表现出来的民族文化特征主要为显而易见的眼能见、耳能听、嘴能

[①] 桂榕：《作为旅游景观的民族文化遗产及其保护利用效果评估——以云南民族村为例》，《云南社会科学》2015 年第 2 期。

[②] 张敦福：《多形态的全球化与消费者自主性：评瑞泽尔消费社会学研究新著〈虚无之物的全球化〉》，《社会学研究》2007 年第 5 期。

[③] 刘志扬、更登磋：《民族旅游及其麦当劳化：白马藏族村寨旅游的个案研究》，《文化遗产》2012 年第 4 期。

[④] 乔治·瑞泽尔：《麦当劳梦魇：社会的麦当劳化》，容冰译，中信出版社 2006 年版，第 138 页。

说的显性部分,如民族歌舞、房屋、服饰、民间传说、宗教仪式、饮食等。"①如果仅仅如此,"猎了奇"的游客一般很少成为回头客。"游客来白马山寨旅游的目的是建立在深刻的文化差异之上的,文化差异是游客们的'兴趣'所在,游客们想通过旅游观光进入实地目睹当地人的生活状态,体验原汁原味的白马文化。"② 文化的体验、理解与学习是旅游的灵魂和精髓,这是游客"内在的洗涤"。如果旅游地仅能形式化地展现一些外显文化,游客难以较为深入地理解、分析,进而接纳、赞同民族地区的文化,谈不上对旅游目的地人们的关怀、关切,这就更难以谈得上"洗涤自己的心灵或灵魂"了,也再难成为"回头客"了。

对于东道主来说,如果仅仅是"外显文化"的"游戏般"展示,就能获取收入,他们哪里还需要更多地自我思考,以便深度挖掘自己的文化以及关怀自身文化的发展呢?民族村寨的传统文化因其稀缺性的文化资本意义,得到了国家力量、知识精英、大众传媒的共同关注和规划性再造。国家现代化进程中的民族村寨文化变迁呈现出复杂多元的发展态势,但这种变迁绝不仅仅是民族传统文化事象的变异或流失,它还包括了传统的"地方性知识"的复兴、重组和再建构。现代性并没有也不可能完全颠覆乡土传统的生存空间,民族村寨文化也不会自动终止或彻底放弃自身固有的文化调适与更新机制,一味被动地接受现代化力量的消解和改造。地方性知识与现代性诉求之间始终存在着强大的张力,民族村寨文化的现代建构逻辑将引导其"小传统"逐步走向现代性。③

第四节 农文旅一体化的产业意涵:
市场空间巨大,强区富民

西藏拥有世界级的旅游资源,市场空间巨大,目前其产品仍然以观光产品为主,开发较为粗放,缺乏休闲度假、文化体验、特种旅游产

---

① 刘志扬、更登磋:《民族旅游及其麦当劳化:白马藏族村寨旅游的个案研究》,《文化遗产》2012年第4期。

② 乔治·瑞泽尔:《麦当劳梦魇:社会的麦当劳化》,容冰译,中信出版社2006年版,第138页。

③ 肖青:《民族村寨文化的现代建构逻辑》,《思想战线》2008年第3期。

品、高端定制产品等旅游产品。来西藏的游客，除了8%的登山探险型和4%的宗教朝拜型外，其余大部分为生态观光型。①

一 市场适应：市场空间巨大，不同方式对应不同市场

青藏高原文化市场不断扩张中，从某种意义上讲，其产品需求市场不仅覆盖国内市场，也来自整个世界市场。从近年来西藏旅游事业蓬勃发展，进藏游客逐年增多可以看出人们对西藏文化的热情。从西藏本地来看，预计2020年，人均GDP将达到8500美元左右。未来十年，中东部人均收入将大幅度提高，对文化消费的需求将剧增。这些消费需求为西藏文化产业提供了巨大空间。② 实践中，乡村旅游与农业相融合，可以有多种类型：乡村体验类，包括农家乐（牧家乐）、农场（农场、农艺和农趣）、采摘果园等；生态类，包括生态风光（森林、温泉、沙漠、高山草甸等）、田园风光（花田、茶田、梯田等）、乡村公园等；文化类，有"古字号"（古树、古镇、古建筑等）、民宿乡村型（节庆、民宿、风情）、特色村镇等；户外活动类，包括绿道、漂流、户外基地（垂钓、踏青和野趣）；健康养生类；观光、休闲、度假复合型。这些类型主要对应的是生态观光型游客。

目前已有的景观文化展演式的文旅产业契合了符号式消费，农文旅一体化逐渐适应"极简休闲旅游"。

首先，景观文化展演契合普遍的符号式消费。目前，西藏旅游项目主要以文化观光旅游为主，观光旅游活动集中于拉萨、日喀则、林芝等地区。拉萨作为西藏的中心，海拔高度适宜，同时交通住宿等基础设施较为完善，成为西藏旅游者聚集的中心，旅游者旅游活动的主要内容是体验西藏的高原景观，观赏神秘古老的宗教文化、观赏民族风情。也有部分来西藏的游客以探险为目的，进行自驾、徒步和登山探险等。寺庙、宫殿等依然是景观文化展演的重要场所。青藏高原由于其独特的地理和人文环境，分布着大量的宗教建筑，围绕着这些建筑形成了与居民

---

① 德吉央宗：《西藏生态旅游资源开发现状与生态旅游发展思路研究》，《西藏民族大学学报》2017年第5期。

② 王桂胜：《西藏文化产业发展现状和模式分析》，《中国藏学》2018年第3期。

日常生活息息相关的宗教空间，它是集中反映青藏高原地区物质和精神文明的场所。此外随着旅游经济的进一步发展，大批游客涌入西藏，宗教空间也逐渐开始兼具商业性的功能。对于当地居民而言，它是表达信仰的重要场地，对于游客而言则是承载旅游活动的地方。

其次，"慢游"满足"极简休闲"。目前，许多游客自驾游，"慢游"的人群不断增加，游历于青藏高原的时间也不断增多。农文旅一体化的旅游，更能满足"极简休闲"。以甘孜州道孚县八美镇为例，油菜花连片种植，盛开时极为壮观，主要旅游景点的人文景观极为丰富，如著名的惠远寺①。以前更多考虑油菜产业发展时，游客只是路过，没有停留。现在，当地政府组办了一些旅游活动，例如放热气球、赛马等，游客留住下来，当地民众收取了门票、停车费等，都能获取一定收益。游客停驻下来，可以观赏自然之美，体验藏族民众内心的宁静。这样的旅游体验，与相隔不远的四川盆地城市群的生活相去甚远。再如甘孜藏族自治州甘孜县的孔萨农庄主要是旅游业，游客可以在农庄吃住，并观赏农业种植，农庄周围大量种植的是传统作物，如青稞、土豆。为了增加看点，农庄内种植了各种特色花卉，还建设起几亩地的阳光大棚（里面的花卉更多、更奇特，可喝茶聊天、呼吸更多的氧气）。孔萨农庄的建设，糅合进了土司文化，宾馆是土司官寨建筑风格，整个农庄还传扬着孔萨女土司德钦旺姆与班禅行辕卫队长益西多吉动人的爱情故事。

二 新业态实现"全链条增值"

产业链理论认为产业链全部环节共同创造价值，产业升级遵循短板规律，只能"全环节升级，全链条增值"。② 产业升级的实质是价值提升，即提升产品价值以及改善价值实现条件，提高生产效率。由此构成全产业链的升级过程。其中，品牌建设是提升产品价值的现代要素，在

---

① 惠远寺，藏语名为"嘎达向巴林"。雍正七年（1729年），因西藏局势不稳，清政府请七世达赖喇嘛噶桑嘉措避难于此。清政府特拨白银，征地500余亩，修建庙宇、宫殿，寺门正中高悬清世宗钦赐"惠远寺"巨大镏金匾额。

② 运筹学编写组：《运筹学》第3版，清华大学出版社2005年版，第236—238页。

农业方面更具体为"三品一标"认证体系；协作是提高生产效率之根本。①

净土健康产业包含着重视农牧民家庭收入来源的农牧业，发展特色化、民族化、本土化的加工业（畜产品及传统手工业产品）以及旅游业。青藏高原"围绕清洁无污染的生态环境资源、农畜产品资源、高原特色动植物资源及传统民族文化资源，发挥传统文化技术优势、民族特色产品优势，发展具有高原特色的农牧业及其相关的无污染特色农畜产品加工业、传统民族手工业、民族医药加工业、民族文化产业、民族旅游业等"。② 净土健康产业提供了更多的"舒适物"。③

净土健康产业发展，是要实现产业升级，并建构起效益倍增的地域型和复合型产业。净土健康产业的发展内容有高原有机健康产品、高原有机生命产品、高原有机保健药品、心灵休闲旅游产业。④ 这些产业的一体化可实现"全链条增值"，即让农业生产中的文化仪式、农业生产形成的环境、农业产品融入旅游产业，提升产品价值并改善价值实现条件。

第一，使得农业生产及其文化仪式具有了"经济收益的价值"。例如西藏日喀则的开耕仪式，原本只是农业生产的一个环节，在本地民众中有深刻的文化意涵。但在旅游产业未发展起来时，开耕仪式没有转变为本地村民收入的"价值"意义，当《第三极》展演了这个文化仪式，游客纷至沓来，给当地人带来收益的同时，也让游客感受到藏民族对自然的尊重与敬畏。应该说，与农业生产紧密相关的一系列文化仪式（如开耕节、望果节）都类似。

第二，原有的农业生产过程或农业生产环境变成一种文化产品，获得经济价值。农文旅一体化使得农业生产形成的自然环境本身也被赋予

---

① 赵禹骅、黄增镇：《全产业链视角下民族地区特色产业发展的对策分析》，《广西民族研究》2017年第3期。
② 胡鞍钢、温军：《西藏现代化发展道路的选择问题（下）》，《中国藏学》2001年第2期。
③ 王宁：《地方消费主义、城市舒适物与产业结构优化》，《社会学研究》2014年第4期。
④ 李德林、许志强：《拉萨净土健康产业化的现状研究》，《西藏科技》2015年第8期。

了经济价值。如油菜花盛开季节的花海，青稞大面积成熟时的风吹麦浪，在旅游没有进入乡村和田间地头的时候，基本没有经观赏而转化为经济收益的"价值"，但是游客的进入让这一切发生了转变。

第三，农产品被赋予更高的市场价值。如果说，农产品主要用于自给自足时，基本没有市场价值，但是当农产品成为旅游市场的"文化产品"时，其市场价格会有所提高。比如同样的青稞面，原本只是果腹食材，当游客到了，真正感受到青稞"食药同源"的价值以及领悟到青藏高原纯天然、无污染的"纯净"意义后，青稞面的市场价值得以提升。甘孜县将青稞加工成美味可口的青稞饼干，市场价格与青稞面本身不可同日而语，翻了很多倍。

三 资源变资产：沉睡的资源活起来

在某些地区，旅游已经成为一种新的文化产业和各种资本运作的平台。[1] 对于有着丰厚旅游资源的地区来说，旅游更是让资源"活起来"的平台。例如全国最迟通公路的西藏自治区墨脱县，就"以旅游业和特色种植业为主导产业的产业结构，并按照高端生态旅游业的方式来发展旅游业，按照高原特色果蔬基地的方式来发展特色种植业"[2]。这就是说，农文旅一体化是将生态环境转化为生态资本，将资源变成资产，使沉睡的资源活起来。在青藏高原净土健康产业发展过程中，以旅游业发展为纽带，活起来的资源既有自然资源，还有文化资源。

青藏高原秀美的风光，区别于其他地区的独特的自然生态环境等都是自然资源，在旅游业极不发展的时代，它"躲在深闺无人知"，自然也少有人为观赏之而付费。旅游产业的发展，使之明显成为"活化的自然资源"。

在旅游产业发展中，活起来的文化资源有多种类型，既有显性的，也有隐性的。显性的，例如藏医药产品因逐渐得到旅游者的认可而得以在青藏高原之外的广大地区销售，藏医药产业不断发展；文化遗迹因成为旅游景点，可以收取一定门票等得以有更多的资源支持，并得到进一

---

[1] 李燕：《资本逻辑、符号式消费与生态文明》，《江汉论坛》2018年第10期。
[2] 柳应华：《西藏墨脱县产业发展研究》，《中国藏学》2013年第3期。

步的保护和发展；文化艺术转化为文化产品，得以销售而促进文化产业发展，如石刻艺术、藏式绘画（唐卡）、歌舞表演等。除了这些显性的之外，更重要的是藏文化的散播以及不同文化在碰撞中，产生更瑰丽的文化资源。例如甘孜藏族自治州作为"多边联结带"，是联结着中原汉文化、西部藏文化、回族文化与南方怒、哈尼、景颇等藏语支和彝语支的多个民族文化的"枢纽"，多个民族在此交融，文化多元且内涵丰富。在甘孜藏族自治州，多元文化共存，并不断互动，形成多个亚文化圈，如以德格为中心的康藏文化圈，以贡嘎山为中心的木雅文化圈。[①]此外，在甘孜藏族自治州"各民族之间的文化常常是你中有我、我中有你，体现了极强的兼容性"[②]。这种兼容性突出地表现为"文化混生性"。[③] 其文化的"混生状态"表现为汉族、藏族、彝族以及回族文化共同影响。例如九龙、泸定两地文化内容除了有原始的彝族文化特点外，还兼具汉族和藏族文化要素；康区南部的纳西族和丹巴的羌族则呈现出非典型的藏文化特征。康藏地区的文化特殊性，被学者形容为"具有异常突出的多样性和复杂性，在中国民族区域格局中极具典型意义"[④]。

四 从"强区少富民"到"强区又富民"

青藏高原旅游业的发展分为两个阶段：第一个阶段是自然—文化旅游为主的"强区少富民"阶段，时间是 20 世纪末到 21 世纪的前十几年。第二个阶段是农文旅一体化的"强区又富民"阶段，从现在直至以后。

柳应华等利用 1992—2011 年的数据，分析西藏旅游业的富民功能和强区功能，认为这些年间，西藏旅游业发展起到了显著的强区功能，对 GDP 和地方财政收入增长起到了促进作用，但是旅游业的富民功能

---

① 尼玛扎西：《新时期康区研究的历史突破》，《中国藏学》2007 年第 3 期。
② 石硕：《关于认识藏彝走廊的三个角度与研究思路》，《广西民族大学学报》2008 年第 6 期。
③ 费孝通：《关于我国民族的识别问题》，《中国社会科学》1980 年第 1 期。
④ 石硕：《关于认识藏彝走廊的三个角度与研究思路》，《广西民族大学学报》2008 年第 6 期。

却没有明显地显现出来，并没有成为促进西藏农牧民人均纯收入和基本收入增长的显著推动因素。西藏七个地市受旅游资源分布不均、人口分布不均的影响，旅游业对七个地市的富民强区功能也存在较大差异。西藏旅游业总收入增长1个单位时，将伴随着大约6个单位的GDP增长，这突出体现了西藏旅游业所具有的产业链长、产业带动作用大的特点。1992—2012年，西藏旅游业发展并不是构成农牧民收入水平显著增加的原因。也就是说，西藏旅游业发展的富民贡献程度是有限的，富民效果并不明显。① 但不可否认的是，旅游业确实促进了农牧民收入的增加，西藏每增加1万元的旅游收入，就会给每个农牧民带来0.003944元的纯收入，贡献程度还有进一步提升的空间。② 所以，西藏旅游业的发展，需要在注重强区贡献的同时，也更加注重富民功能，并从减少旅游业经济漏损作为切入点。减少旅游业漏损的着力点是增加居民在旅游业中的就业，扶持当地居民开展旅游活动，例如支持农牧民大力发展家庭旅馆和乡村旅游。③

旅游业在产业链上涉及食住行游购娱等，能带动许多关联产业的发展，具有潜在的强区功能；同时旅游业具有劳动密集型特点，能吸纳较多技术要求不高的劳动力，具有潜在的富民功能。随着旅游业的发展，尤其是在旅游资源丰富，但经济相对欠发达的地区的实践表明，如果旅游业的发展方式不恰当，那么旅游业在强区的同时，富民作用不一定十分明显。因为富民的前提是当地居民的参与，尤其是就业参与和创业参与。如果这些条件不满足，那么旅游业的富民功能就会降低。这种现象被称为旅游业的经济"漏损"，这在欠发达地区较为普遍。④

对于这个问题，学术界主张PPP旅游，也就是当地民众参与其中的

---

① 柳应华、宗刚：《西藏旅游业的富民强区贡献及其区域差异》，《中国藏学》2012年第4期。

② 柳应华、宗刚、杨涛：《西藏旅游业发展对城乡居民收入的影响研究》，《中国藏学》2014年第1期。

③ 曹水群：《大力发展乡村旅游是西藏地区构建和谐社会的重要途径》，《西藏发展论坛》2012年第2期；柳应华、宗刚：《西藏旅游业的富民强区贡献及其区域差异》，《中国藏学》2012年第4期。

④ ［加］沃尔·马西森：《旅游：变化、影响与机遇》，高等教育出版社2007年版；柳应华、宗刚：《西藏旅游业的富民强区贡献及其区域差异》，《中国藏学》2012年第4期。

旅游业发展，至于参与的方式，根据青藏高原的实践，我们可以分为"在地参与"与"飞地参与"。"在地参与"是最为普遍的 PPP 旅游产业发展方式，即旅游资源所在地的本地民众的参与与分享。"飞地参与"是指距离旅游资源容易惠及的距离之外，通过政府的制度安排，使更多远离旅游资源的村庄和民众参与其中，如甘孜县的格萨尔王城等。

2015 年以来，旅游业带动餐饮、住宿等服务业，川藏、青藏、新藏公路沿线村镇的许多农牧民通过办家庭旅馆等方式参与旅游服务，脱贫致富。藏区旅游业发展，在生态旅游、文化旅游、神山圣湖等旅游中，将有能力的农户组织起来，建设起家庭旅馆、小餐馆等，参与其中，带动脱贫。①

农文旅一体化过程中，不同层级的政府有着不同的角色和功能，自治区（例如西藏）、自治州（例如甘孜州）是较为全面的设计者和资金供应者，它们进行区域内规划和设计。县级政府根据上级设计，结合县域状况，也进行规划、设计，并完成建设。以甘孜县为例，它根据《甘孜州深度贫困地区脱贫攻坚实施方案》，规划了格萨尔文化城、孔萨农庄的建设，自然这也依据了县域内的文化特质。甘孜州的格萨尔文化非常深厚。历史上，甘孜县是格萨尔长时期驻扎的地方。孔萨土司是康区重要土司之一，其家庭与甘孜寺的香根活佛世系关系非常密切。甘孜县在与格萨尔文化城（位于县城边）相隔 8—9 公里的拖坝乡建设了孔萨农庄。格萨尔文化城与孔萨农庄指涉不同的文化，又同样璀璨。前者是格萨尔文化，后者是土司官寨文化。

2008—2016 年，甘孜州农业生态旅游的发展趋势呈台阶式特征，2008—2011 年、2011—2013 年、2014—2016 年是三个台阶。2008—2011 年，发展速度缓慢提高，这个阶段农业生态旅游的发展明显落后于农业经济的发展，但之间的差距逐年缩短。随着政府对旅游业的高度重视和政策扶持，2011—2013 年，农业生态旅游迅猛发展，2012 年相比上一年提高了 45.09% 。从这一年开始，首次超过农业经济的发展水平，随后农业经济的发展一直落后于农业生态旅游。这说明甘孜藏族自治州农业经济的发展还不能满足农业生态旅游快速发展的需要。虽然在

---

① 胡洁：《关于西藏扎实推进精准脱贫的思考》，《中国藏学》2016 年第 3 期。

2014年，生态旅游的发展水平相比2013年略有降低，但随后的两年开始缓慢增长。2009—2011年，甘孜州经济发展缓慢，受此影响，农业生态旅游和农业经济的综合发展水平逐年降低，2012—2016年，综合发展水平变化趋势与生态旅游变化趋势一致。总体来看，除2011年和2014年略有降低外，综合发展水平整体呈上升趋势。总体上，2008—2016年甘孜藏族自治州农业生态旅游和农业经济之间的耦合程度经历了从严重失调到轻度失调再到濒临失调，协调度经历了从低度耦合到中度耦合的阶段，耦合度和协调度都表现出趋于良好发展的态势。[①]

第五节　农文旅一体化的个案：以强吉村为例

本章以西藏自治区琼结县强吉村为个案，描述农文旅一体化的多重意涵。作者作为调研者和游客，多次前往强吉村，了解村民生活生产，了解那里的很多人、那里的事、那里的文化。这不仅满足极简休闲的需求，更是精神的洗礼。

强吉村是西藏琼结县拉玉乡的一个行政村，坐落在雅砻河支流的山谷中，它是人们利用河谷资源从事农牧生产而形成的典型聚居村落。强吉村水气条件较好，植物生长茂盛，沟谷内有大片开阔平坦的耕地。强吉村有著名的强钦庄园，2008年夏天，笔者曾专程拜访。那时候，强钦庄园尚未整修，有些破败。精准扶贫以来，强吉村建成了扶贫产业园，包括绿色种植基地、农产品加工体验场、旅游产品展销大厅和"强钦庄园"景区等，乡村旅游发展迅速。

一　强吉村文化节，文化意涵丰富

2016年6月29日笔者参加第二届"琼结·强钦青稞酒文化节"。到达强吉村，车水马龙，人头攒动，非常热闹。原来，这不过是一个村庄主办的乡村旅游文化节。想不到，仅仅是村级旅游文化节，居然如此

[①] 曹兴华：《基于耦合模型的民族地区农业生态旅游与农业经济协调发展研究——以四川省甘孜藏族自治州为例》，《中国农业资源与区划》2018年第8期。

热闹。

上午 11 点，文艺表演开始。一个多小时，过得很快，因为节目真的很精彩！歌舞弹唱，小品相声，都很棒。尤其是本村村民表演的节目，激动人心，掌声不断，我至今记忆犹新。文艺表演后，整个文化节变成了藏族人民最喜欢的过林卡。人们在帐篷里、树荫下喝酒的喝酒、吃肉的吃肉，还有各种体育活动，如射箭、骑马等。我在这种热闹的气氛中，莫名地开心和激动。小小的村级旅游文化节包含着丰富的内涵。强钦青稞酒文化是当地丰厚的文化资源之一，强钦青稞酒文化节本身，具象的是酒文化，却不仅仅是酒文化，它还承载了当地的庄园文化、好人文化、藏汉团结文化以及丰厚的宗教文化。总之，这个青稞酒文化节不仅仅是让游客来喝喝酒，而是寓意着我们藏族人"人与自然、人与人、人与己"和谐相处的文化内核。

其一，"强钦青稞酒文化节"展现了青藏高原的酒文化。青稞是青藏高原的特产，青稞酒是青藏高原的特产。人们在节假日欢聚，饮青稞酒、跳锅庄，是我们藏民族长久的文化习惯。强钦青稞酒文化节的表面形态是酒文化，代表着热情、休闲、欢愉，也代表着老百姓感谢天地的赐予、神灵的护佑。

其二，"西藏庄园文化"的呈现。"强钦青稞酒文化节"的重要看点之一是极具魅力的强钦庄园。强钦庄园是西藏中小型庄园的典型代表之一，也是西藏历史上庄园政治历史文化样态的典型。从强钦庄园，我们可以看到西藏庄园的精巧，可以了解到西藏历史上庄园社会的结构。那天参观强钦庄园，讲解员详细讲述了强钦庄园的内部构成，使我们详细地领略了强钦庄园的复杂和精巧，无论是结构和布局，还是曾经的用料以及通风系统，都让人震撼。无论从哪个角度来看，强钦庄园都是极美的。经过修复后，强钦庄园成了最重要的旅游看点。

其三，民族团结文化。"强钦青稞酒文化节"通过青稞酒源头的追溯，展现了汉藏民族团结。人们普遍认为，文成公主教当地藏族妇女酿酒，这才有了青稞酒。琼结县拉玉乡有着"青稞酒故乡"的美誉，这缘于一个动人的故事。话说松赞干布时期，文成公主生活在琼结时，教会藏家妇女用青稞酿酒。文成公主和拉玉的妇女们一起酿出的青稞酒，口味最为醇厚甘甜。琼结青稞酒享誉藏区，于是，拉玉被称为"青稞酒

第六章 农文旅一体化：净土健康产业的新业态

之源"。

其四，"强钦的词源"展现着藏民族日常生活的宗教文化意涵。话说当年，印度高僧帕·当巴桑杰尊者曾经三度造访西藏，并在强吉停留。他在强吉村的时候，借宿在村民家中。村民们热情地款待这位远方而来的高僧，把自家酿的"罗强"（"罗"的意思是"一年的年份"，"强"意为青稞酒）敬献给他品尝。他边喝边连连称赞："强钦，强钦"（即好喝之意）。第二天，高僧帕·当巴桑杰来到村头娘那寺时，还想着昨晚的美酒，念念不忘。他对前来朝拜的村民不停说："昨晚，那个村民家里，强钦，强钦。"以此夸赞村民家的青稞酒。借助高僧的赞扬，后来强吉村人们所酿的美酒名声远扬。

其五，"好人文化"。每一届的"强钦青稞酒文化节"，强吉村人都通过多种形式感怀好人仁增。仁增英勇牺牲后，被追授为山南市优秀共产党员，并荣登中国好人榜。仁增的故事，笔者将在后文撰写。

其六，和谐生态文化，人与自然和谐相处。两次前往强吉村，从自然生态的角度来看，强吉村的村庄环境极为优美。两次看到的强吉村，实在是很美，菜花金黄，青稞葱绿，杨树荫荫。这样美好的自然环境，联结着仁增般的情怀，不得不说，这是无比美丽的藏家乡村。

通过琼结强吉村的第二届"琼结·强钦青稞酒文化节"，确实可以去发现很多文化内容，但是，我总是认为文化底蕴是需要去发掘、认知和宣传的。旅游最深刻的是分享文化，而分享需要挖掘出来，还要散播出去。在青藏高原，文化极为丰富，文化的价值或许无论怎样的估计，都会低估。因为越是民族的，就越是世界的。青藏高原文化深刻的本土特色，造就其世界价值。文化显现有多层次，既有深刻的内核，也有多彩的外显形式。对于青藏高原文化来说，别说深层次的内核，例如自然中心主义，即便是外显表征的多姿多彩，已经令人神往，且无价能计。

青藏高原独特的自然地理以及人们生存的社会环境，形塑了自身所具的非常独特而内涵丰富的文化。这一份文化在他者看来，是独特的，也极具魅力。歌舞是文化最直接最热烈，也是最具感染力的表征。第二届"琼结·强钦青稞酒文化节"文艺节目表演上，多次听到高原踢踏，那样强劲的节奏沉沉地撞击心脏，心中深以为爱尔兰《大河之舞》的踢踏，哪里赶得上青藏高原踢踏的强劲。在高海拔地区，那样的踢踏舞，它会让人窒息。

二 乡村旅游促进强吉村发展

在拉玉乡拜访时，乡长扎西跟我讲述了拉玉发展的重要内容之一是建设净土产业园区，这一产业园区以强吉村为中心，辐射堆巴村、白那村，以至全乡。净土产业园区投资有9000万元，其中江南矿业公司投资200万元，净土产业园区可能贷款4500万元，其他的由政府支持。该项目中，村民以土地、劳力、资金等方式入股分红。

净土产业园区分三期实施。第一期，白那村种植观光花卉，已经向57户租地782亩，租金是按山南市价格936元/亩/年，园区通水通电通路。第二期是沿途的堆巴村、强吉村、白那村整治村容村貌。结合达瓦卓玛故乡的风格，整治房前屋后、道路、河川。第三期是庄园、林卡、青稞酒基地建设。2015年自治区已经投资823万元，修缮强钦庄园，庄园的修缮还在继续。建设一个青稞酒生产—销售体验馆。琼结县要将强钦庄园风景区建设成为AAAA级风景区，以庄园为依托，开展青稞酒文化节，丰富乡村旅游。2020年全面开放和创收。

乡长娓娓道来强吉的发展，我问他："您对市场乐观吗？"他说："乐观。"我很直接地问："凭什么？为什么？"乡长慢慢跟我讲述了几点。他说，总体上来说，种庄稼一亩地赚不了400元，新的产业才能带动增收。发展新产业，老乡们会受益良多。第一，老乡可以收到租金；第二，搞了企业，可增加就业岗位1000—1500人，也就增加了收入；第三，老乡吃上旅游饭，实施家庭旅游接待，强吉村已有3家民宿；第四，村容村貌变化。乡长扎西还跟我讲了强吉村已经取得收益的几个项目。

1. 青稞酒产业基地

青稞酒产业基地，投资1900万元，带动建档立卡户26户46人。目前，村里阿佳嘎多的青稞酒生产合作社每年都有好几万元的收入。7月4日，我们专门拜访了阿佳嘎多的青稞酒生产作坊，再次品尝了她家的青稞酒。阿佳嘎多的青稞酒生产作坊简直可以称为一个微型青稞酒生产博物馆，陈列了青稞酒生产材料和工具。陈列室里放有盛满青稞的柳条编制大筐；发酵保温的地方；三角的锅庄和石锅；有很多装青稞酒的壶，金色或黑色，很华丽。阿佳嘎多家院子里的苹果树结了很多果子。最令我记忆深刻的是紫色青稞，这可是青稞的稀有品种。紫色青稞的色泽很美，据说用它酿制的青稞酒很美味。

阿佳嘎多的丈夫酿制青稞酒的手艺很好，酿出的青稞酒非常美味，以前只用于自己消费。但从去年第一届青稞酒强钦青稞酒文化节后，名声鹊起，开始销售，一年已经挣得5万—6万元。阿佳嘎多为之注册了商标。阿佳嘎多是位能人，还是强吉村的村支书。

2. 强吉村民宿

一直较为遗憾的是，琼结县离泽当（山南地区首府所在地）太近，游客在琼结游览之后，一般到泽当住宿和消费，所以，在琼结县，乡村旅游带动村民增收的机会有限。总觉得乡村旅游，游客住在村里，更能较为深刻地体验乡村生活。

去年，第一届强钦青稞酒文化节后，就有人来强吉村游玩，于是拉玉乡政府及驻村工作组合作在强吉村创办了三家民宿，以接待游客。

我们参观了强吉村的一家民宿，房屋整洁干净。价格也非常低廉，住一晚60元，如果还要吃早餐的话，就是80元。这个价格确实很便宜。

旺姆告诉我，6月29日的青稞酒文化节来了很多媒体成员，就有4位成员居住在这一家里。此外，5月时，还有一个自驾车队在村里旅游，也住在民宿里。旺姆说，民宿建设还有待进一步规范，但这已经是一个很好的开始。我对旺姆说，如果想进一步留住游客，一是民宿的卫浴条件要进一步改善，还有就是可以像农家乐一样，提供中午饭和晚饭。

三 可爱可敬的强吉村人

在强吉，遇到阿佳嘎多，我很喜欢她，她能干而且热心。她是西藏数量极少的女村支书之一。在强吉，我还喜欢上了一位姑娘，叫旺姆，她是一位热情、真诚的姑娘。她是琼结县住建局的工作人员，目前是强吉村驻村工作组成员。同行的人告诉我，因驻村工作成绩突出，一年的驻村工作结束时，强吉村村民不愿意让他们走，于是集体向县委请求让他们留下来，县里批准了村民的这一请求，让这个驻村工作组再干一年。也就是说,原本旺姆他们驻村工作组去年底就可以离开强吉村,但现在要干到今年年底或许才能离开。我在想,村里又会不会采取集体行动留住他们呢?旺姆向我介绍了筹建中的青稞酒生产基地,已选址成功,等待下一步的建设。旺姆说,等生产基地建设好之后,会把阿佳嘎多家的生产作坊搬进去。旺姆带我参观了工作组为村民修建起来的7个温室大棚,棚里种植着各种蔬菜。种植蔬菜应该是一个很好的项目,十年前,泽当的几个居委会就在这样做。现在,我们西藏的蔬菜价格依然比较高,相信琼结发展万亩蔬菜种植,应该会有很好的前景。

其实,藏族同胞都很淳朴,这也是我愿意常常在青藏高原进行田野调查的原因。在强吉村,我最崇敬的是好人仁增,虽然他已驾鹤而去。我去仁增家拜访,村民们告诉我驻村工作队和他们一起帮仁增家修起了二层楼的房子,还迁建了容易遭洪灾的一户村民的房子。迁建容易遭灾村民的房子,这是仁增生前未实现的心愿。仁增一直想着把她家迁到安全地带,并在生前办好了相关手续。

(一)所见所闻,真切

2016年6月29日,我参加第二届"琼结·强钦青稞酒文化节"。程书记为我讲解节目单,其中说到一个情景舞剧时,程书记说:"仁增的节目,会让在场的老乡们流眼泪的哦。话又说回来,且不说是他们本村的老乡了,就是我这样的外来者,想起仁增的所作所为,都会鼻子酸酸的。我们西藏的老乡啊,真的很淳朴。仁增手上只要有点钱,老乡来借,他二话不说,只管借出,也不会写个借条啥的。仁增牺牲后,乡亲们都主动来还钱,竟然还了十多万元。其实,仁增家人也没去追讨这个钱。所以,好多村民在仁增牺牲后,主动为他点灯。"程书记还向我描述了仁增救人时的寒冷,他说:"12月18日的西藏,相当冷啊。仁增被水流卷走后,潜水下去找仁增的人,他们身上的潜水管都冻得凝结住了。"

2016年7月4日,去拉玉乡拜访几个农民经济合作社,自然,我去了强吉村,拜访仁增家及其藏式家具合作社。

我们去拜访仁增的藏式家具合作社,因为是农忙季节,合作社门扉紧闭。我们转过小路,来到仁增家门口,门没锁,我们推门而入。进得院子,从小房子里走出来一位瘦弱的老人。老人告诉我们,他是仁增家的亲戚，仁增的母亲和妻子去青稞地里拔草了，他在家里看门。看着仁增家那些低矮的平房，心中顿生凄然。旺姆看我模样，告诉我，去年，他们向县里有关部门申请到了 7.5 万元，村民们自发出力，帮助仁增家建起了两层的楼房。我爬上二楼，房间里空空如也，既无装修，更无一点点家具。与仁增家相互连接着的是藏式家具合作社，我们看见，合作社的机器设备依在，可是没有了成品家具。仁增去世后，村民们想着继续把合作社办下去，他们是巴珠、次仁多布杰、洛桑丹增、洛桑、多吉、次仁群培、达瓦扎西。

在仁增家，深深的忧伤钳制着我。仁增去世后，家里剩下了 5 个女人，她们是年迈的母亲、妻子和三个女儿，大女儿在北京的西藏中学读初中，二女儿在琼结县城上小学，最小的女儿还在上幼儿园。仁增家失去了亲人，也失去了主劳动力。孩子们还要上学，路还很长，花费还会很多，5 个女人的生活是个问题。写到这里，头脑中回忆着那天见到仁增家的情形，眼睛里的那股酸涩，一言难尽。仁增是怎样的一位好人呢？①

仁增，男，藏族，1979 年出生，琼结县拉玉乡强吉村人，1998 年入党，2000 年担任强吉村会计，2008 年至 2015 年担任强吉村党支部副书记、三组组长、村主任，琼结县第十二届人大代表。他先后获得拉玉乡"优秀共产党员"、拉玉乡发展特色产业先进个人、琼结县"优秀青年"等荣誉称号，2016 年被中共琼结县委和山南市委分别追授为"优秀共产党员"，并荣登中国好人榜。

2015 年 12 月 18 日晚 7 点左右，仁增为了抢救村民曲吉，跳入冰冷刺骨的雅鲁藏布江，不幸被卷入漩涡牺牲。

(二) 村庄是他最深的牵挂

强吉村下辖 3 个村小组，现有 186 户 764 人，其中三组 51 户 208 人。三组是强吉村最贫困的。如何让乡亲们过得好一点，这是仁增最牵挂的。夏季，地处山凹的三组饱受洪涝灾害，每年都有农田、道路被毁，乡亲们总有生命财产危险。2012 年，仁增向县人代会提交议案，

---

① 下面关于仁增的文字，由华中师范大学农研院的石健博士撰写。他当时在强吉村调研，亲自向乡亲们访谈了仁增的故事。在此深表感谢。

争取资金近100万元，修建了3条长3000多米的水渠（曲巴嘎、那日沟、娘那水渠）。为了保证水渠不被冻裂开，他在干渠中加铁皮来防渗漏和防冻。2013年，他千方百计争取到资金40万元，修建防洪堤1500多米。修建过程中，他是最为严格的监督者，天天在现场巡查。防洪堤修好了，乡亲们睡觉也踏实了。

强吉村三组的乡亲们主要依靠田地收入，可是人均耕地只有1.5亩，而且产量有限。2013年3月15日，仁增被告知可以到日喀则领取青稞新品种"喜马拉雅22"种子时，他高兴不已，立即开上自家的皮卡，奔向日喀则拉回种子。在驻村工作队帮助下，仁增还组织群众新修了2座水塘，解决了农田灌溉问题。当年，全村庄稼丰收，每亩产量比以前增加了200多斤。为方便群众磨面，仁增向村委会提议，从集体收入中拿出6万元为3个组各建起了1座磨面坊。

三组高山草场面积大，却只有200多只羊。仁增积极争取资金20万元，从措美县买回200多只羊，每家分发3—5只。后又争取到暖圈项目，建起了6个羊圈。集中放牧辛苦没人愿意干，他又动员自己的姐夫放羊。为解决羊的饲草问题，他组织村民，开着自家的拖拉机，义务投劳开发50亩荒地来种苜蓿草。如今全组的羊已经有了826只，平均每只羊每年能给村民带来500元左右的收入。

仁增是拉玉乡的致富能手，他总想发挥自己的一技之长，带领大家发家致富。2013年6月，他成立了"仁增藏式家具农民专业合作社"，合作社有9名固定员工，其中6人是贫困户。他将合作社年利润的20%拿出来作为村集体收入，有人劝他说，合作社才起步，拿出20%太多了。但他总说，村里现在还很穷，能多支持点就多支持点。

（三）扶弱济困，他是乡亲们的顶梁柱、定盘星

2006年，强吉村开始实施"安居工程"建设。仁增发挥自己的木工特长，没日没夜为45户村民修建新房，但他从没收过一分钱。

贫困户格桑曲珍的丈夫索朗巴珠不慎掉入沼气池颈椎受了伤，仁增得知后，开上自己的车将其送往医院，因为索朗巴珠家人不懂汉语，他又在医院陪护了20天，并为其垫付3万元医药费。索朗巴珠出院后，无法干重活，他又将其安排在合作社做一些简单的木工活。后来索朗巴珠去世，仁增又帮助料理后事。考虑到格桑曲珍家没有了

经济来源，仁增又将其女婿达瓦扎西安排在合作社里工作。格桑曲珍的孙女小曲珍耳朵失聪，仁增先后四次带她到拉萨检查，并借给治疗费1万元。

拉吉卓嘎的家夏天经常受到雄曲河洪水的威胁。仁增主动找到拉吉卓嘎，表示要帮她家重新选址盖新房。拉吉卓嘎却担忧自己家穷没钱，并且自己的手曾经受过伤，根本不能干重活，丈夫又有残疾。仁增告诉拉吉卓嘎："你什么都不用担心，房梁、水泥由我出钱购买，木工活由合作社来做，雇工的钱也由我来出，保证今年过年让你家搬进新房。"仁增跑县国土局批下拉吉卓嘎家的宅基地，并亲自设计户型，在牺牲当天的上午，他还在为她家建新房地基的事忙前忙后。

20岁的群培家境贫寒，群培的父亲去世，是仁增掏钱帮忙料理后事。看群培在外面打零工，无一技之长，仁增又让他在合作社做学徒，学习木工。2014年9月，县里分下来一个学习装载机技术的名额，仁增考虑到群培的家境不好，便安排他去学习，并做通了其他想要去的村民的思想工作。

仁增十分慷慨大方，村民们向他借钱，从不打借条，他也从不催促别人还钱。村民岗珠还记得，有一次他主动还4000元钱给仁增，仁增却说："你们家现在比较困难，先不急着还钱，等以后钱多一点再还也没关系。"

全组五保户的田间地头都能看见仁增的身影。13户五保户和没劳动能力村民的春播秋收，都是仁增出钱出力帮助完成，甚至出钱购买种子。77岁的旺久老人是村里的五保户，30多岁的儿子在放羊时被雷击中去世，后事也全由仁增操办。

在仁增的眼里，全村的事都是他的事。平时，村里要到县、乡领化肥、种子等农用物资时，仁增就开车亲自去领，但他从未领过误工补贴。在强吉村，哪家有困难，哪家就有仁增的身影。他家的拖拉机、皮卡车、摩托车等私有财产也早就成了公共物资，只要乡亲们需要，随时都可以当自己的东西用，"有事找仁增"已成为村民们的"口头禅"。强吉村一组的会计索朗格桑一直记得仁增说过的一句话："因为头上顶着村官的头衔，所以一切都要为村民们服务。"

（四）牺牲，在危急关头

2015年12月18日，是仁增家人和强吉村民悲痛欲绝的日子。

这一天，强吉村民曲吉因父母反对婚事、与恋爱对象多次发生矛盾，遂产生轻生的念头。跳江前，曲吉打电话给亲人，简单几句致歉后，就挂了电话。急得六神无主的曲吉父亲找到仁增，请他帮忙寻找女儿。了解情况后，仁增告诉曲吉父亲不要着急，他先去江边开导曲吉。拨通曲吉的电话，几句简单交谈后，仁增开车急忙朝雅鲁藏布江边赶去。到了江边，看到站在泽当大桥下面的曲吉，仁增急忙呼唤，让其冷静。可是，曲吉哪里还听得进去。未等仁增近身，曲吉已经扔下遗书和手机跳入江中。不假思索，仁增也跳入江中施救。在抓住曲吉的手后，两人不幸被卷入漩涡。在生命最后一刻，仁增用力将曲吉推出水面。随后赶来的曲吉弟弟用绳子救起了曲吉，但仁增却不见了踪影。

（五）天地之间有杆秤，秤砣就是老百姓

仁增救人失踪后，强吉村80多个村民自发沿江搜救，村里一片悲伤，家家户户点起酥油灯、煨起桑烟为他祈福。

群培非常伤心："阿舅（琼结方言，'哥哥'的意思）仁增走了，再也看不到我开装载机为村里清理河道了。他不仅是我的师傅，也是我的好哥哥。"强吉村民旺久、德吉、拉吉卓嘎等人痛哭流涕，他们说："三组的房梁塌了，这么好的人说走就走了，是我们没有福气啊！"嘎玛平措、岗珠等20多个村民纷纷来到仁增家里，把欠的钱还给仁增的妻子洛桑群宗，望着不知情、面带疑惑的洛桑群宗，嘎玛平措等人说："生前阿舅仁增对我们这么好，我们不能昧着良心瞒下这些钱。"拉玉乡退休干部布宣回忆起仁增生前的点滴时禁不住落泪："仁增当村会计时，把村里的账目搞得一清二楚，财务公开透明。2015年在修强吉村到日玛岗村的公路工程中，施工方知道仁增威望高，就悄悄来到他家送上厚礼，希望他做群众工作，将日工资降到100元以内。仁增将礼物丢到门外，并据理力争，最终将村民的日工资定为125元。"拉玉乡原乡长韩相子仍然记得仁增抗洪抢险一幕，感慨仁增是多好的村干部啊！那是"2014年6月29日晚7点，强吉村娘那沟突发山洪，村里的公路被洪水淹没，过路的村民面临危险。仁增当时正和驻村工作队商量工作，

得知消息后,他立即赶到现场,马上开展救援。此时水流十分湍急,夹杂着树枝、石块,更让人难以站稳。仁增一马当先,背着被困村民小心翼翼地淌过娘那沟,直到晚上9点左右才将最后一名村民撤离到安全地带,此时的他已被冻得脸色苍白,嘴唇发青。"

结 论

青藏高原有其深刻的特殊性，其产业演变展现了适应性的多重内容。产业发展的适应性是青藏高原经济社会发展的内在逻辑，也指引着未来的振兴。

一　产业发展是自然地理、社会文化、市场相互作用的演进过程

（一）形塑产业发展的因素：由"二维"到"四维"

产业发展过程是地理适应性、社会适应性、市场适应性相互作用下的演进过程。一定区域的产业发展是该区域自然环境、社会文化环境和市场环境相互耦合的结果。产业发展既是产业与自然环境、社会文化环境、市场环境的共生，也是多种产业的共生。历史上的产业形态根植于复合生态系统，目前的新产业能否成功发展，取决于其根植程度。在历史演进的过程中，形塑产业发展的因素由两个维度（地理环境、社会文化）增长为四个维度（地理环境、社会文化、市场环境、政府引领）。自然经济条件下，产业形态主要指涉人与自然的交换，农牧业生产中浸透着长时期的自然环境适应和社会文化适应；在市场经济环境下，影响产业发展的因素主要有地理环境、社会文化与市场环境；中国实施精准扶贫以来，在深度贫困地区，政府引领产业发展，政府引领成为产业发展至关重要的因素，政府引领的方向是牵引产业走向"三高区间"。产业演变并不总是匀速前进，青藏高原"农牧互补"产业形态存续千年，缓慢演进。精准扶贫以来，青藏高原发展净土健康产业是产业发展的急剧变化。

（二）由"农牧互补"到"净土健康产业"

农牧互补的产业结构是自然经济状态下，青藏高原农牧民的生存性智慧。由农牧互补到净土健康产业的发展，经历了漫长的渐变。在产业扶贫的契机下，产业变化是剧烈的。净土健康产业代表着产业未来的发展方向，显现了发展性智慧，其中的政府引领是最为突出的。

历史上，青藏高原农牧互补的产业形态有两个层面。一是亦农亦牧区的家户为了保障生存，既种植，也养殖（还有少量采集和手工业），种植和养殖相互补充。二是亦农亦牧区与纯牧区的产品交换。青藏高原的牧户必须到亦农亦牧区换取粮食，亦农亦牧区的农户也需要换取畜产品，方能生存下来。青藏高原农牧户的"交换圈"远远大于施坚雅所认知的川西平原"基层社区市场"，可称为广义的农牧互补。农牧互补的产业形态根植于青藏高原特殊的生态环境，农牧民积累起默会知识，并形成自然中心主义的意识形态。广义的农牧互补拓展了生存空间。农牧互补建构起群体性互惠的社会基础：狭义的农牧互补，形塑起群体内部的肯定性互惠，在牧区甚至强化为"部落的道德"；广义的农牧互补是"不完全满足"下的群体间互惠。这些是青藏高原农牧民在严酷的自然环境下，最大限度地适应地理环境而建构起社会文化的适应性智慧。

青藏高原特殊的地理环境下，资源开发导向型的传统现代化道路以及"模仿与照搬内地汉族地区发展模式"都不可取。改革开放后，"隐性农业革命"在青藏高原渐次展开，高值农产品的比例在种植业中越来越高。产业扶贫以来，青藏高原净土健康产业发展迅速，逐渐建构起"以绿色发展为底色，以市场为导向，一二三产业融合发展，农文旅一体化"的产业结构形态（本书将这一产业结构形态称为净土健康产业）。其产业发展的进路是"点—极—面"（即示范点—微型增长极—区域）。净土健康产业发展有着很强的地理适应性，无论是种养殖产业，还是农文旅相结合产业，都贴合区域地理特征；净土健康产业以市场为导向，满足市场需求。青藏高原净土健康产业发展，展演着该产业发展的追求是将特色产业转化为优势产业。净土健康产业的发展中，政府有效引领是明显的发展性智慧。

二 政府引领下，产业发展走向"三高区间"的适应与变革

（一）适应与变革：适应性的两个侧面

适应性包含着顺应与变革。自然环境适应性中，顺应是指按照青藏高原自然环境自身条件来发展产业，绿色是发展底色，是顺应的核心表达；变革是指强化绿色经济，在自然环境允许的前提下，适当改善微观环境（如设施农业的推广），发展相关产业。社会文化（生计适应）性的基本含义是青藏高原地区的文化所能容纳，农牧民有从业偏好且掌握（或愿意努力学习）技能的产业，其中的顺应意涵着文化容纳且农牧民乐意为之（如养殖牦牛、种青稞），变革是指发展新产业（新产品种植，乡村旅游等），需要农牧民学习新的劳动技能以及增强集体经济等。市场适应性主要是指顺应市场需求来发展产业，并不断拓展市场（开发新产品，建构新业态等）。

不同的产业区间，顺应与变革的策略有所差异。产业发展的理想类型是"三高区间"（如图1—7所示），即所发展的产业地理环境非常适宜，民众有从业偏好且掌握（或愿意努力学习）技术的，产品很有市场前景。目前，已有的"三高区间"产业，包括农牧业生产（如牦牛养殖、青稞种植）、食材、药材采集业、自然资源加工（饮用水生产）、乡村旅游等。顺应是指政府引领下，龙头企业、合作社、农牧民不断扩展生产，变革是指不断延伸产业链，建设品牌，提升产业附加值。"改造环境区间"的产业是指地理适应性相对较差，但因为很有市场，农牧民已经掌握或愿意努力学习种养殖或加工技术、经营技能的产业，例如乡村旅游中的民宿、新品种种植（如蔬菜、林果等），政府引领的方向主要是在环境保护允许的范围内，适度改变生产环境（如改善民宿服务、发展设施农业等）。"开拓市场区间"的产业，市场适应性差（即市场有限），但地理适宜性和生计适应性都很高。例如特色农牧业产品加工业（如青稞加工产品）、当地资源的加工产品（如饮用水）等，政府引领的方向是开拓市场。

（二）净土健康产业发展适应性的实践

近年来，青藏高原净土健康产业的发展，在自然环境、社会文化（生计）、市场等方面都既顺应也变革。我们将长期调研观察到的政府

引领所带来的地理—社会—市场适应与变革的简要情况罗列为表7—1。

表7—1　　　　净土健康产业发展中地理环境、
　　　　　　社会文化、市场环境的适应与变革

	顺应	变革	引领
地理环境	以绿色为底色的产业发展	概况：绿色产业的开拓与发展	适应地理环境，并有所改造
		1. 绿色农业（全域有机）及其加工业	引领种植、养殖品种的转换，规制生产、加工
		2. 增加林果业并拓展为旅游业	绿色制造、绿色拓展、绿色覆盖
		3. 资源绿色运用	水资源加工业（如饮用水）、太阳能产业
社会适应	尊重已有的生产生活习惯	生计方式的多样化	1. 尊重农牧民的生计惯习，如传统种养殖 2. 培训新的劳动技能，形成新观念
		集体地发展产业	新增添集体经济
市场适应		1. 增量市场需求的绿色种植、养殖产业 2. 围绕市场的农产品加工业 3. 农文旅一体化：旅游进入乡村，展现农牧民"生活生产实践"的真实，超越表演式的"景观旅游"	

净土健康产业发展是顺应和变革的综合体。第一，顺应了该地区的自然地理环境，发展以"绿色为底色的产业"，同时不断拓展绿色产业，并改善微观环境。发展绿色农牧业、加工业，引领种植、养殖品种的转换，规制生产和加工；增加林果业并拓展为旅游业，政府按绿色的要求规制其生产和加工；有限度地开发绿色资源。第二，尊重农牧民长期的生产生活惯习，同时促进其生计方式多样化和改善组织方式。政府引领农牧民优化传统的种植和养殖业，培训农牧民，使其获得新技能，形成新观念；充分利用集体的方式发展新产业（这并不排斥引入市场组织发展产业）。第三，顺应市场发展净土健康产业。增量市场需求的绿色种植、养殖产业；围绕市场的农产品加工业；农文旅一体化使旅游进

入乡村，展现农牧民"生活生产实践"的真实，超越表演式的"景观旅游"。

（三）净土健康产业"在适应中变革"

净土健康产业"在适应中的变革"集中体现在"绿色为底色"的发展，更进一步建构产业发展"集体性"的社会基础，农文旅一体化地适应市场。

目前青藏高原的净土健康产业的发展方向，无论是有机种植业和加工业，还是无污染的旅游业等，都将绿色发展置于首位。绿色发展中，政府角色多样化。在净土健康产业的具体发展过程中，青藏高原实现了绿色的内涵式拓展和外延式拓展。外延式拓展主要是通过植树造林等，将荒地变绿地，例如琼结县的雅砻河滩变成经济观光林带、曲水县万亩苗木繁育基地及其所带动的绿色种植延伸至村庄和农户。内涵式绿色拓展有两种方式，一是绿色拓展，即依托已有的绿色资源发展相关产业，包括扩展现有林地、湿地等，并将之发展为旅游扶贫基地；二是绿色覆盖，即实行全域有机生产和加工，将绿色的水资源、光资源加工成绿色产品，如饮用水和光伏电站等。绿色发展是青藏高原在产业发展中，原有地理适应性不断强化，凸显出产业发展的"发展性智慧"。

集体经济是净土健康产业发展的社会基础之一。集体经济成为净土健康产业发展的重要组织方式，这体现了青藏高原产业发展在社会适应性方面的特殊性，即青藏高原的乡村，较之内地省市，具有更强的"集体性"，而这种集体性经历了千百年的长期沉淀。曾经的合作化契合了"集体的责任"的社会底蕴；草场承包后的联户经营，是农牧民的智慧，政府给予支持；牧区，至今仍有人民公社在延续，集体经济活力依然；脱贫攻坚中，村庄集体经济得到发展。净土健康产业发展过程中，各地依托产业扶贫资金等，不断地新增添集体经济。新增添的集体经济是主要由政府投入、村集体所有、村民参与而形成的更加强调益贫性的集体经济。新增添的集体经济是产业发展的重要组织方式，它专注于发展产业，强调市场导向；它将"小农户对接大市场"转变为"农户组织化对接大市场"；它旨在"再造和重塑共同体"。新增添的集体经济有两种类型：政社耦合型在地集体经济、政商社耦合型的飞地集体经济。政社耦合型在地集体经济所发展的产业是既有市场，又符合村庄禀赋的产业；投资者是政府和村民；运营者可以是村集体，也可以是市场组织；管理者是基层政府加村集体；直接受益者是全体村民和村集体，收益最多的是建档立卡户。新增添的政商社耦合型飞地集体经济建构起超越本村、本乡的更大范围的集体，促生区域内"共有—共享"的治理格局。透过新增添的集体经济，可见政府引领产业发展的多层意涵：最直接是产业发展方向引领，传统优势产业与新兴产业齐飞；潜藏其后的逻辑是联结着益贫性的集体化和进一步组织化，拓展了公共性。

农文旅一体化建构起青藏高原上新业态，是"三高"产业，具有很高地理环境适应性、社会文化适应性，也有很广阔的市场空间。曾经，青藏高原的文旅产业、农牧业及其加工业相对分离。净土健康产业的发展，将文旅产业延伸至三农，逐渐建构起农文旅一体化。青藏高原农文旅一体化有着极强的地理适应性，它是独一无二的，不可复制。农文旅一体化有着厚重的文化意涵，还原旅游的本真，变符号式消费下的"拥挤的时尚""麦当劳化"为"真实的体验"（极简休闲旅游），实现"宽松的内在体验"，也能真实展现青藏高原地区文化的独特性，更能激活民族文化的生命力。农文旅一体化有着巨大的市场空间，能富区强民；不同旅游方式应对不同市场，实现"全链条增值"，让沉睡的资源活起来。

（四）适应性的变奏：主动—被动、快—慢

产业发展是生态适应性、社会适应性、市场适应性共同作用的过程。在净土健康产业的发展中，生态适应和市场适应的有机结合是最为重要的，也是最为困难的。

对于青藏高原来说，生态适应是第一位的。青藏高原历史上农牧互补的产业形态，建构在极为恶劣的自然环境的基础上，这可以说是缓慢的被动适应。而如今，青藏高原发展净土健康产业有着深厚的认知基础，既因为清晰认识到青藏高原作为"亚洲水塔"的重要性，更因为我国已经践行着"绿水青山就是金山银山"的生态文明。这可以说是快速的主动适应。传统的农牧互补有着内在的市场适应，但尚未成为市场经济，或许我们可以认为，这也是被动的缓慢适应。净土健康产业的发展，主动的市场适应是必需的，这是主动的快速适应。净土健康产业发展，需要打破经济发展破坏环境的"魔咒"，实现生态保护与产业发展的有机结合。应该说,"以生态保护为底色、以市场为导向、农文旅一体化"的产业发展,既要环保,还要有市场。

由农牧互补的产业形态到净土健康产业,适应中的主动、被动和速度的快、慢,可描绘如表7—2。

表7—2　　　　　　　　产业发展适应性中的变奏

	农牧互补	净土健康产业
生态适应	被动适应中缓慢调整	主动适应,速度很快
市场适应	极少关注市场	主动性增强,速度加快

1. 生态适应由被动到主动,由缓慢适应到快速适应

青藏高原地区传统农牧互补的产业结构延续了几千年,主要是基于长期生产实践,相对被动地适应自然环境及其变迁。自然适应的过程很长,适应速度非常缓慢。无论是新品种青稞的种植,还是小麦走上藏族普通民众的餐桌,并成为普遍接受和喜欢的食品,都经历了相对漫长的几十年。[①] 在产业扶贫的契机下,净土健康产业的发展,青藏高原的企业、农牧民合作社、农牧民家庭与当地政府一起,主动地适应自然环境并适当改造微观环境,发展绿色产业。产业扶贫这几年来,适应生态保护的新型种养殖业、乡村旅游业等蓬勃发展起来。区域内的有机生产以及药材种植、经果林经营等,农牧民接受并适应的速度较快,也就是几年的时间。这样的快速,应该说主要得益于青藏高原热衷于生态保护的

---

① 强舸的实证研究认为,为了增加产量,满足西藏的粮食需求,青稞、小麦等新品种推广,是政府与农牧民不断互动几十年的过程。以小麦为例:第一阶段,政府推广,遭遇农牧民抵制,政府努力消解;第二阶段,政府屈服;第三阶段,农牧民自己回归到政府最初的要求。以青稞新品种的推广为例:第一阶段,政府推广产量高的矮秆,农牧民不种;第二阶段,政府研发出的高秆青稞,粮食产量低于矮秆,但是秸秆产量高,农牧民普遍种植。大致看来,农业技术变迁都经历了"政府推广—农牧民抵制—政府妥协—再研究—农牧民接受、技术普及"的过程。参见强舸《小麦怎样走上了藏族的餐桌——西藏的现代化与藏族饮食文化变迁》,《开放时代》2015年第3期;强舸:《发展嵌入传统:藏族农民的生计传统与西藏的农业技术变迁》,《开放时代》2017年第2期。

文化惯习。

2. 由无须适应市场到主动适应市场

长期的农牧互补结构下，青藏高原农牧民极少关注市场，也较少为市场而生产。

目前在净土健康产业的发展中，农牧民市场适应的主动性增强，但速度相对缓慢。农牧民是否积极主动适应市场，分两种情况。第一种情况是满足生活自足的部分（主要是保障吃的部分），基本不考虑市场，例如依然种植青稞、土豆，农区的很多家庭养殖牛羊（家庭用奶），保障自己生活。第二是为"获取货币"去适应市场。如为了外出打工学习新的技能，种植政府推广的销路较好的产品（如有机土豆、青稞，其他经济作物，如玛咖、雪菊等）。

农牧民能相对积极地适应市场，应该说这是经历了改革开放40多年社会生活变化的长期浸润。在产业发展中，即便自己没有去做（自己去种植或自己去经营旅游客栈），但是通过电视等常常看到有人在做，甚至有所收益，农牧民的视野已经大大扩展，自然，这得益于目前的通信条件下，信息传递速度很快、传递面较广。本书中才纳示范区培养出农业工人是典型的例证，才纳村由没有老板到"老板有点多"也是突出的表征。当然，不可避免的是，我们在调研中，也经常听到当地人认为农牧民适应市场有点慢。

三 净土健康产业发展是深刻的"产业革命"和"劳动革命"

"以生态保护为底色、以市场为导向、一二三产业融合发展，农文旅一体化"的产业发展，是青藏高原深刻的经济变革，也是农牧民的劳动革命。

净土健康产业发展使得青藏高原发生了有史以来规模最大、最深刻的经济变革，涉及经济形态、产业类型、农牧民劳动素质以及组织方式等多个方面。净土健康产业是一场"产业革命"，源于青藏高原的产业基础极为薄弱，更深程度的政府引领是产业发展的唯一道路，况且在政府引领下，花大力去改变原有的产业结构，也改变农牧民。政府、企业、合作社、农牧民等都在产业发展中，不断改变自身。据我们的观察，这几年产业扶贫带来的经济变化以及农牧民的变化，可列如表7—3。

表7—3　净土健康产业带来的产业革命与劳动革命

	产业扶贫前	产业扶贫
经济形态	相对典型的自给自足经济	市场经济：市场导向、效率导向、竞争力、货币化
经济类型	农牧互补的区域经济	多产业的市场经济
交换市场	地方市场	无边界市场—全球化
产业结构	农牧互补渐变为农牧互补＋旅游业	第一产业、第二产业、第三产业相结合
农牧户的追求	温饱	脱贫—小康
生产的直接目的	满足家庭生活所需	满足市场所需，换取市场收益
农牧民劳动知识、技能与观念	传统农牧业生产的劳动技能、习惯、观念	新的种养殖业以及加工业、服务业的劳动技能、习惯、观念和市场意识等
农牧民组织方式	家庭联产承包责任制后的相对家庭化（个体化）	发展集体经济，更强调共有共享，避免扶贫资金的精英俘获等

由表7—3，我们可概括出产业发展导致青藏高原经济形态发生剧变，即由相对典型的农牧经济转变为一二三产业融合的市场经济，农牧民也不得不被卷入"劳动革命"。

经济形态的剧变主要是由相对典型的农牧经济转变为市场经济，具体是由农牧互补的地方经济转变为多产业共同发展的无边界市场—全球化。农牧互补的区域经济是指青藏高原地区原有的经济结构是农牧互补，主要是农牧民基本生活需求的满足，较少市场交换，而且主要是在青藏高原内部。近十多年来，青藏高原地区旅游业不断发展，在区域的层面形成农牧互补加旅游业的状态，但旅游业主要依托于自然风光和历史遗迹，与农牧业生产相脱离，农牧民获益有限。产业扶贫主张农文旅一体化，形成多产业的市场经济，产业结构是第一产业、第二产业、第三产业共同发展，市场交换拓展到国内其他地区，甚至国外。

从农牧民的角度来看，这是由主要满足自身温饱所需的相对自给自足经济转变为实现脱贫致富所需的市场经济。如果说在此之前，农牧民主要是为满足家庭基本温饱需求而生产，那么现在除了满足家庭基本所需之外，需要为满足市场需求而生产，并由此促使自己脱贫和奔小康。

经济形态的变化，迫使农牧民不得不卷入"劳动革命"，涉及劳动的知识、技能和观念等，因为产业扶贫发展的产业基本是尽可能适应市场需求的，农牧产业的深加工和销售都不是农牧民原来所擅长的。即使是种植业，扶贫产业一般拓展了种植品种，使用新设施，种植方式与传统迥异。农牧民习惯于大田种植青稞、小麦、土豆、油菜等传统作物，而产业扶贫种植的，基本是青藏高原以前没有或少有的作物，例如蔬菜、水果、花卉、药材等，有的采用温室大棚种植或者林下套种。新的种养殖业，迫使农牧民重新学习，不断转变观念。农牧民由传统的种养殖者逐渐转变为农业工人、企业工人，或者旅游业从业者。

参考文献

著作

习近平：《在深度贫困地区脱贫攻坚座谈会上的讲话》（2017年6月23日）（新华社北京2017年8月31日电）。

（清）李心衡纂修、张孝忠等校：《金川琐记》，四川省阿坝州史志学会印1998年版。

陈崇凯：《西藏地方经济史（古近代）》，甘肃人民出版社2008年版。

陈锡康等：《农业与发展——21世纪中国粮食与农业发展战略研究》，辽宁人民出版社1997年版。

程志强：《农业产业化发展与农地流转制度创新的研究》，商务印书馆2012年版。

多杰才旦、江村罗布：《西藏经济简史》，中国藏学出版社1995年版。

范长江：《中国西北角》，天津大公报馆1936年版。

房新民：《西藏》，新知识出版社1954年版。

费孝通：《从实求知录》，北京大学出版社1998年版。

费孝通：《费孝通九十新语》，重庆出版社2005年版。

费孝通：《乡土中国 生育制度》，北京大学出版社1998年版。

符平：《市场的社会逻辑》，上海三联书店2013年版。

甘孜县地方志编纂委员会：《甘孜县志》，四川科学技术出版社1999年版。

格勒：《藏学人类学论文集》（汉文卷·下），中国藏学出版社2008年版。

格勒：《甘孜藏族自治州史话》，四川民族出版社1984年版。

格勒、刘一民等：《藏北牧民——西藏那曲地区社会历史调查》，中国藏学出版社 2002 年版。

国务院扶贫办：《中国脱贫攻坚——岳西故事》，研究出版社 2019 年版。

黄平、王晓毅：《公共性的重建》（上），社会科学文献出版社 2011 年版。

霍巍、王煜、吕红亮：《考古发现与西藏文明史（第一卷）：史前时代》，科学出版社 2015 年版。

贾大泉、陈一石：《四川茶业史》，巴蜀书社 1989 年版。

李雪萍：《公共产品供给促进反脆弱发展：甘孜藏区发展策略研究》，中国社会科学出版社 2017 年版。

李雪萍：《西藏城镇社区发展与公共产品供给》，华中师范大学出版社 2013 年版。

刘大可：《中国会展业：理论、现状与政策》，中国商务出版社 2004 年版。

吕志祥：《藏族习惯法及其转型研究》，中央民族大学出版社 2014 年版。

马鹤天：《甘青藏边区考察记（第 1 编）》，商务印书馆 1947 年版。

马鹤天：《甘青藏边区考察记（第 2 编）》，商务印书馆 1947 年版。

米儿咱·马黑麻·海答儿：《中亚蒙兀儿史》（第二编），新疆社会科学院民族研究所译，新疆人民出版社 1983 年版。

南文渊：《藏族生态伦理》，民族出版社 2007 年版。

琼结县文广局：《吐蕃故都——琼结》，西藏藏文古籍出版社 2017 年版。

冉光荣：《西部开发中西藏及其他藏区特殊性研究——西藏和其他藏区特殊开发途径》，黑龙江人民出版社 2003 年版。

任乃强：《西康图经》，西藏古籍出版社 2000 年版。

四川省编辑组《中国少数民族社会历史调查资料丛刊》修订编辑委员会：《四川省甘孜藏族社会历史调查》，民族出版社 2009 年版。

宋蜀华、陈克进：《中国民族概论》，中央民族大学出版社 2001 年版。

苏海红、杜青华：《中国藏区反贫困研究》，甘肃民族出版社 2008 年版。

王明珂：《华夏边缘：历史记忆与族群认同》，浙江人民出版社 2013 年版。

王晓毅执行主编，米诺提·查克拉巴提·考尔等著：《游牧社会的转型与现代性［山地卷］》，中国社会科学出版社 2015 年版。

王尧、王启龙：《国外藏学研究论文集》（第 16 辑），西藏人民出版社 2002 年版。

吴理财等：《公共性的消解与重建》，知识产权出版社 2014 年版。

吴重庆：《无主体熟人社会及社会重建》，社会科学文献出版社 2014 年版。

西藏自治区琼结县地方编撰委员会：《琼结县志》，中国藏学出版社 2010 年版。

萧灼基：《金融共生理论与城市商业银行改革》，商务印书馆 2002 版。

谢世忠：《山胞观光：当代山地文化展现的人类学诠释》，自立晚报社文化出版部 1994 年版。

邢素芝［洛桑珍珠］口述，张建飞等笔述：《雪域求法记：一个汉人喇嘛的口述史》，生活·读书·新知三联书店 2008 年版。

杨慧、陈志明等主编：《旅游人类学与中国社会》，云南大学出版社 2001 年版。

应星：《农户、集体与国家：国家与农民关系的六十年变迁》，中国社会科学出版社 2014 年版。

于式玉：《于式玉藏区考察文集》，中国藏学出版社 1990 年版。

袁纯清：《共生理论——兼论小型经济》，经济科学出版社 1998 年版。

张璞、郝戍等：《论少数民族特色产业创新与发展》，经济管理出版社 2014 年版。

周希武：《宁海纪行》，甘肃人民出版社 2002 年版。

［澳］杰弗里·贝尔：《竞争力》，康志华译，中信出版社 2003 年版。

［德］约翰·冯·杜能：《孤立国同农业和国民经济之关系》，吴衡康译，商务印书馆 1986 年版。

［俄］普尔热瓦尔斯基：《荒原的召唤》，王嘎、张友华译，新疆人民出版社 2001 年版。

［法］埃德加·莫兰：《方法：天然之天性》，吴泓缈、冯学俊译，北京大学出版社 2002 年版。

［法］石泰安：《西藏的文明》，耿昇译，中国藏学出版社 2012 年版。

［加拿大］沃尔·马西森：《旅游：变化、影响与机遇》，高等教育出版社 2007 年版。

［美］阿尔君·阿帕杜莱：《消散的现代性：全球化的文化维度》，刘冉译，上海三联书店 2012 年版。

［美］费正清：《中国：传统与变迁》，张沛等译，吉林出版集团有限责任公司 2013 年版。

［美］拉铁摩尔：《中国的亚洲内陆边疆》，唐晓峰译，江苏人民出版社 2010 年版。

［美］迈克尔·波特：《国家竞争优势》，华夏出版社 2002 年版。

［美］乔治·瑞泽尔：《麦当劳梦魇：社会的麦当劳化》，容冰译，中信出版社 2006 年版。

［美］施坚雅：《中国农村的市场和社会结构》，史建云、徐秀丽译，中国社会科学出版社 1998 年版。

［美］詹姆斯·C.斯科特：《农民的道义经济学：东南亚的生存与反叛》，程立宪、刘建等译，译林出版社 2001 年版。

［意］杜齐：《西藏考古》，向红笳译，西藏人民出版社 1987 年版。

［英］英吉·考尔等：《全球化之道——全球公共产品的提供与管理》，张春波、高静译，人民出版社 2006 年版。

报刊

安才旦：《拉萨东南西北的过去时》，《中国西藏》2011 年第 4 期。

安德雷（Andreas Grnschke）：《从游牧到商人：青海玉树州藏族游牧民在虫草和市场作用下的生计转变》，《中国藏学》2013 年第 3 期。

安平：《发展乡村旅游与富民兴藏》，《现代经济信息》2014 年第 21 期。

安万明：《民族地区特色产业发展中的地方政府职能研究》，《内蒙古民族大学学报》2014 年第 2 期。

白玛格桑、普布顿珠、加玛次仁、顿尼：《西藏阿里地区日光温室蔬菜生产现状和发展对策》，《中国蔬菜》2013 年第 11 期。

蔡立、钟光辉等：《牦牛在低海拔寒冷山区生态适应性的观察研究》，《西南民族学院学报》（畜牧兽医版）1986 年第 2 期。

曹诗图、刘运：《三峡文化与三峡旅游业的发展》，《理论月刊》2002 年第 7 期。

曹水群：《大力发展乡村旅游是西藏地区构建和谐社会的重要途径》，

《西藏发展论坛》2012年第2期。

曹兴华:《基于耦合模型的民族地区农业生态旅游与农业经济协调发展研究——以四川省甘孜藏族自治州为例》,《中国农业资源与区划》2018年第8期。

陈爱东、兰浩志:《关于西藏生态特色蔬菜产业发展的探讨》,《牡丹江大学学报》2014年第4期。

陈波:《房屋的谱系——对扎坝社会组织的人类学研究》,《社会学研究》2020年第3期。

陈聪、程李梅:《产业扶贫目标下连片特困地区公共品有效供给研究》,《农业经济问题》2017年第10期。

陈家建:《项目制与基层政府动员:对社会管理项目化运作的社会学考察》,《中国社会科学》2013年第2期。

陈家喜、刘王裔:《我国农村空心化的生成形态与治理路径》,《中州学刊》2012年第5期。

陈明:《"集体"的生成与再造:农村土地集体所有制的政治逻辑解析》,《学术月刊》2019年第4期。

陈清华、董晓林、朱敏杰:《村级互助资金扶贫效果分析——基于宁夏地区的调查数据》,《农业技术经济》2017年第2期。

陈庆英:《简论青藏高原文化》,《青海社会科学》1998年第4期。

陈秋华、纪金雄:《乡村旅游精准扶贫实现路径研究》,《福建论坛》2016年第5期。

陈文胜:《论乡村振兴与产业扶贫》,《农村经济》2019年第9期。

陈晓敏、袁波、张海熔等:《文旅产业的地域根植性——以成都市龙泉驿区洛带镇为例》,《成都行政学院学报》2019年第1期。

陈义媛:《小农户与现代农业有机衔接的实践探索》,《北京社会科学》2019年第9期。

陈印军、易小燕、方琳娜等:《中国耕地资源及其粮食生产能力分析》,《中国农业资源与区划》2012年第6期。

陈运平、黄小勇:《泛县域经济产城融合共生:演化逻辑、理论结构与产业路径》,《宏观经济研究》2016年第4期。

陈忠言:《中国农村开发式扶贫机制解析——以沪滇合作为例》,《经济问题探索》2015 年第 2 期。

晨光、张凤荣、张佰林：《农牧交错区农村居民点土地利用形态演变》，《地理科学进展》2015 年第 10 期。

迟玉花：《藏区农牧兼营经济类型特点及发展问题探讨》，《中南民族大学学报》2015 年第 3 期。

赤旦多杰：《青藏高原特色产业型经济发展研究》，《中国藏学》2006 年第 3 期。

代安国、刘玉红、李艳峰：《超越资源约束发展西藏非耕地设施蔬菜产业》，《西藏农业科技》2019 年第 4 期。

代安国、熊卫平、杨晓菊等：《西藏蔬菜的现状及发展前景》，《蔬菜》1999 年第 2 期。

丹增次仁：《［卓舞］一组》，《西藏艺术研究》2007 年第 4 期。

邓维杰：《精准扶贫的难点、对策与路径选择》，《农村经济》2014 年第 6 期。

邓亚净、方晓玲、多庆：《西藏环境资源型产业发展路径分析》，《西藏研究》2017 年第 6 期。

邓正来：《生存性智慧模式——对中国市民社会研究既有理论模式的检视》，《吉林大学社会科学学报》2011 年第 2 期。

邓正来：《"生存性智慧"与中国发展研究论纲》，《中国农业大学学报》2010 年第 4 期。

丁玲、戚莉霞、严海蓉：《藏北高原上的牧业集体社区——那曲嘎措乡的乡村振兴之路》，《经济导刊》2018 年第 1 期。

丁赛、王国洪、王经绫等：《民族地区县域文旅产业发展指标体系的构建和分析》，《民族研究》2019 年第 2 期。

董彩虹等：《我国虫草产业发展现状、问题及展望——虫草产业发展金湖宣言》，《菌物学报》2016 年第 1 期。

杜超：《生态文明与中国传统文化中的生态智慧》，《江西社会科学》2008 年第 5 期。

杜武峰：《西藏山南地区蔬菜资源考察简报》，《作物品种资源》1984 年第 12 期。

杜武峰、张宝玺：《西藏昌都地区蔬菜资源考察简报》，《中国蔬菜》

1984 年第 4 期。

段继业：《青藏高原地区藏族与穆斯林群体的互动关系》，《民族研究》2001 年第 3 期。

樊红敏、刘晓凤：《共生理论与有机社区——城市有机共生式社区建设模式的提出与构建》，《马克思主义与现实》2017 年第 1 期。

范长风：《冬虫夏草产地的政治和文化传导》，《西藏研究》2015 年第 2 期。

范长风：《青藏地区冬虫夏草的经济形态与文化变迁》，《民俗研究》2016 年第 1 期。

范东君：《精准扶贫视角下我国产业扶贫现状、模式与对策探析——基于湖南省湘西州的分析》，《中共四川省委党校学报》2016 年第 4 期。

方青云：《经济人类学视野下的民族特色产业规模化发展的反思》，《云南民族大学学报》2019 年第 4 期。

费孝通：《关于我国民族的识别问题》，《中国社会科学》1980 年第 1 期。

冯猛：《基层政府与地方产业选择》，《社会学研究》2014 年第 2 期。

冯雪红、安宇：《青藏高原作为一个生态、文化、社会系统——关于藏族的山地民族学分析》，《中南民族大学学报》2015 年第 4 期。

符平：《市场体制与产业优势》，《社会学研究》2018 年第 1 期。

付伟：《农业转型的社会基础：一项对茶叶经营细节的社会学研究》，《社会》2020 年第 4 期。

付晓东、付俊帅：《主导产业根植性的理论渊源与启示》，《区域经济评论》2017 年第 1 期。

甘淑、何大明：《纵向岭谷区地势曲线图谱及地貌特征分析》，《云南大学学报》2004 年第 6 期。

高尚军、严国锋、严潜、肖献国：《西藏地区水果黄瓜大棚高产栽培技术》，《蔬菜》2015 年第 2 期。

高腾云：《动物对高海拔适应的机制》，《家畜生态》1991 年第 3 期。

戈尔斯坦：《利米半农半牧的藏语族群对喜马拉雅山区的适应策略》，坚赞才旦译，《西藏研究》2002 年第 3 期。

格藏才让:《应对草场退化:藏区草场管理中的产权主体及其实践》,《西藏民族学院学报》2015年第1期。

格桑邓珠、曹森皓:《西藏自治区巩固脱贫成果加大产业扶贫力度的调查——以拉萨市曲水县为例》,《社会科学动态》2020年第7期。

葛志军、邢成举:《精准扶贫:内涵、实践困境及其原因阐释——基于宁夏银川两个村庄的调查》,《贵州社会科学》2015年第5期。

耿建泽:《地域根植性对企业集群发展的影响》,《安徽农业大学学报》2007年第1期。

官久强、安添午、谢荣清等:《农区牦牛、犏牛舍饲短期育肥效益分析》,《中国奶牛》2019年第7期。

管兵:《农村集体产权的脱嵌治理与双重嵌入——以珠三角地区40年的经验为例》,《社会学研究》2019年第6期。

桂榕:《作为旅游景观的民族文化遗产及其保护利用效果评估——以云南民族村为例》,《云南社会科学》2015年第2期。

郭焕成、刘军萍等:《观光农业发展研究》,《经济地理》2000年第3期。

韩俊等:《创新农村集体经济运行机制 切实保护农民集体资产权益》,《农村经营管理》2019年第3期。

何晓蓉、李辉霞:《西藏半农半牧地区农牧民收入结构分析》,《农业经济问题》2003年第5期。

贺卫光:《青藏高原游牧文化的特征及其与丝绸之路的关系》,《西藏大学学报》2016年第3期。

贺卫光:《中国古代游牧文化的几个类型及其特征》,《内蒙古社会科学(汉文版)》2001年第5期。

贺雪峰:《如何再造村社集体》,《南京农业大学学报》2019年第3期。

洪黎民:《共生概念发展的历史、现状及展望》,《中国微生态学杂志》1996年第4期。

侯志茹、岳世聪:《乡村振兴背景下西藏地区文旅融合发展模式探究》,《西藏大学学报》2020年第3期。

胡鞍钢、温军:《西藏现代化发展道路的选择问题(上)》,《中国藏学》2001年第1期。

胡鞍钢、温军:《西藏现代化发展道路的选择问题(下)》,《中国藏学》2001年第2期。

胡晗、司亚飞、王立剑:《产业扶贫政策对贫困户生计策略和收入的影响——来自陕西省的经验证据》,《中国农村经济》2018年第1期。

胡洁:《关于西藏扎实推进精准脱贫的思考》,《中国藏学》2016年第3期。

胡伟斌、黄祖辉、朋文欢:《产业精准扶贫的作用机理、现实困境及破解路径》,《江淮论坛》2018年第5期。

胡晓鹏:《产业共生:理论界定及其内在机理》,《中国工业经济》2008年第9期。

胡翼成:《论康藏喇嘛制度》,《边政公论》1941年第1期。

胡振光、向德平:《参与式治理视角下产业扶贫的发展瓶颈及完善路径》,《学习与实践》2014年第4期。

黄承伟、邹英、刘杰:《产业精准扶贫:实践困境和深化路径》,《贵州社会科学》2017年第9期。

黄国勤、王海、石庆华等:《我国绿色农业的发展历程》,《江西农业学报》2008年第12期。

黄宗智:《"家庭农场"是中国农业的发展出路吗?》,《开放时代》2014年第2期。

黄宗智、高原:《大豆生产和进口的经济逻辑》,《开放时代》2014年第1期。

德吉央宗:《西藏生态旅游资源开发现状与生态旅游发展思路研究》,《西藏民族大学学报》2017年第5期。

金应忠:《再论共生理论——关于当代国际关系的哲学思维》,《国际观察》2019年第1期。

拉萨市农业农村局:《发挥资源优势 壮大牦牛产业》,《新西藏》2020年第6期。

黎小苏:《青海现状之一斑》,《新亚细亚》1933年第5期。

李冬慧、乔陆印:《从产业扶贫到产业兴旺:贫困地区产业发展困境与创新趋向》,《求实》2019年第6期。

李惠莲、阎建忠等:《黄河源地区草地联户经营模式及其影响因素分析》,《西南大学学报》(自然科学版)2017年第3期。

李林辉:《山南邦嘎新时期时代遗址考古新发现与初步认识》,《西藏大学学报》2001年第4期。

李德林、许志强:《拉萨净土健康产业化的现状研究》,《西藏科技》2015年第8期。

李棉管:《技术难题、政治过程与文化结果》,《社会学研究》2017年第1期。

李如春等:《气候变化对宁夏生态脆弱地区农牧民生计的影响及适应策略》,《西北人口》2013年第6期。

李少惠、成广星:《民族地区文化产业发展影响因素及政策分析》,《西南民族大学学报》2018年第4期。

李旭东、唐莉:《真实性与少数民族文化旅游:游客的观点——对四川羌族、藏族、摩梭族村寨的调查》,《成都行政学院学报》2005年第3期。

李雪萍:《转型期藏族农牧民生计适应的复杂样态与内在逻辑》,《江汉论坛》2018年第11期。

李雪萍、陈艾:《乡村与国家的"交集":藏族地区集体经济的逻辑》,《湖北民族学院学报》2019年第6期。

李燕:《资本逻辑、符号式消费与生态文明》,《江汉论坛》2018年第10期。

李烨:《中国乡村旅游业扶贫效率研究》,《农村经济》2017年第5期。

李云峰、李如意、李录堂:《农民专业合作社与基层政府承担乡村建设的进化博弈分析——基于乡村治理视角》,《新疆农垦经济》2016年第4期。

李志萌、张宜红:《革命老区产业扶贫模式、存在问题及破解路径——以赣南老区为例》,《江西社会科学》2016年第7期。

李志平:《"送猪仔"与"折现金":我国产业精准扶贫的路径分析与政策模拟研究》,《财经研究》2017年第4期。

梁波、王海英:《市场、制度与网络:产业发展的三种解释范式》,《社会》2010年第6期。

梁晨:《产业扶贫项目的运作机制与地方政府的角色》,《北京工业大学学报》2015 年第 5 期。

林祥文：《日喀则地区保护地蔬菜产业发展研究》，《上海蔬菜》2014 年第 2 期。

林雪霏：《扶贫场域内科层组织的制度弹性——基于广西 L 县扶贫实践的研究》，《公共管理学报》2014 年第 1 期。

林毅夫：《新结构经济学——重构发展经济学的框架》，《经济学》2010 年第 10 期。

林珠班旦：《西藏蔬菜产业发展 50 年》，《西藏农业科技》2001 年第 3 期。

刘合满、曹丽花：《1980—2010 年西藏农作物播种面积与人口数量变化的相关分析》，《中国农业资源与区划》2013 年第 3 期。

刘建生、陈鑫、曹佳慧：《产业精准扶贫作用机制研究》，《中国人口·资源与环境》2017 年第 6 期。

刘军强、鲁宇、李振：《积极的惰性——基层政府产业结构调整的运作机制分析》，《社会学研究》2017 年第 5 期。

刘明月、汪三贵：《产业扶贫与产业兴旺的有机衔接：逻辑关系、面临困境及实现路径》，《西北师大学报》2020 年第 4 期。

刘彦随等：《中国农村空心化的地理学研究与整治实践》，《地理学报》2009 年第 10 期。

刘志扬：《民族旅游与文化传承的选择性重构》，《开放时代》2005 年第 2 期。

刘志扬：《民族旅游与文化传统的选择性重构：西藏拉萨市娘热乡民间艺术团个案分析》，《广西民族大学学报》2005 年第 2 期。

刘志扬：《青藏高原的生态、文化特征与族群互动》，《青藏高原论坛》2013 年第 1 期。

刘志扬：《青藏高原及其周边地区的民族构成与文化互动》，《民族研究》2017 年第 2 期。

刘志扬、更登磋：《民族旅游及其麦当劳化：白马藏族村寨旅游的个案研究》，《文化遗产》2012 年第 4 期。

刘智勇、吉佐阿牛、吴件：《民族地区扶贫的"兴业难"与政府扶贫模式研究》，《西南民族大学学报》2020 年第 1 期。

刘祖云、姜姝:《"城归":乡村振兴中"人的回归"》,《农业经济问题》2019 年第 2 期。

柳应华:《西藏墨脱县产业发展研究》,《中国藏学》2013 年第 3 期。

柳应华、宗刚:《西藏旅游业的富民强区贡献及其区域差异》,《中国藏学》2012 年第 4 期。

柳应华、宗刚、杨涛:《西藏旅游业发展对城乡居民收入的影响研究》,《中国藏学》2014 年第 1 期。

卢存福、简令成、匡廷云:《低温诱导唐古特红景天细胞分泌抗冻蛋白》,《生物化学与生物物理进展》2000 年第 5 期。

陆益龙:《村庄特质与乡村振兴道路的多样性》,《北京大学学报》2019 年第 5 期。

吕方、梅琳:《"复杂政策"与国家治理——基于连片开发扶贫项目的讨论》,《社会学研究》2017 年第 3 期。

吕开宇、施海波、李芸等:《新中国 70 年产业扶贫政策:演变路径、经验教训及前景展望》,《农业经济问题》2020 年第 2 期。

罗静、陈琼、刘峰贵等:《青藏高原河谷地区历史时期耕地格局重建方法探讨》,《地理科学进展》2015 年第 2 期。

罗康智:《侗族传统文化蕴含的生态智慧》,《西南民族大学学报》2012 年第 1 期。

罗绒战堆:《藏族地区"惜杀惜售"问题的研究》,《西南民族大学学报》2009 年第 11 期。

罗绒战堆、曾薇:《从粮袋餐桌试析西藏农牧民的生计变迁》,《青海社会科学》2017 年第 2 期。

洛桑顿珠、孙光明、姜辉、次旦央吉、张强:《西藏牦牛短期育肥技术研究》,《湖北畜牧兽医》2019 年第 9 期。

马超峰、薛美琴:《村集体经济再认识与集体经济再造》,《经济与管理》2015 年第 1 期。

马池春、马华:《农村集体产权制度改革的双重维度及其调适策略》,《中国农村观察》2018 年第 1 期。

马世骏、王如松:《社会—经济—自然复合生态系统》,《生态学报》1984 年第 1 期。

马燕等：《藏羚羊研究综述》，《中国高原医学与生物学杂志》2017年第3期。

闵治平、姚金萍、周军：《发展西藏蔬菜产后加工业的基本思路与设想》，《西藏科技》2002年第6期。

尼玛扎巴等：《那曲虫草采集的相关问题研究》，《科技广场》2013年第12期。

尼玛扎西：《新时期康区研究的历史突破》，《中国藏学》2007年第3期。

聂辉华：《最优农业契约与中国农业产业化模式》，《经济学（季刊）》2013年第1期。

强舸：《发展嵌入传统：藏族农民的生计传统与西藏的农业技术变迁》，《开放时代》2017年第2期。

强舸：《小麦怎样走上了藏族的餐桌——西藏的现代化与藏族饮食文化变迁》，《开放时代》2015年第3期。

强文军：《凉州区草原承包实践与探索》，《草原草业》2016年第15期。

乔青、高吉喜、王维：《川滇农牧交错区地形特征对土地利用空间格局的影响》，《长江流域资源与环境》2009年第9期。

邱建军、张士功等：《农业生态环境安全与生态农业发展》，《中国农业资源与区划》2005年第6期。

邱婧佩、李锦宏：《贵州省农文旅一体化发展综合评价研究——基于层次分析法视角》，《经济研究导刊》2019年第13期。

曲杰：《漫谈西藏琼结"久河卓舞"及保护》，《西藏艺术研究》2009年第2期。

全承相、贺丽君、全永海：《产业扶贫精准化政策论析》，《湖南财政经济学院学报》2015年第1期。

邵明华、张兆友：《特色文化产业发展的模式差异和共生逻辑》，《山东大学学报》2020年第4期。

申红兴：《青海藏区产业减贫的主体及路径分析》，《青海社会科学》2015年第5期。

申鹏、李玉：《农业供给侧改革下西部民族地区特色产业发展研究》，《贵州民族研究》2017年第6期。

申云、彭小兵:《链式融资模式与精准扶贫效果》,《财经研究》2016 年第 9 期。

沈茂英、涂卫国等:《生态扶贫的牧区实践与发展》,《精准扶贫》2016 年第 5 期。

沈志忠:《青藏高原史前农业起源与发展研究》,《中国农史》2011 年第 3 期。

石琳:《语言经济视域下少数民族文化和旅游产业的深度融合与发展》,《社会科学家》2019 年第 2 期。

石硕:《关于认识藏彝走廊的三个角度与研究思路》,《广西民族大学学报》2008 年第 6 期。

石硕:《中国西部民族宗教格局与民族关系新趋势》,《西南民族大学学报》2014 年第 6 期。

斯琴朝克图、房艳刚、乌兰图雅:《内蒙古农牧交错带聚落的格局特征及其形成过程研究》,《干旱区资源与环境》2016 年第 8 期。

孙九霞、刘相军:《地方性知识视角下的传统文化传承与自然环境保护研究》,《中南民族大学学报》2014 年第 6 期。

孙敏:《农村集体土地所有权式微的实践逻辑及其困境》,《北京社会科学》2018 年第 11 期。

索端智:《从民间信仰层面透视高原藏族的生态伦理——以青海黄南藏区的田野研究为例》,《青海民族研究》2007 年第 1 期。

唐丽桂:《我国西南山区农村空心化现状及影响分析》,《农业经济》2012 年第 9 期。

田艳丽、乔光华、乌云:《完善草原家庭承办经营——对联户经营模式的思考》,《乡镇经济》2009 年第 4 期。

童恩正、冷健:《西藏昌都卡若新石器时代遗址的发掘及其相关问题》,《民族研究》1983 年第 1 期。

汪谦慎:《特色资源开发、现代农业扶持与市场能力培育——革命老区岳西脱贫致富的"三元驱动"》,《安徽师范大学学报》2012 年第 4 期。

汪三贵、张雁、杨龙:《连片特困地区扶贫项目到户问题研究——基于乌蒙山片区三省六县的调研》,《中州学刊》2015 年第 3 期。

王川:《民国时期内地蔬菜传入西藏略考》,《民族研究》2011年第6期。

王春萍、郑烨:《21世纪以来中国产业扶贫研究脉络与主题谱系》,《中国人口·资源与环境》2017年第6期。

王桂胜:《西藏文化产业发展现状和模式分析》,《中国藏学》2018年第3期。

王宁:《地方消费主义、城市舒适物与产业结构优化》,《社会学研究》2014年第4期。

王庆:《关于藏族认知风格的调查研究——以西藏地区三个村寨的调查为例》,《西南大学学报》2007年第4期。

王汝辉:《西藏建设世界级旅游目的地差距诊断及战略选择研究》,《中国藏学》2013年第3期。

王汝辉、柳应华等:《西藏旅游产业的战略主导性分析》,《中国藏学》2014年第4期。

王晓毅:《互动中的社区管理——克什克腾旗皮房村民组民主协商草场管理的实验》,《开放时代》2009年第4期。

王晓毅:《乡村振兴与乡村生活重建》,《学海》2019年第1期。

王岩、刘振江:《绿色消费主义主张下民族特色产业发展研究》,《贵州民族研究》2016年第12期。

王阳、曹锦清:《基层代理人与规模治理:基层政府的社会组织化逻辑》,《上海行政学院学报》2017年第3期。

王珍珍、鲍星华:《产业共生理论发展现状及应用研究》,《华东经济管理》2012年第10期。

韦惠兰、鲁斌:《玛曲草场单户与联户经营的比较制度分析》,《安徽农业科学》2010年第1期。

韦惠兰、孙喜涛:《制度视域下草原退化原因分析》,《新疆农垦经济》2010年第6期。

魏崇阳:《西北巡礼(续)》,《新亚细亚》1935年第10期。

魏乐平:《云南藏区乡村多元生计变迁的经济人类学分析》,《经济问题探索》2012年第4期。

魏强:《试论西藏半农半牧文化对藏族文学的影响》,《中央民族学院学报》1993 年第 5 期。

温茜茜：《绿色发展视角下我国民族特色产业转型对策研究》，《贵州民族研究》2017 年第 1 期。

温铁军：《产业自办与乡村建设》，《开放时代》2005 年第 6 期。

乌仁格日乐等：《锡林郭勒草原围栏之效益分析》，《生态经济》2009 年第 1 期。

吴重庆、张慧鹏：《以农民组织化重建乡村主体性：新时代乡村振兴的基础》，《中国农业大学学报》2018 年第 3 期。

席焕久：《藏族的高原适应——西藏藏族生物人类学研究回顾》，《人类学学报》2013 年第 3 期。

肖龙、马超峰：《从项目嵌入到组织社会：村集体经济发展的新趋势及其类型学研究》，《求实》2020 年第 3 期。

肖青：《民族村寨文化的现代建构逻辑》，《思想战线》2008 年第 3 期。

谢成立、孙亮亮：《旅游产业链发展中的民族传统体育文化定位及其发展研究》，《贵州民族研究》2019 年第 5 期。

熊征：《藏族传统纠纷解决观与藏区群体性事件干预机制》，《中央民族大学学报》2017 年第 3 期。

徐延达等：《三江源地区冬虫夏草采挖对草地植被的影响》，《环境科学研究》2013 年第 11 期。

徐勇：《现代国家的建构与村民自治的成长》，《学习与探索》2006 年第 6 期。

徐勇：《挣脱土地束缚之后的乡村治理困境及应对——农村人口流动与乡村治理的一项相关性分析》，《华中师范大学学报》2000 年第 6 期。

许汉泽、李小云：《精准扶贫背景下农村产业扶贫的实践困境》，《西北农林科技大学学报》2017 年第 1 期。

许汉泽、李小云：《精准扶贫视角下扶贫项目的运作困境及其解释——以华北 W 县的竞争性项目为例》，《中国农业大学学报》2016 年第 4 期。

荀丽丽：《从"资源传递"到"在地治理"》，《文化纵横》2017 年第 6 期。

严国锋、严潜入、肖献国：《西藏地区礼品西瓜温室大棚立体吊蔓栽培技术》,《上海蔬菜》2014年第5期。

阎建忠、吴莹莹、张镱锂等:《青藏高原东部样带农牧民生计的多样化》,《地理学报》2009年第2期。

杨存栋、王雪、陈田:《北方农牧交错带观光农业的可行性及发展思路》,《经济地理》2009年第2期。

杨冬燕:《文化生态学视野下的藏族生境与生态意识研究》,《西北民族研究》2017年第2期。

杨红、董耀武、尹新哲:《欠发达地区产业结构调整的新路径:生态农业生态旅游业耦合产业发展模式》,《云南财经大学学报》2013年第1期。

杨红伟:《藏边歇家研究》,《江汉论坛》2015年第3期。

杨红伟:《藏传佛教与近代甘青藏区的社会经济》,《青海民族研究》2016年第1期。

杨红伟:《近代甘青藏区市场空间分布研究》,《青海民族研究》2014年第1期。

杨红伟、李稳稳:《甘青藏区寺院型市场研究》,《西北师大学报》2013年第6期。

杨军财:《西藏生态保护及产业发展的成就和意义》,《中国藏学》2016年第4期。

杨奎花等:《新疆草原畜牧业经营模式及转型路径研究》,《草食家畜》2015年第1期。

杨磊、刘建平:《农民合作组织视角下的村庄治理》,《农村经济》2011年第6期。

杨善华、孙飞宇:《"社会底蕴":田野经验与思考》,《社会》2015年第1期。

杨团:《此集体非彼集体(上)》,《经济导刊》2018年第10期。

杨团:《此集体非彼集体(下)》,《经济导刊》2018年第11期。

杨秀芝、李柏洲:《企业适应能力的内涵及其提升对策研究》,《管理世界》2007年第4期。

宇林军、孙大帅、张定祥等:《基于农户调研的中国农村居民点空心化程度研究》,《地理科学》2016年第7期。

郁建兴、沈永东:《调适性合作:十八大以来中国政府与社会组织关系的策略性变革》,《政治学研究》2017 年第 3 期。

袁青妍、谢庄:《动物对高原低氧的适应性研究进展》,《生理科学进展》2005 年第 2 期。

岳颂东:《关于西藏经济发展战略的思考》,《中国藏学》2009 年第 2 期。

岳小国:《藏族社会生计模式与家庭经济状况调查研究——以西藏贡觉县三岩区为例》,《西藏民族学院学报》2011 年第 5 期。

祭美菊、安黎哲、陈拓等:《天山寒区冰缘植物珠芽蓼叶片抗冻蛋白的发现》,《冰川冻土》2001 年第 4 期。

詹全有、龙初凡:《贵州从江侗族稻鱼鸭生态系统模式研究》,《贵州民族研究》2014 年第 3 期。

张爱琴:《1990—2012 年西藏主要农产品人均占有量变化趋势分析》《黑龙江农业科学》2015 年第 10 期。

张春华:《乡村治理成长与农民组织化再调适》,《兰州学刊》2011 年第 9 期。

张春敏:《产业扶贫中政府角色的政治经济学分析》,《云南社会科学》2017 年第 6 期。

张敦福:《多形态的全球化与消费者自主性:评瑞泽尔消费社会学研究新著〈虚无之物的全球化〉》,《社会学研究》2007 年第 5 期。

张红亮、张浩:《藏鸡低氧适应研究进展》,《中国家禽》2018 年第 8 期。

张红平等:《辽宁绒山羊引入高海拔地区适应性的初步研究》,《四川畜牧兽医》1994 年第 4 期。

张慧鹏:《集体经济与精准扶贫:兼论塘约道路的启示》,《马克思主义研究》2017 年第 6 期。

张丽萍、张镱锂、阎建忠等:《青藏高原东部山地农牧区生计与耕地利用模式》,《地理学报》2008 年第 4 期。

张琳、童翔宇、杨毅:《湘鄂渝黔边民族地区精准扶贫效益评价及增进策略——基于结构方程模型的实证分析》,《贵州民族研究》2017 年第 1 期。

张其昀：《洮西区域调查简报》，《地理学刊》1935 年第 1 期。

张其昀、李玉林：《青海省人文地理志（续）》，《资源委员会月刊》1939 年第 1 期。

张亚辉：《民族志视野下的藏边世界：土地与社会》，《西南民族大学学报》2014 年第 11 期

张美艳、张立中：《农牧交错带草原确权承包问题探析》，《农村经济》2016 年第 1 期。

张兆曙：《产品依赖性与中国农民的组织化难题》，《人文杂志》2009 年第 2 期。

赵国庆：《关于旅游业作为西藏经济主导产业的探讨》，《中国藏学》2004 年第 3 期。

赵旭东：《乡村何以振兴？——自然与文化对立与交互作用的维度》，《中国农业大学学报》2018 年第 3 期。

赵禹骅、黄增镇：《全产业链视角下民族地区特色产业发展的对策分析》，《广西民族研究》2017 年第 3 期。

郑长德：《"三区""三州"深度贫困地区脱贫奔康与可持续发展研究》，《民族学刊》2017 年第 6 期。

郑逸苹：《西康与牲畜》，《中国建设》1936 年第 6 期。

朱海波、聂凤英：《深度贫困地区脱贫攻坚与乡村振兴有效衔接的逻辑与路径——产业发展的视角》，《南京农业大学学报》2020 年第 3 期。

朱利凯等：《农牧交错区农牧户生计与土地利用》，《北京大学学报》（自然科学版）2011 年第 1 期。

朱琳等：《高海拔适应表型和基因型的研究进展》，《黑龙江畜牧兽医》2016 年第 3 期。

朱天义、张立荣：《个体化或集体经营：精准扶贫中基层政府的行动取向分析》，《马克思主义与现实》2017 年第 6 期。

朱小玲：《内蒙古农牧交错地带经济文化类型的演变》，《黑龙江民族丛刊》2010 年第 4 期。

宗鑫、张起梁：《草场单联户经营模式的交易费用分析》，《枣庄学院学报》2011 年第 3 期。

邹淑昆、和嘉华、都吉等：《中甸牦牛冬春季节短期育肥效果初探》，

《当代畜禽养殖业》2020年第10期。

[美]朱利安·斯图尔特：《文化生态学》，潘艳、陈洪波译，《南方文物》2007年第2期。

Pradeep Man Tulachan（郭仁民译）：《半农半牧山区的畜牧业发展趋势》，《青海草业》2001年第1期。

学位论文

阿沙：《四川藏区农牧民生计变迁研究》，硕士学位论文，华东理工大学，2015年。

曹朝龙：《脆弱性—抗逆力：基于甘孜州农牧户生计的多元主体抗逆力分析》，硕士学位论文，华中师范大学，2013年。

丁莉霞：《核心—边缘：甘南藏传佛教寺院经济研究》，博士学位论文，中央民族大学，2010年。

尕丹才让：《三江源区生态移民研究》，博士学位论文，陕西师范大学，2013年。

龚瑜：《云南藏区聚落村民合作行为的考察》，硕士学位论文，中央美术学院，2013年。

路冠军：《生态、权力与治理》，博士学位论文，中国农业大学，2014年。

强巴央宗：《西藏藏鸡种质资源特性研究》，硕士学位论文，南京农业大学，2008年。

强舸：《权力、技术变迁与知识再生产：当代西藏作物种植史的政治学叙事》，博士学位论文，复旦大学，2013年。

王蒙：《康藏地区农牧民贫困生产的内在机理——基于三个藏族村落的个案研究》，博士学位论文，华中师范大学，2016年。

王德强：《藏区产业成长论》，博士学位论文，中央民族大学，2007年。

喻鸥：《青藏高原东部样带农牧民生计脆弱性定量评估》，硕士学位论文，西南大学，2010年。

外文文献

Ahmdajina V., *Symbiosis: an Introduction to Biological Association*, University Press of New England, 1986.

Bellf W., Mitigating the Tragedy of the Commons, *Southern Economic Journal*, vol. 52, no. 3, 1986.

Boulding, W. & A. Kirmani 2003, "Sustainable Pioneering Advantage? Profit Implications of Market Entry Order," *Marketing Science* 22 (4).

Campbell, J, *Institutional Change and Globalization*, Princeton: Princeton University Press, 2004.

Harris R B., Rangeland Degradation on The Qinghai-Tibetan Plateau: A Review of The Evidence of Its Magnitude and Causes, *Journal of Arid Environments*, vol. 74, no. 1, 2010.

J. Labonne and R. S. Chase, "Do Community-Driven Development Projects Enhance Social Capital? Evidence from the Philippines," *Journal of Development Economics*, vol. 96, no. 2, 2011.

Mariaef G, The Role of Mongolian Nomadic Pastoralists' Ecological Knowledge in Rangeland Management, *Ecological Applications*, vol. 10, no. 5, 2000.

M Granovetter, "Economic Action and Social Structure: The Problem of Embeddedness", *American Journal of Sociology*, 1985, 91.

Micheal Cernea, *Putting People First: Sociological Variables in Rural Development*, London: Oxford University Press, 1985.

Norgaard, R. B., Coevolutionary Agricultural Development, *Economic Journal* 1984, XXXIII: 48 - 90;

Notzke C, Indigenous Tourism Development in the Arctic, *Annals of Tourism Research*, 1999, 26 (1).

Popkin, Samuel L, *The Rational Peasant: The Political Economy of Rural Society in Vietnam*, Berkeley: University of California Press, 1979.

Saviotti, P. P., Pyka, A, The Co-Evolution of Innovation, Demand and Growth, *Economics of Innovation and New Technology*, 2013: 1 - 22;

Shinji Yamashita, Kadin H. Din, J. S. Eades, *Tourism and Cultural Development in Asia and Oceania*, p. 14, Bibliography: Penerbit University Kebangsaan Malaysia, Bangi, 1997.

Song Y. J., Ecological City and Urban Sustainable Development, *Procedia*

Engineering, 2011, 21.

Walder, Andrew G., "Local Governments as Industrial Firms: An Organizatinal Analysis of China's Transitional Economy," *American Journal of Sociology 101*, 1995.